Inhaltsverzeichnis

Ein Wort zuvor

Tugenden, so scheint es, sind wieder modern. Jedenfalls wagt man es heute wieder, darüber Bücher zu schreiben oder dieses Wort sogar in Buchtiteln zu verwenden. Offenbar geht man davon aus, dass der Tugendbegriff das Interesse weckt und die Verkaufszahlen erhöht. So geschah es jedenfalls beim „Buch der Tugenden“ des Fernsehmoderators Ulrich Wickert. Der Verlag schreibt über die Neuauflage, erschienen in München 2009: „Ein Buch über so etwas scheinbar Altmodisches wie Tugend ... wird ein überragender Bestseller!“

Der lateinamerikanische Befreiungstheologe Leonardo Boff scheint der gleichen Meinung zu sein und nennt sein neuestes Buch „Tugenden für eine bessere Welt“ (erschienen in Kevelaer, 2009). Er beschreibt darin unter anderem die Tugenden Gastfreundschaft, Respekt und Toleranz, am Beginn des Buches aber bringt er einen sehr schönen Vergleich, der uns das, was Tugenden sind, verständlicher machen kann:

„Die Tugenden bilden die Welt der Vorbilder und Werte. Als solche beinhalten sie unübersehbar ein utopisches Element. Es liegt im Wesen der Utopie, dass sie uns vor immer weitere und offenere Horizonte stellt … Die Tugenden gleichen den Sternen: Wir erreichen sie niemals, doch sie geben den Steuermännern Orientierung und erleuchten unsere Nächte. Sie können uns zu immer neuen schöpferischen Handlungsweisen inspirieren, damit die Utopie nicht nur Utopie bleibt. Wir können stets wachsen und besser werden.“

Tugenden sind wie die Sterne. Sie scheinen unerreichbar, man braucht sie jedoch dringend, um in der Dunkelheit nicht die Orientierung zu verlieren. Jahrelang galten Tugenden als unmodern, weil sie die unerreichbaren Sterne waren. Niemand wollte sich damit auseinandersetzen, weil man in ihnen sofort den hohen Anspruch und meist auch den moralischen Zeigefinger sah. Mittlerweile hat man offenbar erkannt, dass Tugenden notwendig sind, weil sie Orientierung geben und helfen, sich im Leben zurecht zu finden, „zu wachsen und besser zu werden". Tugenden fördern keine Art moralischen Stress, sondern helfen, sich selbst und andere glücklicher zu machen.

Von dieser positiven, lebensfördernden Sicht der Tugenden war der heilige Bischof und Kirchenlehrer Franz von Sales (1567-1622) überzeugt. Seine Lehre vom „geordneten Tugendstreben" und vor allem von den „kleinen Tugenden", die er in seinem Bestseller „Anleitung zum frommen Leben" (erschienen 1609), im deutschen Sprachraum besser bekannt unter dem Titel „Philothea", beschreibt, beeinflusst die Menschen seit vierhundert Jahren, manchmal mehr und manchmal weniger.

Auf den folgenden Seiten werden fast fünfzig solcher Tugenden beschrieben. Dabei wird vor allem dargelegt, was der heilige Franz von Sales dazu geschrieben hat. Die einzelnen Beiträge verstehen sich also nicht als umfassende Lehre über diese Tugenden, sondern wollen einfach auf salesianische Art zum Nachdenken anregen. Daher finden sich am Ende eines jeden Artikels entsprechende Impulsfragen. Es ist nicht notwendig, das Buch in einem Stück von vorne bis hinten durchzulesen. Jeder Artikel kann für sich selbst gelesen werden und setzt nicht voraus, dass ein früherer schon gelesen worden ist. Deshalb kann es natürlich vorkommen, dass sich ein Gedanke des heiligen Franz von Sales bei einer anderen Tugend wieder findet. Der Vorteil ist, dass dieses Buch dadurch immer wieder zur Hand genommen und der Abschnitt über jene Tugend noch einmal gelesen werden kann, der einen gerade besonders interessiert.

Damit die einzelnen Tugenden leichter gesucht und gefunden werden können, sind sie zum einen nach der klassischen Hierarchie der Tugenden, zum anderen alphabetisch geordnet. Daraus entsteht ein kleines salesianisches ABC der Tugenden, das vor allem eines auf typisch salesianische Weise vermitteln möchte: Der Weg der Tugenden ist ein Weg der kleinen Schritte, den jede und jeder von uns mit seinen und ihren je eigenen Fähigkeiten gehen kann.

Es ist durchaus möglich, dass die eine oder andere Tugend vermisst wird, aber ich erhebe hier nicht den Anspruch auf Vollständigkeit, sondern lade ein, sich in diesem Fall selbst auf den Weg zu machen, um in den Werken des heiligen Franz von Sales dieser fehlenden Tugend nachzuspüren. Dazu verweise ich gerne auf die Literaturhinweise am Ende des Buches.

Der heilige Franz von Sales schrieb 1608 in einem Brief folgenden Ratschlag:

„Haben Sie Geduld mit allen, in erster Linie aber mit sich selbst; damit will ich sagen, dass Sie nicht verstört werden sollen ob Ihrer Unvollkommenheiten und dass Sie immer den Mut haben sollen, sich wieder zu erheben. Ich freue mich, dass Sie alle Tage wieder neu beginnen; es gibt kein besseres Mittel, das geistliche Leben gut zu vollenden, als immer wieder zu beginnen“ (DASal 6,138).

In diesem Sinne hoffe ich, dass die folgenden Seiten dazu beitragen werden, sich durch Unvollkommenheiten nicht entmutigen zu lassen, sondern immer wieder neu zu beginnen, damit wir irgendwann unser Ziel erreichen, für das Gott uns bestimmt hat.

Herbert Winklehner OSFS

Franz von Sales: Schritt für Schritt

„Gehen wir hübsch auf dem Lande, da die hohe See uns Schwindel im Kopf und Übelkeit verursacht. Halten wir uns zu Füßen unseres Heilands mit der heiligen Magdalena (Lk 10,39) …; üben wir gewisse, unserer eigenen Kleinheit entsprechende kleine Tugenden. Lassen wir uns nicht in Dinge ein, die über unser Vermögen gehen. Diese kleinen Tugenden werden mehr im Herabsteigen als im Emporsteigen geübt und sind daher der Kraft unserer Beine angepasst: Geduld haben, den Nächsten ertragen, Hilfsbereitschaft, Demut, ein freundlicher Mut, Liebenswürdigkeit, Duldsamkeit unserer eigenen Unvollkommenheit gegenüber, solche kleine Tugenden also. Ich sage damit nicht, dass man im Gebet nicht emporsteigen soll, aber Schritt für Schritt.

Ich empfehle Ihnen die heilige Einfachheit. Schauen Sie auf den Weg vor sich und nicht auf die in weiter Ferne drohenden Gefahren, wie Sie mir geschrieben haben. Es scheinen Ihnen ganze Armeen zu sein; es sind doch nur zugestutzte Weiden. Während Sie auf sie schauen, könnten Sie leicht einen Fehltritt tun. Wir wollen nur die feste und allgemeine Absicht haben, Gott von ganzem Herzen und mit unserem ganzen Leben zu dienen.

Haben Sie doch keine Sorge um das Morgen (Mt 6,34); denken wir nur daran, das Heute gut zu machen; und wenn der morgige Tag kommt, heißt auch er wieder heute und dann werden wir an ihn denken. Auch darin müssen wir großes Vertrauen und große Hingabe an die Vorsehung Gottes haben."

Franz von Sales (DASal 6,41)

„Solange Sie auf dem Weg der Tugend vorangehen, wenn auch langsam, werden Sie Ihr Ziel nicht verfehlen. Gehen Sie daher freudig voran; wenn Sie aber Ihren Weg nicht immer in Freude gehen können, tun Sie es wenigstens mutig und überlassen Sie sich Gott. Machen Sie es wie die Kinder, die gehen lernen, denn sobald sie einen falschen Schritt machen, laufen sie sogleich zu ihrer Mutter, werfen sich in ihre Arme und an ihre Brust und halten sich dort fest.

Arbeiten Sie mutig daran, Tugenden zu erwerben, ohne sich irremachen zu lassen; lassen Sie sich zu Gott führen, dienen Sie ihm nach seinem Belieben, nicht nach dem Ihren; bedenken Sie, dass er Sie an den Platz gestellt hat, wo Sie sind. Verhalten Sie sich daher wie eine Statue in ihrer Nische; Sie sind da, um ihm zu gefallen, das soll Ihnen genügen. Unser göttlicher Meister wird von Zeit zu Zeit auf Sie schauen und einen Blick auf Sie werfen. Wünschen Sie nichts anderes zu sein, als Sie sind, denn wenn Ihre Sonne zu verschwinden scheint, wird sie bald wiederkehren und Sie von neuem erleuchten.

Trachten Sie, die Vollkommenheit zu erwerben, die diesem Leben entspricht. Wollen wir nicht zu schnell Engel sein; seien wir kleine Kücken unter dem Flügel der Mutter, denn wir können noch nicht fliegen. Üben wir die kleinen Tugenden, die uns angemessen sind und nicht so glänzen; freuen wir uns über unsere eigene Niedrigkeit. Man muss es gut finden, dass unser Parfüm in der Nase der Welt übel riecht; fürchten wir das Urteil nicht, das sie über uns fällt; verzagen wir nicht, denn wenn Gott uns die Gnade erweisen will, uns an der Hand zu halten und uns das Verlangen, ihn zu lieben, zu bewahren, dann haben wir nichts zu fürchten.“

Franz von Sales (DASal 12,383)

„Ich habe einst ein Bildwerk gesehen, an dem der Meister zehn Jahre lang gearbeitet hat, bevor es vollendet war, und er hat nie aufgehört, mit Meißel und Stichel kleinweise alles von ihm wegzunehmen, was die richtige Proportion störte. Nein, es ist zweifellos nicht möglich, an einem Tag dahin zu kommen, wonach Sie streben: Sie müssen erst einmal diesen Punkt erreichen, morgen einen anderen. Nur Schritt für Schritt können wir Herr über uns selbst werden, was keine kleine Eroberung ist.

Ich bitte Sie, fahren Sie mutig und ehrlich in diesem heiligen Bestreben fort, von dem aller Trost in Ihrer Sterbestunde, alle wahre Schönheit des gegenwärtigen und alle Sicherheit des künftigen Lebens abhängt. Ich weiß, das Unterfangen ist groß, größer aber der Lohn. Es gibt nichts, das eine hochherzige, entschlossene Seele nicht mit Hilfe des Beistandes ihres Schöpfers tun könnte (Phil 4,13). Und, mein Gott, wie glücklich werden Sie sein, wenn Sie sich mitten in der Welt Jesus Christus in Ihrem Herzen bewahren! Ich flehe ihn an, er möge darin auf ewig leben und herrschen.

Denken Sie an seine Hauptlehre, die er uns in drei Worten hinterlassen hat, damit wir sie niemals vergessen und hundertmal am Tag wiederholen können: ‚Lernet von mir, denn ich bin sanftmütig und demütig von Herzen' (Mt 11,29). Das ist eigentlich alles, ein sanftmütiges Herz seinem Nächsten gegenüber und ein demütiges Herz Gott gegenüber zu haben. Schenken Sie jeden Augenblick dieses Herz unserem Heiland, lassen Sie dies das Herz Ihres Herzens sein. Dann werden Sie sehen, in dem Maße, als dieser heilige und zartfühlende Liebende in Ihrem Geist Raum gewinnt, wird die Welt, ihre Eitelkeit und Überflüssigkeit daraus verschwinden.

Ich habe es Ihnen schon gesagt, gnädige Frau, und ich schreibe es Ihnen nun: ich will keine fantastische, mürrische, melancholische, verärgerte und kopfhängerische Frömmigkeit; wohl aber eine sanftmütige, freundliche, angenehme, friedliche – mit einem Wort eine ganz aufrichtige Frömmigkeit, die von Gott zuerst und dann von den Menschen geliebt wird."

Franz von Sales (DASal 6,43)

„Salomo sagt (Spr 30,23), eine Magd, die plötzlich Herrin wird, werde leicht ein überhebliches Wesen. Es bestünde daher auch für die Seele, die lange Zeit ihren eigenen Leidenschaften und Neigungen gedient hat, große Gefahr, stolz und eitel zu werden, wenn sie in einem Augenblick völlig Herrin über sich würde. Wir müssen uns daher nach und nach und Schritt für Schritt die Beherrschung derselben erwerben, auf deren Erreichung manche heilige Frauen und Männer Dutzende Jahre angewandt haben. Daher heißt es, ich bitte Sie, Geduld haben mit allem, in erster Linie aber mit sich selbst."

Franz von Sales (DASal 6,90-91)

Tugenden – besondere Geschenke Gottes für das Leben

Seit über zwanzig Jahren lebe ich nun schon in Deutschland, einem Land, dem verschiedene Eigenschaften nachgesagt werden: Genauigkeit, Disziplin, Treue, Gehorsam und anderes mehr. Aufgrund dieser Eigenschaften, so wird gesagt, sind die Deutschen fähig, politisch und wirtschaftlich großen Einfluss in der Welt zu gewinnen. Aus denselben Gründen werden sie aber argwöhnisch beäugt und manchmal sogar gefürchtet. Von meiner Nationalität her bin ich Österreicher. Diese gelten als gemütlich, langsam, gastfreundlich, so dass den Österreichern kein großer politischer Einfluss zugetraut wird, die Österreicher sind jedoch in der Welt eher beliebt als gefürchtet. Ähnliches können wir sicher von allen Ländern dieser Welt sagen. Jeder Mensch hat eben seine besonderen Charakterzüge, die Schweizer genauso wie die Inder oder Afrikaner, die Australier oder Amerikaner.

Unser Charakter

Warum schreibe ich das? Sicherlich nicht deshalb, um ein Land gut darzustellen und ein anderes schlecht zu machen, oder gar Vorurteile und Klischees zu fördern. Selbstverständlich sollten wir bei unserem Urteilen über andere höchst vorsichtig sein, vor allem dann, wenn es sich um negative oder verspottende Eigenschaften handelt. Ich will damit nur aufzeigen, dass jeder Mensch ganz bestimmte Eigenschaften und Fähigkeiten besitzt, die sein Menschsein, oder besser ausgedrückt, seinen Charakter ausmachen, aber nicht, weil er aus diesem oder jenem Land stammt, sondern weil jeder Mensch als Geschöpf Gottes eine Einzigartigkeit besitzt, die ihn von allen anderen unterscheidet.

Es gibt fröhliche und traurige Menschen, zornige und sanfte, streitsüchtige und friedvolle, geizige und freigiebige, freundliche und missgünstige Menschen. Solche Fähigkeiten oder Eigenschaften haben in unserer christlichen Sprache einen besonderen Namen, der vielleicht für manche altertümlich klingt, aber nichts von seiner Wahrheit eingebüßt hat: Tugenden oder Untugenden.

Genauigkeit, Disziplin, Treue, Gehorsam, Gemütlichkeit, Gastfreundschaft, Lebendigkeit, Herzlichkeit oder Freude sind Tugenden. Zorn, Streitsucht, Geiz, Missgunst nennen wir Untugenden. Tugenden sind also besondere Fähigkeiten und Merkmale des Menschen, es gibt gute und schlechte Tugenden. Aufgabe des Menschen ist es, seine guten Tugenden auszubauen, die schlechten Tugenden verschwinden zu lassen. Tugenden sollen zum Glück des Menschen beitragen, zu seinem eigenen und zum Glück des anderen.

So meinte zumindest der verstorbene deutsche Redemptorist und Moraltheologe Bernhard Häring (1912-1998). Er schrieb:

„Bei den Tugenden geht es um die sittliche Kompetenz, um den Wert und den Adel des Menschen, eines jeden für sich und aller anderen im Zusammenleben und Zusammenwirken. Es geht um das Ganze der Melodie des Lebens. Es geht um nichts weniger als um wahre, innerste Freiheit zum Guten, Wahren und Schönen. Es geht um die Qualität des Gewissens und um ein gelingendes Miteinander und Füreinander. Ohne Tugend ist alles faul. Ohne Tugend ist der Mensch unfähig und zu nichts zu gebrauchen."

Tugenden, so meint der Wiener Pastoraltheologe Paul Michael Zulehner, haben etwas zu tun mit „Tauglichkeit", mit „Kompetenz" und „Stärke". Aufgabe des Menschen ist es, Tugenden „zu erwerben und zu üben, bis sie zu einer Haltung, zu einer Art zweiter Natur geworden sind." Wir tun das allerdings nicht bloß in unserem eigenen Interesse, oder zum eigenen Nutzen, das natürlich auch, aber vor allem geht es dabei um den Nutzen des Anderen.

Der belgische Ordenspriester Phil Bosmans fasst dies zusammen, wenn er sagt: „Gott hat jedem Menschen etwas gegeben, womit er andere glücklich machen kann. Wir Christen nennen diese Geschenke Gottes Tugenden."

Sich selbst und andere glücklich machen

Um diese Frage geht es also, wenn wir Christen von Tugenden sprechen: Welche besonderen Geschenke Gottes haben wir bekommen, um uns selbst und andere Menschen glücklich zu machen? Darüber einmal nachzudenken, ist sicherlich immer wieder gut und für unser Leben nützlich und hilfreich. Durch solches Nachdenken werden wir ja auch zur Frage angeregt, wer wir sind und wie wir leben sollen, damit wir zu dem werden, was wir sein sollen. Es geht also um nichts Geringeres als mein Leben und darum, was ich tun muss, um das Ziel meines Lebens, für das Gott mich bestimmt hat, zu erreichen.

So gesehen verbirgt sich hinter dem ein wenig altmodisch klingenden Begriff „Tugend" etwas sehr Wichtiges. Tugenden sind die Fähigkeiten, die den Menschen zum Menschen und damit den Christen zum Christen machen. Und es ist nicht egal, wie wir mit unseren Tugenden umgehen. Im biblischen Gleichnis vom anvertrauten Geld (Mt 25,14-30) macht uns Jesus Christus das unmissverständlich klar: Unsere Tugenden sind nicht etwas Beliebiges, sie wurden uns von Gott geschenkt, damit wir mit diesen Tugenden so umgehen, dass sie Frucht bringen. Wer das nicht tut, so das Gleichnis, der gilt als „schlechter und fauler Diener", der „hinaus in die äußerste Finsternis" geworfen wird, wo er „heulen und mit den Zähnen knirschen" wird.

Nach diesem Gleichnis, wenn wir es auf die Gaben umschreiben, die wir von Gott anvertraut bekommen haben, hat also jeder Mensch eine unterschiedliche Anzahl von Tugenden erhalten. Der eine mehr, der andere weniger. Es ist unsere Aufgabe, mit diesen Tugenden, die uns geschenkt sind, so umzugehen, dass sie fruchtbar sind und sich vermehren.

Deshalb widmet sich der heilige Franz von Sales im dritten und umfangreichsten Teil seines Buches „Anleitung zum frommen Leben" oder „Philothea" den unterschiedlichsten Tugenden. Er ist sich eben bewusst, dass Frömmigkeit im Alltag ohne Tugenden nicht auskommt. Genau diese Tugenden helfen uns, die Frömmigkeit, unseren Glauben, unser Christsein, unser Menschsein im Alltag jeden Tag von neuem zu verwirklichen.

Sei, was du bist

Es gibt eine rabbinische Geschichte von Rabbi Suso. Dieser beschäftigte sich ausführlich mit der Frage, wie man leben muss, um nach seinem Tod vor Gott bestehen zu können. Er wurde dabei immer unruhiger und ängstlicher, da er sich nicht vorstellen konnte, je so gottvertrauend wie Abraham, so groß wie Mose, so feurig wie Elija, so weise wie Salomo oder so stark wie Simson werden zu können. Eines Nachts träumte ihm dann, dass er tatsächlich gestorben war und vor das Angesicht Gottes treten musste. Und wie überrascht war er, als Gott ihn nicht fragte: Warst du in deinem Leben wie Abraham, oder Mose, oder Elija, oder Salomo oder Simson, sondern: Bist du in deinem Leben ganz Rabbi Suso gewesen? Darum geht es also, das ist unsere – meine – Sendung, dass wir ganz und gar wir selbst sind beziehungsweise werden.

Wenn das so stimmt, und wenn Gott uns sagt, dass wir die Tugenden, die uns anvertraut sind, fruchtbar werden lassen sollen, dann hat das natürlich ganz bestimmte Konsequenzen. Wir müssen uns immer wieder fragen, was die wesentlichen und besonderen Tugenden sind, die Gott uns geschenkt hat, ob diese uns wichtig oder unwichtig sind, ob wir sie verwirklichen und vermehren wollen oder nicht.

Der heilige Kirchenlehrer Franz von Sales spricht in seinen Überlegungen über die Tugenden vom „geordneten Tugendstreben" (Philothea III,1 und 2; DASal 1,107-113) und meint damit etwas gerade für das praktische Leben sehr Wichtiges. Es ist ein Unsinn, meint er, wenn ein Bischof, der für seine Menschen da sein soll, anfängt als Einsiedler zu leben, oder wenn ein Familienvater, der für seine Familie zu sorgen hat, plötzlich nur noch arm sein will, oder der Politiker, der dazu da ist, seinem Land zu dienen, nur noch in einer Kirche sitzt und betet. Die Frage, welche Tugenden ich in meinem Leben verwirklichen soll, hängt also nicht nur davon ab, wer ich bin, sondern auch davon, wo ich lebe und welche Aufgaben mir meine Situation, in der ich mich befinde, gerade stellt. Für Franz von Sales ist das Tugendstreben dann „geordnet", wenn ich dort, wo ich lebe und arbeite, genau die Tugenden zu verwirklichen suche, die von mir an dieser Stelle gefordert werden und die ich auch verwirklichen kann.

Die „kleinen Tugenden"

Beim „Tugendstreben" geht es also nicht um große Leistungen, sondern um die „kleinen Tugenden". Franz von Sales nennt sie nicht deshalb „klein", weil sie unbedeutend oder unwichtig wären, sondern weil wir jeden Tag in den kleinen Alltäglichkeiten des Lebens ständig die Möglichkeit haben, diese Tugenden zu üben. In einem Brief nennt Franz von Sales diese kleinen Tugenden auch mit Namen: „Üben wir gewisse, unserer eigenen Kleinheit entsprechende kleine Tugenden. Lassen wir uns nicht in Dinge ein, die über unser Vermögen gehen. Diese kleinen Tugenden werden mehr im Herabsteigen als im Emporsteigen geübt und sind daher der Kraft unserer Beine angepasst: Geduld haben, den Nächsten ertragen, Hilfsbereitschaft, Demut, ein freundlicher Mut, Liebenswürdigkeit, Duldsamkeit unserer eigenen Unvollkommenheit gegenüber, solche kleine Tugenden also" (DASal 6,41).

„Solche kleinen Tugenden also" hat Gott uns anvertraut, damit wir unseren Alltag bewältigen und uns und andere damit glücklich machen.

Fragen zum Nachdenken

- *Welche Fähigkeiten hat Gott mir anvertraut?*
- *Was kann ich tun, damit ich dort, wo ich lebe und arbeite, meine Tugenden, meine Fähigkeiten und Talente auch verwirkliche?*
- *Kann ich in meinem Leben so sein, wie ich bin? Was muss ich tun, um dieses Ziel zu erreichen?*

Göttliche Tugenden

„Ich rede jetzt von der allgemeinen Vereinigung durch die Taufe, bei der alle Christen sich mit Gott vereinigen, wenn sie den von Gott eingeprägten Charakter eines Christen empfangen, der sie verpflichtet, die Gebote Gottes und der Kirche zu halten, gute Werke zu tun und die drei göttlichen Tugenden des Glaubens, der Hoffnung und der Liebe zu üben, die ihrer durch die Taufe grundgelegten Gottverbundenheit erst den vollen Wert geben. Sie dürfen dann hoffen, in den Himmel zu kommen, wo sie sich auf ewig mit der göttlichen Güte, mit Gott vereinigen werden, weil sie auf Erden die befohlenen Mittel angewandt haben."

Franz von Sales (DASal 2,306)

Glaube – Hoffnung – Liebe: die drei göttlichen Tugenden

Seit der Apostel Paulus im ersten Korintherbrief die ultimative Zusammenfassung der drei göttlichen Tugenden geliefert hat, existiert nicht nur ein schöner Lesungstext für sehr viele Hochzeiten, wir wissen auch, dass diese drei Tugenden zusammengehören: „Für jetzt bleiben Glaube, Hoffnung, Liebe, diese drei; doch am größten unter ihnen ist die Liebe“ (1 Kor 13,13).

Was diese drei Tugenden im Einzelnen bedeuten, wird im ersten Korintherbrief höchstens von der Liebe ausgesagt, aber auch da nur in sehr lyrischer Form: Ohne die Liebe wäre alles nichts und die Liebe ist die „Mutter“ einer Fülle anderer Tugenden: Langmut, Geduld, Güte, Demut, Ausdauer und so weiter.

Es wäre natürlich Anmaßung, würde ich den Anspruch erheben, im Folgenden eine umfassende Erklärung dieses Tugendtrios abzugeben. Nein, darum soll es nicht gehen. Was ich möchte, ist Impulse über diese Tugenden zu geben, die gemeinhin als die „göttlichen“ bezeichnet werden, weil sie, wie der große Theologe Thomas von Aquin (1224-1274) schrieb, von der „Gnade Gottes den Menschen eingegossen“ sind. Es geht also nicht um theologische Grundlagenarbeit, sondern um Anstöße zum Weiterdenken.

Der Glaube: das wissende Ja

Im Roman „Friedhof der Kuscheltiere“ (Originaltitel *Pet Sematary,* in Deutsch erschienen in Hamburg, 1985) liefert uns der wohl erfolgreichste Horror-Schriftsteller Stephen King eine interessante Diskussion zum Thema Glaube. Der Hauptakteur des Romans, der Arzt Louis Creed (Nomen est omen! Das englische Wort „*creed*“ bedeutet „Glaube, Glaubensbekenntnis, Credo“), wird von seiner fünfjährigen Tochter Eileen mit der Frage nach dem Tod und dem Danach konfrontiert. Und Creed meint zu seiner Tochter:

„Die Leute *behaupten* zwar, sie wüssten, was nach dem Tod ist, aber wenn sie das sagen, meinen sie, dass ihr Glaube es ihnen sagt. Weißt du was Glaube ist? Hier sitzen wir auf meinem Stuhl. Wenn du denkst, dass der Stuhl morgen auch noch hier sein wird, dann *glaubst* du, dass er hier sein wird und ich glaube es auch. Glaube ist die Überzeugung, dass etwas ist oder sein wird. Aber wir *wissen* nicht, ob er noch da sein wird. Schließlich könnte ja irgendein verrückter Stühledieb einbrechen und ihn mitnehmen. Wir glauben nur, dass das nicht passiert. Der Glaube ist eine großartige Sache, und die wirklich religiösen Leute möchten uns einreden, dass Glauben und Wissen dasselbe sind. Aber da bin ich anderer Meinung. Dafür gibt es in dieser Sache zu viele verschiedene Vorstellungen. Was wir *wissen*, ist nur dies: Wenn wir sterben, gibt es nur zwei Möglichkeiten. Entweder überleben unsere Seelen und Gedanken auf irgendeine Weise die Erfahrung des Todes oder sie tun es nicht. Wenn sie es tun, kann alles geschehen, was man sich ausdenken kann. Wenn nicht, dann ist der Film eben abgelaufen. Aus und vorbei."

Abgesehen davon, dass im Roman Ersteres passieren wird und zwar wirklich in allen Variationen, die man sich ausdenken kann, so zeigt dieser Abschnitt doch sehr deutlich, dass Glaube in der Regel mit Wissen in Verbindung gebracht wird.

Glauben heißt nichts wissen. Diese weitverbreitete Meinung ist falsch, genauso falsch wie die Vorstellung, dass Glaube und Wissen das Gleiche sind. Im Glauben geht es zwar sehr wohl um sehr viel Wissen. Eine ganze Wissenschaft hat sich um den Glauben gebildet: Die Theologie, die Lehre von Gott, Mythen, Religionen und so weiter. Und über Jahrhunderte hinweg war diese Wissenschaft sogar die Grundlage allen Wissens. Wirklich glauben kann ich, wenn ich über meinen Glauben auch etwas weiß. Nicht umsonst gibt es den Religionsunterricht oder religiöse Erziehung, die versucht, ein Grundwissen des Glaubens zu vermitteln, so dass sich der Mensch auch eigenverantwortlich für den Glauben entscheiden kann.

Also: Der Glaube setzt Wissen voraus. Aber: Er ist viel mehr als dieses Wissen. Denn, was Mr. Creed in seinen Ausführungen vergisst, ist die Tatsache, dass Glaube auch Geschenk ist, oder theologisch formuliert: „Gnade". Wir glauben, weil Gott selbst sich uns Menschen offenbart und uns das Geschenk des Glaubens angeboten hat. Dieses „dialogische Beziehungsgeschehen" zwischen Gott und Mensch ist in der jüdisch-christlichen Tradition die Grundvoraussetzung, dass Glaube überhaupt möglich ist. Das Urbild dieses Glaubens ist Abraham, der voll und ganz auf Gottes Wort vertraute. Im Hebräerbrief heißt es: „Aufgrund des Glaubens gehorchte Abraham dem Ruf, wegzuziehen in ein Land, das er zum Erbe erhalten sollte; und er zog weg, ohne zu wissen, wohin er kommen würde" (Hebr 11,8).

Nach Jesus können gerade jene, die Wissen und Glauben gleichsetzen, die „Weisen und Klugen" also, mit diesem Geschenk des Glaubens am wenigsten anfangen. „Ich preise dich, Vater im Himmel," betet er im Matthäusevangelium, „dass du all das den Weisen und Klugen verborgen, den Unmündigen aber offenbart hast" (Mt 11,25). Gott ist es also, der den Menschen den Glauben anbietet, und der Mensch gibt auf dieses Angebot eine Antwort: Ja oder Nein. Die Atheisten antworten mit „Nein", die Agnostiker mit „Leider nein" und die Gläubigen sagen eben „Ja", nicht aus Stolz über die anderen, sondern aus Dankbarkeit, dass sie die Gnade haben, glauben zu dürfen.

Die Hoffnung: über den Tod hinaus

Beim Wort „Hoffnung" fällt mir der Spielfilm „Das siebte Zeichen" ein (USA 1988, Originaltitel „*The Seventh Sign*"). Dieser Film versucht, die Apokalypse des Johannes als Weltuntergangsprophezeiung cineastisch umzusetzen. In einer Szene steht der Engel, dargestellt von Jürgen Prochnow, jener Frau Abby, gespielt von Demi Moore, gegenüber, die ausersehen ist, die Welt in letzter Sekunde zu retten. Die hochschwangere Abby fragt den Engel, was sie dafür tun muss. Der Engel antwortet: „Du wirst es nicht können, denn dir fehlt etwas Entscheidendes, nämlich Hoffnung!" Dann streicht er ihr mit dem Finger sanft über eine Narbe am Handgelenk: der klare Beweis, dass sie sich das Leben nehmen wollte und ihre Pulsadern aufschnitt.

Am Ende des Films wird der Engel jedoch eines Besseren belehrt. Abby rettet die Welt vor dem Untergang, weil sie tut, wozu man alle Hoffnung der Welt braucht: Sie opfert ihr Leben, aber nicht aus Hoffnungs- oder Mutlosigkeit, sondern damit ihr Kind – und damit die ganze Welt – weiterleben kann. Sie hofft, dass ihr Tod nicht das Ende ist, weder für sie, noch für ihr Kind, noch für die ganze Welt.

Genau das ist die Hoffnung, von der Paulus spricht, nichts Billiges, nichts unrealistisch, utopisch Verträumtes, sondern harte Realität und die Antwort des Trotzdem. Hoffnung im theologischen Sinn meint immer das Ausgerichtetsein auf eine Zukunft über den Tod hinaus. Diese Zukunft beginnt allerdings nicht erst nach dem Tod, sondern schon hier und jetzt und heute, weil Jesus Christus durch Kreuz und Auferstehung Sünde und Tod bezwungen hat. Die Tugend der Hoffnung vertröstet nicht auf das Jenseits, sondern macht Mut, den Widerständen des Lebens hier auf Erden zu trotzen, weil es ein Jenseits gibt.

„Von guten Mächten wunderbar geborgen, erwarten wir getrost was kommen mag, Gott ist mit uns am Abend und am Morgen und ganz bestimmt an jedem neuen Tag." Wenn ich am Strand liege, die Sonne meine Haut bräunt, ich die Seele baumeln lassen und den Urlaub so richtig genießen kann, dann ist es leicht, solche Sätze aus tiefstem Herzen zu sprechen, aber ... Ja, aber. Der evangelische Theologe Dietrich Bonhoeffer (1906-1945) lag nicht am Strand, als er diese Sätze schrieb, sondern saß im Konzentrationslager Flossenbürg und seine Situation war alles andere als hoffnungsvoll. Die Aussicht, das Nazi-Gefängnis wieder lebend verlassen zu können, war auf ein Minimum geschrumpft. Die Zukunft, die das bevorstehende neue Jahr 1945 für ihn bot, war ausgesprochen düster. Trotzdem fand er am Silvesterabend 1944 zu dieser Aussage unendlicher Hoffnung: „Von guten Mächten wunderbar geborgen, erwarten wir getrost, was kommen mag." Der Jesuitenpater Alfred Delp (1907-1945) erlitt ein ähnliches Schicksal. Die Nazis verurteilten ihn wegen Hoch- und Landesverrates zum Tod durch Erhängen und vollstreckten das Urteil 1945 in Berlin-Plötzensee. Und auch von ihm kennen wir eine Aussage der Hoffnung aus einem seiner letzten Briefe aus dem Gefängnis: „Lasst uns dem Leben trauen, weil Gott es mit uns lebt."

Paulus schreibt im Epheserbrief:

Der Gott Jesu Christi „erleuchte die Augen eures Herzens, damit ihr versteht, zu welcher Hoffnung ihr durch ihn berufen seid, welchen Reichtum die Herrlichkeit seines Erbes den Heiligen schenkt und wie überragend groß seine Macht sich an uns, den Gläubigen, erweist durch das Wirken seiner Kraft und Stärke" (Eph 1,18-19).

Das ist die Hoffnung, von der er im Korintherbrief schreibt: Wir Christen sind zur Hoffnung berufen und fähig, aber nicht zu einer billigen Urlaub-am-Strand-Hoffnung, sondern zur Hoffnung eines Dietrich Bonhoeffer oder Alfred Delp, zu einer Hoffnung, die auf die Kraft und Stärke des Wirkens Gottes über alle Hoffnungslosigkeit hinweg vertraut, eine Hoffnung wider alle Hoffnung, eine Hoffnung über den Tod hinaus.

Die Liebe: auch dann, wenn es weh tut

Ja und die Liebe, die größte der drei göttlichen Tugenden, ist natürlich mehr als nur die romantische Vorstellung vom sanften Erröten beim ersten Kuss der Liebenden in sternenklarer Nacht. Auch wenn Kinoromantik nur rudimentär mit Liebe zu tun hat, so kann uns doch ein Kinofilm den Weg zur vollen Bedeutung der Liebe zeigen. Der Film trägt den Titel „Besser geht's nicht" (USA 1997, Originaltitel „*As Good As It Gets*"). Die beiden Hauptdarsteller Helen Hunt und Jack Nicholson erhielten für diesen Streifen 1998 den Oscar als beste Schauspieler. Für mich persönlich enthält er eine der schönsten Liebeserklärungen der Filmgeschichte.

Der Film handelt von einem Misanthropen, einem Miesmacher par excellence: Melvin Udall. Er ist ein richtiges Ekel, hasst die ganze Welt und sich selbst am allermeisten. Nichts ist ihm recht, alles wird kritisiert. Ein Ungeheuer in Menschengestalt, eine Qual für jede Mitbürgerin und jeden Mitbürger. Nur die Kellnerin Carol schafft es, diese Blockade aus Hass zu durchbrechen, nicht weil sie besonders hübsch oder intelligent oder einfühlsam ist, sondern einfach, weil sich das Ekel in sie verliebt hat. Eines Tages verabreden sich die beiden zum Abendessen. Der Misanthrop ist wie immer übel gelaunt, nichts passt ihm. Und Carol fragt ihn entnervt: „Was willst du überhaupt?“ Darauf erzählt Udall: „Seit Jahren weigere ich mich die Medikamente zu nehmen, die mir mein Therapeut verschreibt. Ich hasse diesen Seelenklempner und ich hasse diese Pillen. In jener Nacht aber, nachdem du meine Wohnung wieder verlassen hattest, bin ich aufgewacht und habe eine Pille genommen.“ Die Kellnerin versteht den Zusammenhang nicht und denkt, Udall will nun auch sie verschaukeln und verletzen und fragt wütend, was dieser Blödsinn soll? Udall erklärt es ihr: „Das heißt: Für dich möchte ich ein besserer Mensch werden.“

Das bedeutet Liebe. Für dich möchte ich ein besserer Mensch werden, auch wenn es mir alle Kraft kostet und vollkommen gegen den Strich geht. Du bist mir das wert. Die selige Mutter Teresa (1910-1997), Gründerin der Missionarinnen der Nächstenliebe und Friedensnobelpreisträgerin, hat es in andere Worte gefasst: „Wahre Liebe liebt auch dann, wenn es weh tut.“ Und diese Liebesdefinition bringt uns dorthin, wohin uns auch Paulus führen will, wenn er sagt, dass die Liebe die größte aller Tugenden ist. Denn wer hat wirklich geliebt, bis es wehtat, ja bis zur völligen Selbstaufgabe, bis zum Tod am Kreuz? Gott selbst, Jesus Christus.

Im Brief an die Philipper liefert uns der Apostel eine der schönsten Liebeserklärungen an Jesus. Er schreibt: „Er war Gott gleich, hielt aber nicht daran fest, wie Gott zu sein, sondern er entäußerte sich und wurde wie ein Sklave und den Menschen gleich. Sein Leben war das eines Menschen; er erniedrigte sich und war gehorsam bis zum Tod, bis zum Tod am Kreuz. Darum hat ihn Gott über alle erhöht und ihm den Namen verliehen, der größer ist als alle Namen, damit alle im Himmel, auf der Erde und unter der Erde ihre

Knie beugen vor dem Namen Jesu und jeder Mund bekennt: Jesus Christus ist der Herr – zur Ehre Gottes, des Vaters" (Phil 2,6-11).

Das Kreuz ist die schönste Liebeserklärung, die Gott den Menschen geben konnte, nicht damit er ein besserer Gott wird, sondern damit der Mensch ein besserer Mensch werden kann. Seit dieser Liebeserklärung Gottes und dieser Liebeserfahrung des Menschen gibt es eigentlich für die Liebe und für Gott nur eine einzige Definition: Gott selbst ist die Liebe ... klar definiert in 1 Joh 4,7-11:

„Liebe Brüder (und natürlich auch Schwestern), wir wollen einander lieben; denn die Liebe ist aus Gott, und jeder, der liebt, stammt von Gott und erkennt Gott. Wer nicht liebt, hat Gott nicht erkannt; denn Gott ist die Liebe. Die Liebe Gottes wurde unter uns dadurch offenbart, dass Gott seinen einzigen Sohn in die Welt gesandt hat, damit wir durch ihn leben. Nicht darin besteht die Liebe, dass wir Gott geliebt haben, sondern dass er uns geliebt und seinen Sohn als Sühne für unsere Sünden gesandt hat. Liebe Brüder (und Schwestern), wenn Gott uns so geliebt hat, müssen auch wir einander lieben."

Wer die Liebe begreift, hat alles begriffen, worum es Gott geht. Denn die Liebe ist das Größte, sagt Paulus, sie ist Gott selbst.

Genügend Stoff zum Nachdenken

Was Paulus konnte, nämlich die drei göttlichen Tugenden in einen Satz zusammenzufassen, versuchten in den folgenden Jahrhunderten eine Reihe weiterer Theologen. Selbstverständlich blieben sie immer ein Stück hinter dem Original zurück. Zwei dieser Versuche möchte ich Ihnen allerdings trotzdem zitieren. Der erste stammt vom heiligen Kirchenlehrer Franz von Sales. „Das Heil", so schreibt er, „ist dem Glauben gezeigt, der Hoffnung bereitet, aber nur der Liebe geschenkt."

Und Carlo Caretto (1910-1988), Mystiker der Gemeinschaft der Kleinen Brüder Jesu, schreibt fast vierhundert Jahre später: „Wenn Glauben schwer ist, ist Nichtglauben der sichere Tod. Wenn Hoffen gegen alle Hoffnung heroisch ist, ist Nichthoffen die erwürgende Angst. Wenn Liebe dich das Blut kostet, ist Nichtlieben die Hölle."

Wie wär's nun mit Ihrem Versuch als Ergebnis ihres Nachdenkens über diese drei?

Fragen zum Nachdenken

- *Was bedeutet für mich Glaube?*
- *Was verstehe ich unter Hoffnung?*
- *Wie definiere ich Liebe?*

Liebe – Tugend aller Tugenden

Am 5. September 1997 starb Mutter Teresa, die Gründerin der Missionarinnen der Nächstenliebe. Am 19. Oktober 2003 wurde sie von Papst Johannes Paul II. (1920-2005) selig gesprochen. Wir alle kennen das großartige Werk, das diese unscheinbare Frau aus Albanien im letzten Jahrhundert für die Armen in Indien und der ganzen Welt geleistet hat. Ein Journalist wollte einmal über die Arbeit von Mutter Teresa bei den Ärmsten der Armen ausführlich berichten. Er besuchte sie und beobachtete ihr Tagewerk Schritt für Schritt. Am Abend setzte sich der Journalist mit Mutter Teresa für ein Interview zusammen. Und das erste, was der Journalist sagte, war: „Also, das, was sie hier machen, das könnte ich nicht für eine Million Dollar tun!" Worauf Mutter Teresa antwortete: „Ich auch nicht!" Der Journalist fragte daraufhin: „Ja, warum nehmen Sie dann diese schwere und oft ekelerregende Arbeit auf sich?" Mutter Teresa erwiderte: „Ich tue es aus Liebe!" Der Journalist wollte nun wissen, was für sie dieses Wort bedeute. Sie sagte: „Wer geliebt wird und Liebe erwidern kann, ist der glücklichste Mensch auf der Welt. Wir Christen haben in Jesus Christus das unendliche Geschenk der Liebe erhalten, worauf es nur eine Antwort gibt: ebenso zu lieben, und zwar auch oder gerade dann, wenn es weh tut."

Lehrer der Liebe

1877 wurde ein ganz großer Heiliger unserer Kirchengeschichte zum Kirchenlehrer ernannt: Franz von Sales, Bischof von Genf und Gründer der Schwestern der Heimsuchung Mariens. Den „Titel", den er bei dieser Ernennung zugesprochen bekam, war „Doctor amoris" – „Lehrer der Liebe". Der Grund dafür ist einfach. Wollte man nämlich in aller Kürze beschreiben, was Leben, Lehre und

Werk des heiligen Franz von Sales ausmacht, dann bräuchte man als Antwort nur dieses eine Wort zu sagen: Liebe. Die Liebe bestimmte all sein Denken, Reden und Handeln. Seine beiden Hauptwerke – die Philothea (Anleitung zum frommen Leben) und der Theotimus (Abhandlung über die Gottesliebe) –, seine Briefe, Predigten und sonstigen Schriften haben letztlich nichts anderes als die Liebe zum Thema. Die Liebe als Gottes-, Nächsten- und Selbstliebe hatte für ihn in allem den Vorrang und die tragende Bedeutung. Daher konnte er auch sagen: „Wir können die Mitmenschen nie zu viel lieben und somit auch in der Liebe nie die Grenzen der Vernunft überschreiten, sofern die Liebe wirklich im Herzen wurzelt ... Der glorreiche heilige Bernhard sagt: ‚Das Maß der Liebe zu Gott ist Liebe ohne Maß.' Und weiter sagt er: Setze der Liebe keine Schranken, lasse sie ihre Äste breiten, so weit sie nur kann. Was für die Gottesliebe gilt, das gilt auch für die Nächstenliebe" (DASal 2,66-67). Und in einem Brief an die heilige Johanna Franziska von Chantal (1572-1641) schrieb er: „Welche Freude, lieben zu können, ohne ein Übermaß fürchten zu müssen!" (DASal 5,220).

Franz von Sales war davon überzeugt, dass alles, was aus Liebe geschieht, von Gott stammt, weil Gott selbst die Liebe ist. Alles, was aus Liebe geschieht, ist daher auch gut. Gott ist Liebe, die Liebe ist Gott. Dies war die grundlegende Gleichung seines Lebens.

Qualität der Liebe

Am 8. Dezember 1602, wurde Franz von Sales zum Bischof der Diözese Genf geweiht. Das, was er selbst von dieser Weihe berichtete, dokumentiert eindrucksvoll die Qualität der Liebe, die er leben wollte. Er schrieb: „Gott hat mich [bei meiner Bischofsweihe] mir selbst genommen, um mich zu sich zu nehmen und mich dann dem Volk zu geben, das heißt, dass er mich verwandelt hatte von dem, der ich für mich war, zu dem, der ich für sie wurde" (DASal 5,247). Mutter Teresa formulierte diese Verwandlung der Liebe, wie anfangs erwähnt, so: „Wer geliebt wird und Liebe erwidern kann, ist der glücklichste Mensch auf der Welt." Franz von Sales war am Tag seiner Bischofsweihe sicher ein sehr glücklicher Mensch. Er hat die Liebe Gottes erfahren und war bereit, diese zu erwidern und an die Menschen seiner Diözese und der ganzen Welt weiterzugeben.

Was Franz von Sales für sich persönlich erkannte, versuchte er durch sein Leben und seine Lehre allen Menschen zu vermitteln: Jeder Christ, der Jesus nachfolgt, ist vor allem und zuallererst ein Liebender. Die alles entscheidende Frage für den Christen bei all seinem Tun lautet demnach: Wen oder was liebe ich mit ganzem Herzen, ganzer Kraft und ganzer Seele? Das Fundament seines Redens und Handelns, seine Grundtugend, seine Grundfähigkeit sollte die Liebe sein, wie es ja auch Jesus selbst auf die Frage formulierte, welches Gebot das wichtigste sei:

„Du sollst den Herrn, deinen Gott, lieben mit ganzem Herzen, mit ganzer Seele und mit all deinen Gedanken. Das ist das wichtigste und erste Gebot. Ebenso wichtig ist das zweite: Du sollst deinen Nächsten lieben wie dich selbst. An diesen beiden Geboten hängt das ganze Gesetz samt den Propheten" (Mt 22,37-40).

Das tragende Fundament

Wir alle wissen, dass das Wort Liebe sehr oft missverstanden, ja missbraucht wird. Wie viele verkehrte Formen von Liebe gibt es in unserer Welt? Was Liebe wirklich bedeutet, können wir eigentlich nur aus der Bibel herauslesen, vom Beispiel Jesu oder zum Beispiel im Text aus dem 1. Korintherbrief 13,1-14,1, dem Hohelied der Liebe des Apostels Paulus. Er beschreibt uns in diesem Text den Weg der Liebe und er meint, dass dies ein Weg sei, „der alles übersteigt". Wörtlich formuliert er:

„Die Liebe ist langmütig, die Liebe ist gütig. Sie ereifert sich nicht, sie prahlt nicht, sie bläht sich nicht auf. Sie handelt nicht ungehörig, sucht nicht ihren Vorteil, lässt sich nicht zum Zorn reizen, trägt das Böse nicht nach. Sie freut sich nicht über das Unrecht, sondern freut sich an der Wahrheit. Sie erträgt alles, glaubt alles, hofft alles, hält allem stand. Die Liebe hört niemals auf. Prophetisches Reden hat ein Ende, Zungenrede verstummt, Erkenntnis vergeht. Denn Stückwerk ist unser Erkennen, Stückwerk unser prophetisches Reden; wenn aber das Vollendete kommt, vergeht alles Stückwerk ... Für jetzt bleiben Glaube, Hoffnung, Liebe, diese drei; doch am größten unter ihnen ist die Liebe. Jagt der Liebe nach!“

Dieser Text sagt uns eindeutig: Die Liebe ist das tragende Fundament unseres Lebens und sie ist das Ziel des Lebens, das einzige Ziel, das niemals aufhören wird. Ohne Liebe sind wir nichts. Dafür ist auch die beste theologische Ausbildung kein Ersatz, auch nicht die frömmsten Reden oder innigsten Gebete. Der Liebe allein sollen wir nachjagen, und zwar ein Leben lang. Das ist es, was uns der heilige Franz von Sales in all seinen Lehren vermitteln will. Für ihn ist die Liebe nicht nur Anfang und Ziel des christlichen Lebens, sie ist auch der Weg zu diesem Ziel. „Die Liebe“, so sagte er gegenüber seinem bischöflichen Freund Jean-Pierre Camus (1584-1652), „ist eine bewundernswerte Tugend; in ihr sind Mittel und Zweck vereinigt. Sie ist der Weg und das Ziel, die Straße, die zu ihr selbst hinführt“ (Camus 36). Was muss man also tun, um zu lieben? „Das Geheimnis dieser Liebe liegt darin, dass man liebe. So wie man während der Studien das Studieren lernt, wie man sich im Sprechen das Sprechen, im Laufen das Laufen aneignet, so lernt man im Lieben Gott und den Nächsten lieben. Wer einen anderen Weg einschlägt, der irrt“ (Camus 38).

Gott hat uns zuerst geliebt

Wie kommt Franz von Sales zu dieser wirklich alles umfassenden Theologie der Liebe? Seine Grundannahme ist, dass Gott seinem Wesen nach Liebe ist. Und daraus folgert er, dass der Mensch als Ebenbild Gottes ebenso seinem Wesen nach Liebe sein muss. Gott ist also das Entscheidende Kriterium für den großen Stellenwert der Liebe. „Gott hat uns zuerst geliebt“ – Franz von Sales wird nicht müde, uns immer wieder darauf hinzuweisen. Diese Liebe

Gottes zu uns Menschen ist dann auch der wichtigste Grund, warum wir Menschen einander und uns selbst lieben sollen.

Gott hat uns zuerst geliebt. Noch bevor wir überhaupt von uns selber wussten, wusste Gott von uns und liebte uns mit einer unendlichen Liebe, so als wären wir die einzigen Wesen auf der ganzen Welt (vgl. Philothea V,13 und 14; DASal 1,256-258). Jeder einzelne Mensch wird von Gott einzigartig geliebt. Diese einzigartige Liebe Gottes zu uns Menschen erhält seinen größten Beweis durch die Menschwerdung Gottes und den Tod Jesu am Kreuz. Jesus selbst sagt seinen Jüngern: „Es gibt keine größere Liebe als die, wenn einer sein Leben hingibt für seine Freunde“ (Joh 15,13). Genau das hat Jesus getan. Er gab sein Leben hin für uns Menschen, damit wir Menschen gerettet werden. Ein Mensch, der dieses Wunder übergroßer Liebe ernsthaft betrachtet, kann darauf wirklich nur mit Liebe antworten: mit Liebe zu Gott, zu seinen Nächsten und zu sich selbst. Der Mensch kann dann einfach nicht anders als mit Freude das verwirklichen, was Jesus seinen Jüngern sagte: „Dies trage ich euch auf, liebt einander, so wie ich euch geliebt habe!“ (Joh 15,12).

Fragen zum Nachdenken

- *Was bedeutet für mich die Aussage: Der Christ ist ein liebender Mensch?*
- *Was verbinde ich persönlich mit dem Wort „Liebe“?*
- *Wo erlebe ich mich im Umgang mit Gott, mit den Mitmenschen und mit mir selbst lieblos?*

Kardinaltugenden

„Der große heilige Augustinus sagt, dass die Gottesliebe alle Tugenden in sich begreift und alle ihre Werke in uns verrichtet. Das sind seine Worte: ‚Wenn man euch sagt, dass die Tugend sich in vier verschiedene Tugenden einteilen lässt (er spricht von den vier Kardinaltugenden), so sagt man dies, kommt mir vor, der verschiedenen Affekte wegen, die von der Liebe herrühren. Ich hätte gar keine Bedenken, diese vier Tugenden so zu definieren, dass die Mäßigkeit die Liebe ist, die sich Gott ganz und gar schenkt, der Starkmut eine Liebe, die gern alles für Gott erträgt; die Gerechtigkeit eine Liebe, die Gott allein dient und deswegen alles richtig anordnet, was dienlich ist, um sich mit Gott zu vereinigen, und das verwirft, was ihr schädlich wäre.'"

Franz von Sales (Theotimus XI,8; DASal 4,248-249)

Gerechtigkeit – die Tugend, die dem Wohl des Menschen dient

Ihre Augen sind verbunden, in der einen Hand hält sie eine Waagschale, in der anderen ein Schwert. So wird sie gewöhnlich dargestellt: die *Iustitia* oder Gerechtigkeit. Diese Tugend zählt neben der Weisheit, der Tapferkeit und dem Maßhalten nach alter klassisch-philosophischer Tradition zu den so genannten „Kardinaltugenden". Die Gerechtigkeit steht somit in der Hierarchie der Tugenden ganz oben. Aus christlicher Sicht werden die Kardinaltugenden nur noch von den göttlichen Tugenden des Glaubens, der Hoffnung und der Liebe überflügelt.

Schwert und Waagschale

Was verbinden wir gewöhnlich mit dem Begriff „Gerechtigkeit". Wir denken an Gesetz und Ordnung. Untaten werden gerecht bestraft, gute Taten belohnt. Wir denken an Chancengleichheit, Gleichberechtigung und den gerechten Lohn, der sich in der Gesetzgebung einer so genannten „sozialen Gerechtigkeit" niedergeschlagen hat. Wir denken an die Menschenrechte und an das gleiche Recht für alle, an den Schutz der Minderheiten oder der Schwachen gegenüber den Starken und Mächtigen.

Schon in der klassischen Darstellung der *Iustitia*-Statue sehen wir, dass die Menschen, die über Gerechtigkeit nachdachten, auf Schwierigkeiten stießen, diese Gerechtigkeit in die Praxis umzusetzen. Sie bemerkten: Es braucht dazu das Schwert – es geht also um so etwas wie Bestrafung, wenn Böses getan oder Gesetze übertreten werden. Es braucht aber auch die Waagschale – das Erlangen eines Gleichgewichtes im Ermessen des richtigen Lohn- oder Strafausmaßes. Ein fünfjähriges Kind, das stiehlt, muss um der Gerechtigkeit willen anders behandelt werden, als ein 50-jähriger Dieb. Um wirklich gerecht sein zu können, so zeigt das Bild der

Statue, bedarf es dazu der „verbundenen Augen“, also einer Rechtsprechung und eines gerechten Urteils ohne Einflussnahme von außen und ohne Vorurteile von innen. Vor dem Gesetz sind alle gleich, es gibt keinen Unterschied zwischen Arm oder Reich, Schwarz oder Weiß, Jung oder Alt, Mann oder Frau, Gläubig oder Ungläubig.

Biblische Gerechtigkeit

In der Bibel wird das Bild der Gerechtigkeit um einen wesentlichen Aspekt bereichert. Es geht nicht zuerst um ein unparteiisches Urteilen und Handeln, sondern um das Leben und Handeln gemäß dem Willen Gottes:

„Nur dann werden wir (vor Gott) im Recht sein, wenn wir darauf achten, dieses ganze Gesetz vor dem Herrn, unserem Gott, so zu halten, wie er es uns zur Pflicht gemacht hat“ (Dtn 6,25).

Der „Gerechte“ stellt in der Bibel jemanden dar, der sein ganzes Leben an Gott und seinen Weisungen orientiert (Ps 7,10) und über alle Gesetze hinaus durch seine Weisheit und Gottesfurcht einen wesentlichen Beitrag zum Wohl des Menschen leistet. Tut er dies nicht, wird seine Gerechtigkeit zu einem „schmutzigen Kleid“ (Jes 64,5).

Die zum Sprichwort gewordenen Urteile König Salomos, der sich von Gott Weisheit erbat, um stets zum Wohle der Menschen entscheiden zu können, sind ein Beispiel dieser biblischen Gerechtigkeit (1 Kön 3,5-28): „Ganz Israel hörte von dem Urteil, das der König gefällt hatte, und sie schauten mit Ehrfurcht zu ihm auf; denn sie erkannten, dass die Weisheit Gottes in ihm war, wenn er Recht sprach“ (V. 28).

Für uns Christen ist natürlich Jesus Christus das Muster eines Gerechten, weil er nicht nur ganz nach dem Willen Gottes lebte („Meine Speise ist es, den Willen dessen zu tun, der mich gesandt hat“ Joh 4,34) und somit das Gesetz erfüllte („Denkt nicht ich sei gekommen, um das Gesetz und die Propheten aufzuheben. Ich bin nicht gekommen, um aufzuheben, sondern um zu erfüllen“ Mt

5,17), sondern vor allem, weil er durch sein Leiden und Kreuz den Menschen erlöste. Zu beachten ist, dass all das oftmals dadurch geschah, dass er den Buchstaben des Gesetzes missachtete.

Es gibt viele Beispiele, in denen Jesus gerade deshalb „gerecht" ist, weil er nicht nach dem Buchstaben des Gesetzes, sondern zum Wohle des Menschen handelte (zum Beispiel Ähren abreißen am Sabbat Mt 12,1-8; Heilungen am Sabbat Lk 6,6-11 od. Lk 13,10-17 od. Lk 14,1-6). Seine Devise lautete: „Der Sabbat (also ein unantastbares Tabu jüdischer Gesetzgebung) ist für den Menschen da, nicht der Mensch für den Sabbat" (Mk 2,27).

Aufgrund dieser Haltung kam er selbst mit dem Buchstaben des Gesetzes in Konflikt und wurde gerade deshalb getötet, weil er gerecht war („Denn auch Christus ist der Sünden wegen ein einziges Mal gestorben, er, der Gerechte, für die Ungerechten, um euch zu Gott hinzuführen" 1 Petr 3,18).

In der christlichen Theologie gilt also: Wirklich gerecht kann nur sein, wer nicht nur alle Gebote, Gesetze und Vorschriften kennt und beachtet, sondern über und in all dem die Liebe mit einbezieht. Gerechtigkeit – das Wissen um Gesetze und Gebote – und Barmherzigkeit – der Blick auf das Wohl des Menschen – gehören in der christlichen Tugendlehre von der Gerechtigkeit zusammen. Dies gilt für Gott selbst: Er, der All-Gerechte, ist deshalb die „Sonne der Gerechtigkeit" (Mal 3,20), weil er ebenso all-barmherzig ist, und wahrscheinlich vor allem deshalb, weil seine Barmherzigkeit größer ist als seine Gerechtigkeit.

Der gerechte Gott

Ein Beispiel dafür ist das Gleichnis Jesu vom verlorenen Sohn oder besser vom barmherzigen Vater (Lk 15,11-32). Der barmherzige Vater hätte alles Recht der Welt, seinen Sohn, der in der Fremde sein Erbteil verprasste, zum Teufel zu jagen … und wir selbst wären darüber gar nicht so ungehalten. Dennoch lebt dieses Gleichnis von der Barmherzigkeit des Vaters, der seinen verlorenen Sohn nicht nur nicht bestraft, sondern mit Schmuck, Kleidern und einem Festmahl belohnt. Der Ungerechte ist nicht der barmherzige Vater, sondern der Bruder, der nur auf die Gerechtigkeit blickt, ohne barmherzig sein zu wollen.

Oder ein anderes Gleichnis Jesu, das uns immer wieder zum Protest verleitet: das Gleichnis von den Arbeitern im Weinberg (Mt 20,1-16). Alle Arbeiter erhalten den gleichen Lohn … jene, die den ganzen Tag gearbeitet hatten, bekommen genauso viel wie die, die nur eine Stunde lang Trauben sammelten. Welch Ungerechtigkeit murrten die Arbeiter, doch der Gutsbesitzer weist einen davon zurecht:

„Mein Freund, dir geschieht kein Unrecht. Hast du nicht einen Denar mit mir vereinbart? Nimm dein Geld und geh! Ich will dem letzten ebenso viel geben wie dir. Darf ich mit dem, was mir gehört, nicht tun, was ich will? Oder bist du neidisch, weil ich (zu anderen) gütig bin?“ (V. 13-15).

Der Gutsbesitzer hat eben den wahren Blick für gerechtes Handeln – er vereint Gerechtigkeit mit Güte und Barmherzigkeit.

Es geht weder darum, die Gesetze und Vorschriften auszuhöhlen oder zu unterwandern, auch nicht sie zu missachten oder gar aufzulösen, sondern sie zu erfüllen. Und erfüllt werden sie, wenn die Gerechtigkeit mit Barmherzigkeit gepaart ist – wie es eben Jesus Christus nach dem Vorbild seines Vaters getan hat.

So formuliert es auch der heilige Franz von Sales: Der allgerechte Gott hätte alles Recht der Welt, die gesamte Menschheit, die andauernd seine Gebote und Gesetze missachtet, in die Hölle zu verbannen. Seine Barmherzigkeit aber hat sich für die Erlösung durch Jesus Christus entschieden. Er, der Gerechteste aller Menschen, nahm alle Sünden auf sich und lässt sich als Schwerverbrecher verurteilen, damit die wahre Gerechtigkeit auf der Welt siegt. Aufgabe des Menschen ist es, sich in aller Freiheit für den Himmel zu entscheiden:

„Gott, der aus Gerechtigkeit mit der Hölle bestraft und aus Barmherzigkeit mit dem Himmel belohnt, wünscht mit sehnlichem Verlangen, dass du den Himmel wählst“ (Philothea I,17; DASal 1,57).

Franz von Sales war weder Idealist, noch Träumer, noch Utopist.

Er schreibt aus seiner Erfahrung als gelernter Jurist. Theologie war in seinem Studium nur sein Nebenfach, sein Hauptfach war die Rechtswissenschaft und er promovierte zum Doktor des zivilen und kirchlichen Rechts. In seiner Heimat Savoyen war er nicht nur Bischof, sondern auch staatlich anerkannter Rechtsanwalt. Der Senat von Chambèry nahm ihn in die Anwaltskammer auf. Zeit seines Lebens wurde er als Anwalt und Richter in Streitfragen in Anspruch genommen. Was ihn dabei so gerecht machte, war die Barmherzigkeit, die er in seine richterlichen Urteile einfließen ließ. Eine außergerichtliche Einigung oder Versöhnung war ihm stets lieber, als langwierige Prozesse, die das Unheil in den meisten Fällen nicht lösten, sondern nur verschlimmerten.

Tipps zur Gerechtigkeit

Welche Ratschläge erteilte der Rechtsgelehrte Franz von Sales jenen Menschen, die gerecht sein wollen? Wir finden seine praktischen Tipps in seinem berühmten Buch „Philothea – Anleitung zum frommen Leben“ (Philothea III,36; DASal 1,192-193).

Zunächst fühlt Franz von Sales seinen Mitmenschen auf den Zahn und weist sie darauf hin, dass das, was sie gemeinhin als Gerechtigkeit betrachten, sehr oft nichts weiter ist als der eigene Vorteil. Er nennt Beispiele, die heute genauso gültig sind wie vor vierhundert Jahren:

„Den Nächsten klagen wir wegen des kleinsten Vergehens an, uns selbst aber entschuldigen wir auch bei schweren Verfehlungen; ... für die anderen soll die strenge Gerechtigkeit gelten, für uns aber Barmherzigkeit und Nachsicht; ... Wir fordern schroff unser Recht, erwarten aber, dass die anderen höflich vorgehen, wenn sie zu ihrem Recht kommen wollen ... Wir klagen gleich über den Nächsten, wollen aber nicht, dass man sich über uns beklage. Was wir für andere tun, scheint uns immer zu viel, was andere für uns tun, zählt in unseren Augen nicht.“

Franz von Sales fasst zusammen: Unser vermeintlicher Gerechtigkeitssinn misst eigentlich mit zweierlei Maß: „Mit einem Wort, wir gleichen den Wachteln von Paphlagonien, die zwei Herzen haben: wir haben ein mildes, nachsichtiges und höfliches Herz für uns, gegen die anderen aber ein hartes, strenges und unerbittliches. Wir haben zweierlei Gewicht: eines, um unsere eigenen Interessen möglichst vorteilhaft, und ein zweites, um jene des Nächsten möglichst unvorteilhaft zu bestimmen. … Zweierlei Gewicht haben, ein schweres beim Kaufen, ein leichtes beim Verkaufen, ist vor Gott ein Gräuel (vgl. Dtn 25,13; Spr 20,10)."

Seine Schlussfolgerung: Wenn du gerecht handeln willst, dann versetze dich zuerst in die Situation des anderen:

„Sei also gleichmäßig gerecht in all deinem Tun. Versetze dich immer in die Lage deines Mitmenschen und ihn an deine Stelle, dann wirst du richtig urteilen … Prüfe darum oft dein Herz, ob es gegen den Nächsten so gesinnt ist, wie du es von ihm erwartest, wenn du an seiner Stelle wärest."

Die goldene Regel

Was also ist der sicherste Weg zur Gerechtigkeit? Es ist der Weg der „Goldenen Regel" der Bergpredigt:

„Alles, was ihr also von anderen erwartet, das tut auch ihnen! Darin besteht das Gesetz und die Propheten" (Mt 7,12).

Darin besteht die wahre Gerechtigkeit. Franz von Sales hat das nicht nur beherzigt, er war sogar der Meinung, dass man im Zweifelsfall immer die Barmherzigkeit und nicht die Gerechtigkeit wählen sollte.

Die heilige Johanna Franziska von Chantal (1572-1641) berichtete darüber in ihrer Zeugenaussage beim Seligsprechungsprozess des heiligen Franz von Sales:

„Als [Franz von Sales] einmal kritisiert wurde, dass er mit schlechten Priestern zu nachsichtig umgehe, sagte er: ‚Ist es nicht besser, sie zur Umkehr und Reue zu bewegen, als sie zu bestrafen? …' Und er sagte gewöhnlich, er fehlte lieber aus zu großer Milde als aus zu großer Strenge, und Unser Herr habe gesagt, wir sollen von ihm lernen, sanftmütig und demütig von Herzen zu sein."

Lieber aus zu großer Milde als aus zu großer Strenge sündigen, das war also das salesianische Motto zu Gerechtigkeit und Barmherzigkeit.

Fragen zum Nachdenken

- *Wie urteile ich über andere?*
- *Ist mein Sinn für Gerechtigkeit auch barmherzig?*
- *Wie geht es mir, wenn andere barmherzig behandelt werden?*

Maßhalten – die Tugend für die goldene Mitte

Man tut sich ein bisschen schwer, die Kardinaltugend „*temperantia*“, wie sie Lateinisch genannt wird, oder Griechisch „*sophrosyne*“, ins Deutsche zu übersetzen. Teils spricht man von „Mäßigung“ oder „Mäßigkeit“, teils von „Maßhalten“ oder „Maßhaltung“, teils einfach nur von „Maß“. Egal, wie die Übersetzungen auch lauten mögen, bei dieser Tugend geht es darum, in allem den richtigen Mittelweg zu finden. Das Gegenteil dieser Tugend wäre also einfach gesagt die Übertreibung.

Dass das richtige Maß finden gar nicht so einfach ist, zeigt uns nicht nur die Erfahrung mit den Übersetzungen, sondern das Leben selbst. Der griechische Philosoph Pindar (518-446 v. Chr.) teilte eine jede Kardinaltugend einem bestimmten Lebensalter zu: dem jungen Mann die Tapferkeit, dem Erwachsenen die Gerechtigkeit, dem Greis die Weisheit, zu allen Altersstufen jedoch rechnete er die Maßhaltung als notwendiges Ziel. Dies gilt auch für Platon (427-347 v. Chr.) und Aristoteles (384-322 v. Chr.). Für sie zählte das Maßhalten deshalb zu den Kardinaltugenden, weil sie eine notwendige Eigenschaft für alle anderen Tugenden darstellt. Jede Tugend kann durch Maßlosigkeit oder Übertreibung zur Untugend werden. Ebenso kann jede Tugend zur Bedeutungslosigkeit herabsinken, wenn man sie zu wenig beachtet. Das richtige Maß jedoch verleiht den Tugenden erst den wahren Glanz und ewigen Bestand.

Grundprinzip sittlicher Bewertung

Besondere Bedeutung erhält die Tugend der Mäßigung für die wesentlichen Grundstrebungen des Menschen: das Verlangen nach Speise und Trank, nach gesellschaftlicher Geltung, nach Wissen, nach Gerechtigkeit und nach Sexualität. All diese Grundsehnsüchte sind gut und richtig. Sie gehören von Natur aus zum Menschen. Es besteht jedoch die Gefahr, dass gerade diese Sehnsüchte ins Extreme umschlagen, dadurch alles Maß verlieren und zur Sucht werden. Der Mensch wird unmäßig oder maßlos. Aus den Tugenden werden Untugenden: die Gefräßigkeit, die Machtbesessenheit, die zügellose Neugierde oder übertriebene Wissbegier, der Stolz, die Prozesswut oder Rechthaberei oder die Wolllust beziehungsweise Unzucht. Die Tugend des Maßhaltens ist notwendig, um diesen Grundsehnsüchten des Menschen die Zügel anzulegen und sie in die Schranken zu weisen, damit sie nicht ins Extreme entarten, sondern die goldene Mitte, das richtige Maß finden.

In der sittlichen Ordnung der Moraltheologie (zum Beispiel Thomas von Aquin [1225-1274]) spricht man davon, dass das rechte Maß in den meisten Tätigkeiten des Menschen das Grundprinzip ihrer sittlichen Bewertung darstellt. Ein Zuviel oder ein Zuwenig ist im sittlich-moralischen Urteil ausschlaggebend dafür, ob ein Handeln oder ein Verhalten als gut zu bezeichnen ist oder nicht. Die Mäßigung oder das Maßhalten ist daher wahrlich eine Kardinaltugend, die viele Bereiche des Menschen beeinflusst. Die Kunst, richtig zu leben, besteht darin, in allen Dingen das rechte Maß oder den goldenen Mittelweg zu finden.

Der heilige Kirchenlehrer Franz von Sales vergleicht die Tugend des Maßhaltens mit dem Salz, das notwendig ist, damit das Leben nicht Gefahr läuft zu verfaulen. In seiner „Philothea“ schreibt er: „Es gibt wohl erhabenere, aber keine notwendigere Tugend als diese. Zucker schmeckt besser als Salz, aber Salz braucht man öfter. Deshalb sollen wir diese Tugend [des Maßhaltens] immer in Bereitschaft haben, da wir sie praktisch immer brauchen“ (Philothea III,1; DASal 1,107). Daher auch sein eindeutiger Rat: „Hüten Sie sich sehr vor Übertreibung, sie ist die Pest der heiligen Frömmigkeit“ (DASal 6,370).

Grundformel des Lebens

In allem das richtige Maß halten, lautet also eine Grundformel des Lebens. Mit Hilfe des heiligen Franz von Sales (ein Heiliger für den das richtige Maß sehr wichtig war und der von sich behauptete: „Ich bin kein Mensch, der etwas auf die Spitze treibt, und lasse mich gerne zur Mäßigung bewegen, wenn etwas sich nicht vollständig machen lässt.“ [DASal 6,115]) sollen nun einige Aspekte dieses Lebens beschrieben werden, um eine praktische Vorstellung dafür zu bekommen, welche Auswirkungen das Maßhalten auf verschiedene konkrete Lebensbereiche haben kann.

Essen: Bezüglich Essen und Trinken weist Franz von Sales darauf hin, dass es nicht nur um die Quantität, sondern auch um Qualität geht: „Nicht nur mit Appetit, sondern über alles Maß und jede Ordnung hinaus zu essen, ist umso verwerflicher, je größer die Maßlosigkeit ist. Die Maßlosigkeit im Essen zeigt sich nicht nur in der Menge der Speisen, sondern auch in der Art und Weise zu essen“ (Philothea III,39; DASal 1,203). – „Die Unordnung besteht … darin, Verlangen nach allzu erlesenen Speisen und Getränken zu haben, oder sie in zu großer Menge zu genießen, oder sie besonders seltsam zubereiten zu lassen, oder sich daran allzu köstlich zu ergötzen, oder sie außer der Zeit zu genießen“ (DASal 12,241).

Gerechtigkeitsstreben: Sein bischöflicher Freund Jean-Pierre Camus (1584-1652) wollte sehr häufig sein Recht mit Hilfe von Gerichtsprozessen durchsetzen. Dieser übertriebenen Prozesswut antwortet Franz von Sales: „Wer in den Prozessen die Mäßigung bewahrt, für den ist meiner Meinung nach der Heiligsprechungsprozess schon gewonnen ... Streiten und nicht unsinnig handeln, das gelingt höchstens Heiligen“ (DASal 12,122).

Reden und Urteilen: Sehr wichtig war Franz von Sales das Maßhalten im Reden und Urteilen. Damals wie heute ist der „Tratsch hinter vorgehaltener Hand“, das „freventliche Urteil“ oder gar der „Rufmord“ einer der beliebtesten Übertreibungen des Menschen. Daher sagt Franz von Sales: „Welche Zügel muss man doch der Zunge anlegen, um sie daran zu hindern, dass sie wie ein durchgegangenes Pferd durch die Straßen läuft und in das Haus des Nächsten eindringt, ja sogar in sein Leben, um sie zu zügeln und sie zu überwachen“ (DASal 9,288).

Sexualität: Oftmals wurde vor allem in der katholischen Morallehre das Maßhalten bloß auf den Geschlechtstrieb des Menschen bezogen. Selbstverständlich ist die Sexualität ein wichtiges und prägendes Element im Leben des Menschen. Die Tugend des goldenen Mittelweges gilt deshalb auch für sie, aber nicht nur für sie. In Bezug auf das rechte Maß der Sexualität meint Franz von Sales: „Den Eheleuten tut eine zweifache Keuschheit Not: vollständige Enthaltsamkeit, wenn sie … voneinander getrennt sind, und das Maßhalten, wenn sie in gewohnter Weise wieder vereint sind ... Es ist leichter, sich der sinnlichen Lust ganz zu enthalten, als sie mit Maß zu genießen. Wohl gibt die heilige Freiheit der Ehe eine besondere Kraft, das Feuer der Begierlichkeit zu dämpfen, aber die Schwachheit jener, die sie genießen, überschreitet leicht die Grenzen des Erlaubten zur Zügellosigkeit, des Gebrauches zum Missbrauch. Man sieht oft … viele Verheiratete sich Ausschweifungen hingeben aus reiner Maßlosigkeit und Geilheit, obwohl ihnen genügen sollte und könnte, was ihnen gestattet ist. Ihre Begierlichkeit ist wie fliegendes Feuer, das da und dort versengt und nirgends bleibt“ (Philothea III,12; DASal 1,140). Franz von Sales warnt allerdings ebenso davor, in der Bestrafung maßlos zu sein, wenn jemand gegen die Keuschheit gesündigt hat. Hier schreibt er: „Ein Mann sündigt oft und schwer gegen die Keuschheit. Vorwürfe überfallen sein Gewissen gleichsam mit dem Schwert in der Hand, um ihn mit heiliger Furcht zu durchbohren. In plötzlicher Erkenntnis ruft er aus: ‚Du geiles Fleisch, du unbotmäßiger Leib hast mich verraten!‘ Und nun züchtigt er dieses Fleisch mit Geißelhieben, mit maßlosem Fasten, mit strengem Bußgürtel. Armer Mensch!“ (Philothea III,23; DASal 1,167).

Frömmigkeit: Ähnlich reagiert Franz von Sales auf die Maßlosigkeit im religiösen Verhalten. Auch im Bereich der Frömmigkeit tut das rechte Maß Not, denn „die Maßlosigkeit im Fasten, Geißeln, im Tragen des Bußgürtels und anderen Kasteiungen macht bei vielen die besten Jahre unfruchtbar für den Dienst der Liebe" (Philothea III,23; DASal 1,165). Damit Frömmigkeit fruchtbar ist, soll man nicht zu ungestüm sein, sich Gott anvertrauen und ihm überlassen, wie schnell wir in der Frömmigkeit vorankommen und wie viel an mystischen Erfahrungen er uns zuteil werden lässt. Franz von Sales hält sich an das Grundprinzip, das in der Lehre der katholischen Kirche eigentlich über all die Jahrhunderte hinweg Gültigkeit hatte und hat, es ist das Prinzip des Mittelweges. „Die Verrückten", so predigte er einmal zum Thema Marienverehrung, „bilden stets die Extreme und sind einander entgegengesetzt. Die Kirche, die stets die königliche Straße zieht und den Mittelweg der Tugend einhält, bekämpft die einen nicht weniger als die anderen" (DASal 9,118). Ebenso wie übertriebene Marienfrömmigkeit, so ist auch gar keine Marienfrömmigkeit falsch. Richtig ist die goldene Mitte.

Trauer: Übertrieben werden kann auch das Maß der Trauer im Todesfall, vor allem dann, wenn der Mensch völlig vergisst, dass für den Christen der Tod nicht das Ende, sondern der Beginn eines neuen Lebens ist. Hier rät Franz von Sales: „Dieser Schmerz ist uns nicht verboten, wenn wir ihn mäßigen durch die Hoffnung, dass wir ja nicht getrennt bleiben, sondern ihm in kurzer Zeit in den Himmel, dem Ort unserer Ruhe, folgen werden … Diese Grundgesinnung verlangen unsere verstorbenen Freunde von uns und ich bitte Sie auch, diese aufrechtzuhalten und maßlose Traurigkeit jenen zu überlassen, die keine solchen Hoffnungen hegen" (DASal 6,45).

Freizeit: Ein salesianischer Rat, der heute wahrscheinlich aktueller denn je ist, betrifft das Maßhalten in der Freizeit. In den letzten Jahren haben ja gerade die so genannten Extremsportarten und Großevents Hochkonjunktur erhalten. Zur Freizeit meint Franz von Sales: „Spiele, bei denen man einen Preis als Anerkennung für die Gewandtheit und Geschicklichkeit des Körpers oder Geistes gewinnt, Ball- und Laufspiele, Schach und andere, sind an sich gute und erlaubte Erholungen; man muss sich nur vor Übertreibungen hüten, sowohl in der Zeit, die man ihnen widmet, als auch im festgesetzten Preis“ (Philothea III,31; DASal 1,185).

Maßlose Gottesliebe

Es gibt nur eine einzige Tugend, in der keine Mäßigung notwendig ist. Diese Ausnahme bildet die Königin aller Tugenden, die göttliche Tugend der Liebe. Franz von Sales hat dies sehr prägnant formuliert: „Wir können die Mitmenschen *nie zu viel lieben* und somit auch in der Liebe nie die Grenzen der Vernunft überschreiten, sofern die Liebe wirklich im Herzen wurzelt ... Der glorreiche heilige Bernhard sagt: ‚Das Maß der Liebe zu Gott ist Liebe ohne Maß.‘ Und weiter sagt er: Setze der Liebe keine Schranken, lasse sie ihre Äste breiten, so weit sie nur kann. Was für die Gottesliebe gilt, das gilt auch für die Nächstenliebe; doch muss die Liebe zu Gott den Ton angeben, muss den höchsten Rang einnehmen. Tut sie das, dann dürfen wir unseren Mitmenschen so viel Liebe schenken, als wir nur immer haben“ (DASal 2,66-67). In der Liebe allein also darf nicht nur, sondern soll Maßlosigkeit herrschen. „Die Mäßigung“, so Franz von Sales, ist „immer gut in allen Übungen, außer in der Liebe zu Gott, den man nicht mit Maß, sondern ganz ‚maßlos‘ lieben soll“ (DASal 7,52-53).

Fragen zum Nachdenken

- *Wo erlebe ich mich maßlos?*
- *Wo soll ich weniger, wo mehr tun?*
- *Was heißt für mich „maßlos“ lieben?*

Tapferkeit – die Tugend, die der Furcht nicht nachgibt

Als „feige Bande“ wurden sie beschimpft und verurteilt, heute – mehr als sechzig Jahre später – gelten sie über Deutschlands Grenzen hinaus als Symbol für Tapferkeit und Zivilcourage: die Mitglieder der „Weißen Rose“, jene Widerstandsgruppe der Münchener Studentenschaft, die sich aus Überzeugung gegen die Nazidiktatur stellte, ungeachtet der Gefahren für Leib und Seele. Selbst als der Jüngsten der Gruppe, Sophie Scholl (1921-1943), vom Gestapobeamten, der ihren Fall untersuchte, eine „goldene Brücke“ gebaut wurde, nahm sie diese nicht an. Sie sollte ihren Bruder Hans (1918-1943) beschuldigen, der alleinige Initiator aller Flugblätter gewesen zu sein. Sie selbst jedoch hätte als „dummes Mädchen“ nicht gewusst, was sie tat. Sophie Scholl lehnte diesen Fluchtweg ab, weil er nicht der Wahrheit entsprach. Tapfer ging sie wenige Tage später, am 23. Februar 1943, zum Schafott.

Für seine Überzeugung kämpfen

Die Kardinaltugend Tapferkeit, so erklären es uns die alten griechischen Philosophen Platon (427-347 v. Chr.) und Aristoteles (384-322 v. Chr.), ist die Fähigkeit, als Einzelner oder als Gruppe einer schwierigen Situation entgegenzutreten, meist mit der Überzeugung, für etwas Übergeordnetes zu kämpfen. Tapferkeit äußert sich als Zivilcourage, das heißt im konsequenten, aufrechten und aktiven Vertreten einer ethisch als richtig erkannten Überzeugung, auch wenn man dafür soziale oder wirtschaftliche Nachteile in Kauf nehmen muss.

Der christliche Theologe Thomas von Aquin (1225-1274), der es meisterhaft verstand, die Erkenntnisse der antiken Philosophie und Ethik in die christliche Lehre einzufügen, spricht bei der christlichen Tapferkeit von der Bereitschaft des Menschen, sich für die christlichen Werte, Grundhaltungen und des sittlich als gut Erkannten einzusetzen, ungeachtet der Schwierigkeiten, die sich dadurch ergeben können.

Christliche Tapferkeit bedeutet nicht, sich vor nichts und niemandem fürchten zu dürfen, wohl aber ist sie jene Tugend, die der Furcht nicht nachgibt, wenn es darum geht, seiner christlichen Überzeugung zu folgen. Ein Wort Jesu ist dabei das Motto christlicher Tapferkeit:

„Fürchtet euch nicht vor denen, die den Leib töten, die Seele aber nicht töten können, sondern fürchtet euch vor dem, der Seele und Leib ins Verderben der Hölle stürzen kann“ (Mt 10,28).

Die herausragenden Vorbilder christlicher Tapferkeit sind die Märtyrer aller Jahrhunderte, die trotz Lebensgefahr ihren Glauben mutig bekannten und dafür zu sterben bereit waren.

Falsche Tapferkeit

Dennoch ist Tapferkeit sehr wohl von Kühnheit und Wagemut zu unterscheiden. Diesen Unterschied machte auch schon Aristoteles, für den jede Tugend einen Mittelweg zwischen zwei Extremen darstellte. Die Tapferkeit siedelte er deshalb in der Mitte zwischen tollkühnem Draufgängertum und der Feigheit an.

Falsche Furchtlosigkeit, ungezügelte Verwegenheit, Vermessenheit, Ehrgeiz und Ruhmsucht stehen der Tugend Tapferkeit entgegen. Der Soldat, der sich tollkühn in die Schlacht wirft, um sich damit einen Tapferkeitsorden zu verdienen, handelt demnach höchstens tollkühn, aber nicht tapfer. Ebenso der Extremsportler, der mit Wagemut sämtlichen Gefahren für sein Leben und seine Gesundheit trotzt.

Der heilige Franz von Sales bringt ein Beispiel aus seinem eigenen Leben, an dem ebenso klar wird, dass tollkühnes Verhalten nicht mit Tapferkeit gleichzusetzen ist. Er war offiziell Fürstbischof von Genf, musste allerdings in der Stadt Annecy, etwa siebzig Kilometer südlich von Genf gelegen, im Exil leben, weil die Calviner innerhalb der Stadtmauern keine Katholiken duldeten, schon gar keinen katholischen Bischof. Franz von Sales stand demnach als Fürstbischof von Genf auf der calvinischen „Watchlist“ sozusagen an erster Stelle. Er war der Erzfeind Nummer 1. Eines Tages musste Franz von Sales in den Landesteil Gex reisen. Die kürzeste Route dorthin führte über die Stadt Genf, die sicherere, jedoch viel längere Strecke umkreiste die Stadt der Calviner. Wagemutig beschloss Franz von Sales, den kürzesten Weg zu nehmen, noch dazu verstellte er sich am Stadttor keineswegs, sondern behauptete offen und kühn, dass er der Fürstbischof von Genf sei und die Stadt durchqueren wolle. Weil die reine Wahrheit oft das beste Täuschungsmittel ist, ließ man ihn passieren und ungeschoren durch die Stadt reiten. Kurze Zeit später gab es in Genf ein Donnerwetter, als bekannt wurde, dass der katholische Bischof problemlos die Stadt durchqueren konnte. Franz von Sales selbst berichtete über dieses Abenteuer in einem Brief und bezeichnete seine Tat als „Kühnheit“, in der „mehr Einfalt als Klugheit“ war. Er schrieb:

„Als ich neulich nach Gex reiste, kam mir der Gedanke, durch Genf zu reiten …; das war für mich der kürzeste Weg. Ich tat es ohne alle Furcht, mit einer gewissen Kühnheit, in der mehr Einfalt als Klugheit war“ (DASal 8,147).

Ähnlich dachte Franz von Sales später über seine kühne Vorgehensweise als Missionar im Chablais, einem Landstrich südlich des Genfer Sees. Dort trat er als frischgebackener Priester furchtlos für den katholischen Glauben ein und entging dabei nur knapp so manchem Mordanschlag. Er war bereit das Martyrium zu erleiden, wenn es ihm damit gelänge, die Calviner des Chablais zum katholischen Glauben zurückzuführen.

In einer Vision wurde ihm jedoch deutlich gemacht, dass Gott von ihm zuallererst nicht das Martyrium des Blutes, sondern das Martyrium der Liebe verlangen werde. Er solle daher nicht aus Tollkühnheit sein Leben aufs Spiel setzen, sondern tapfer Zeugnis für die Liebe Gottes ablegen, in allen Gelegenheiten, die das Leben bietet.

Die Tapferkeit des Bürgers

Tapferkeit hat also weniger mit dem Grad der Gefahr zu tun, der man sich aussetzt, sondern vielmehr mit der Überzeugung und der Wertorientierung, für die man sich einsetzen will. Es geht um die Frage, wofür setze ich mich ein und ist dieser Einsatz auch das Risiko wert, das ich dafür eingehe.

Wenn es notwendig ist, für diese Überzeugung einzutreten und zu kämpfen, selbst wenn dies gefährlich ist, dann und nur dann handelt es sich um die Tugend der Tapferkeit. Sehr deutlich macht dies der Begriff „Zivilcourage". Diese Tugend bezeichnet „die Tapferkeit des Bürgers", der sich für die Werte und Rechte des Menschen einsetzt, wenn diese mit Füßen getreten werden.

Ein besonders krasser Fall von Feigheit und damit mangelnder Zivilcourage ereignete sich im Oktober 2006 in einer Stadt in Südafrika, als ein Mann in einem öffentlichen Bus eine Frau vergewaltigen konnte, ohne dass irgendein anderer Insasse noch der Busfahrer irgendetwas dagegen unternahmen. Wegschauen, Mundhalten, Weghören – sind also dann, wenn Menschenrechte und Werte verletzt werden, Ausdruck von Feigheit und der Tugend der Tapferkeit völlig entgegengesetzt.

Geistliche Tapferkeit

Der heilige Franz von Sales kennt nun in seinen spirituellen Ausführungen auch den Begriff der „geistlichen Tapferkeit". Es ist die Tapferkeit des Alltags und des einfachen Menschen in den ganz normalen Situationen des menschlichen Lebens.

Die Tugend der Tapferkeit ist also nach Meinung des heiligen Franz von Sales nicht nur in gefährlichen Ausnahmesituationen eine sehr nützliche Tugend, sondern auch im ganz normalen Alltag des ganz normalen Christen.

Franz von Sales verwendet zur Erklärung der „geistlichen Tapferkeit" ein sehr sprechendes Bild aus dem Tierreich. Normalerweise, so schreibt er sinngemäß, haben wir Menschen Angst vor

Wölfen und Bären, nicht aber vor Mücken. Normalerweise halten wir jene Menschen für besonders tapfer, die mit Wölfen und Bären kämpfen, nicht aber jene, die sich mit Mücken herumplagen. Im geistlichen Leben jedoch ist für den Kampf gegen die Mücken genauso Tapferkeit notwendig (vgl. Philothea IV,8; DASal 1,222).

In unseren Breiten besteht derzeit kaum die Gefahr, wegen des Glaubens politisch verfolgt und zum Tod verurteilt zu werden. Der ganz normale Alltag bietet jedoch genügend kleine Herausforderungen, in denen wir tapfer zu unseren Überzeugungen stehen können und auch sollen.

Tapfer kann ein Christ zum Beispiel sein, wenn er zu seiner Glaubensüberzeugung steht, auch wenn er dafür ausgelacht wird. Inmitten einer Gesellschaft, die gegen die Kirche spottet, seine Überzeugung zum Ausdruck zu bringen, dass man diese Meinung nicht teilt, das ist tapfer. Inmitten des Freundeskreises, der am Sonntag etwas gemeinsam unternehmen will, ohne dabei einen Sonntagsgottesdienst einzuplanen, zu sagen, dass die Eucharistiefeier ein wesentliches Element des Sonntags ist und man daher nicht mitmachen könne, das ist tapfer. Oder jeden Tag neu gegen seine eigenen Schwächen und Fehler anzukämpfen, auch wenn ich weiß, dass es mich Mühe kostet und es schwer sein wird, einen Sieg zu erringen, das ist geistliche Tapferkeit. Und in diesem Kampf schöpft der Christ Kraft aus dem Glauben: „Alles kann, wer glaubt“, sagt Jesus (Mk 9,23).

Die Tapferkeit des Alltäglichen

Aufgrund dieser „geistlichen Tapferkeit“, die sich im ganz normalen Alltag bewährt, konnte der heilige Franz von Sales den heiligen Josef als Vorbild an Tapferkeit beschreiben (vgl. DASal 2,300), obwohl dieser nie als besonders wagemutig oder furchtlos in Erscheinung trat und auch nicht das Martyrium erlitt. Die Tapferkeit des heiligen Josef war die Tapferkeit des Alltäglichen. Er glaubte an Gott und daran, dass Jesus Christus der Messias ist. Er sorgte für diesen Jesus wie für sein eigenes Kind und schützte ihn wie sein eigenes Leben, auch auf die Gefahr hin, dass er sich dadurch den Spott und Hohn seiner Umgebung einhandelte.

Tapfer waren für Franz von Sales auch jene, die sich von alltäglichen Sorgen und Nöten, dem Kummer und Leid nicht unterkriegen ließen, sondern mutig weiterlebten und die Hoffnung trotz allem nicht aufgaben. Eine junge Witwe versetzte ihn „in Staunen", weil er „in ihrem Schmerz so viel Liebe zu ihrem verstorbenen Gatten" sah „und so viel Tapferkeit im Ertragen des Kummers über seinen Tod" (DASal 8,278).

„Haben Sie nur guten Mut und feste Hoffnung", schreibt Franz von Sales daher immer wieder in seinen Seelsorgsbriefen, „das ist alles, was Sie augenblicklich brauchen … Mit dem Geist einer ruhigen Tapferkeit aber werden wir mit Gottes Hilfe dieses gute Vorhaben durchführen" (DASal 7,262).

Der alltägliche Kampf mit den großen und kleinen Schwierigkeiten des Lebens ist also das Feld, in dem wir die Tugend der Tapferkeit üben können. Sich diesen „Mücken" tapfer entgegenstellen, ist die Herausforderung des Christen im ganz normalen Alltag. Dort kann er seine Tapferkeit immer zeigen und sie so weit trainieren, dass er dann, wenn es einmal wirklich drauf ankommt, weder wegschaut, noch weghört oder den Mund hält. Damit erleiden wir vielleicht nicht das Martyrium des Blutes, werden jedoch mit ziemlicher Sicherheit zu Zeuginnen und Zeugen der Liebe, die Gott ist (1 Joh 4,8).

Fragen zum Nachdenken

- *Glaube ich, dass ich tapfer bin?*
- *Welche Herausforderungen zur Tapferkeit bietet mir mein Alltag?*
- *Wann habe ich den Mund gehalten oder weggeschaut?*

Weisheit (oder Klugheit) – die Tugend, die weiß, dass sie nichts weiß

Tugenden sind Geschenke Gottes an die Menschen. Kaum eine Tugend besitzt mehr diesen Geschenkcharakter als die Weisheit. Daher ist die Weisheit, die in der philosophischen Tradition zu den Kardinaltugenden gehört, aus christlicher Sicht eine der sieben Gaben oder Geschenke des Heiligen Geistes. Der von Weisheit Beschenkte, der Weise also, entdeckt als Erster, dass er derjenige ist, der aus sich heraus eigentlich nichts weiß. Diese zunächst unlogisch erscheinende Aussage weist darauf hin, dass jener Mensch, der viel Wissen besitzt, umso mehr entdeckt, dass es noch viel mehr Fragen gibt, die er nicht beantwortet hat. Eine jede Antwort, so erkennt der Weise, fordert zu weiteren Fragen heraus.

Weisheit und Wissen

Sprachlich betrachtet, hat das Wort Weisheit mit Wissen zu tun. Es wäre aber ein verhängnisvoller Trugschluss zu meinen, dass Weisheit die Fülle oder die Summe allen Wissens ist, denn Weisheit ist mehr als alles Wissen. Sie steht hinter oder über allem Wissen, umschließt dieses, bildet den Horizont des Wissens und kann so Wichtiges vom Unwichtigen und Wesentliches vom Unwesentlichen unterscheiden. Jemand, der eine ganze Bibliothek gelesen hat und die Intelligenz besitzt, sich das Gelesene zu merken, muss noch lange kein Weiser sein. Andererseits gibt es sehr weise Frauen und Männer, deren Rat sehr geschätzt wird, ohne dass diese jemals viele Bücher gelesen hätten.

Vor allem zeigt uns die Tugend der Weisheit, dass zu allem Wissen auch das entsprechende Tun gehört. Wissen allein genügt nicht, nützt nichts, Wissen muss sich in das Tun umsetzen, aber nicht alles Wissen darf auch zur Tat werden. Die Weisheit entscheidet, welches Wissen welche Tat verlangt.

Gerade in den Erkenntnissen der Naturwissenschaften der letzten hundert Jahre mag uns das deutlich werden. Jene Atomphysiker, die sich mit der Entwicklung von Kernwaffen befassten, wären wahrscheinlich weise gewesen, hätten sie ihr Wissen für sich behalten. Die Atombombe hätte nicht gebaut werden können. Und ob der Gentechnologe, der als erster Tiere klonen konnte, weise war, es auch tatsächlich zu tun, wird sich noch zeigen. Der österreichisch-amerikanische Biochemiker Erwin Chargaff (1905-2002), ausgezeichnet mit dem höchsten amerikanischen Wissenschaftspreis, meinte jedenfalls: „Ich glaube, ein Weiserer als wir hätte sich gescheut, den Atomkern zu zertrümmern oder in den Zellkernen der Erbsubstanz manipulativ einzugreifen." Eine Definition bringt diesen Zwiespalt von Weisheit und Wissen auf den Punkt: „Weise sind alle die, die sowohl die Notwendigkeit als auch die Grenzen allen Wissens erkennen, und die verstehen, dass Liebe größer als Wissen ist."

Selbsterkenntnis

Berühmt ist die Erzählung über den griechischen Philosophen Sokrates (469-399 v. Chr.). Gefragt, wer der weiseste Philosoph Griechenlands ist, antwortete vor 2300 Jahren das Orakel in Delphi: „Sokrates!" Und warum gerade Sokrates? Weil dieser bei seinem Prozess in Athen jene Worte sagte, die heute zum geflügelten Wort wurden: „Ich weiß, dass ich nichts weiß". Am Eingang zum Orakel wurde jeder Besucher mit den Worten begrüßt „Erkenne dich selbst". In dem Wort des Sokrates hat das Orakel offenbar die Erfüllung dieser Selbsterkenntnis erkannt. Weisheit ist, wenn jemand erkennt, dass er trotz all seines Wissens eben nichts weiß, oder, dass Weisheit eben etwas anderes ist, als alles zu wissen.

Nicht weniger berühmt ist das Wort des wohl größten Theologen der Kirchengeschichte Thomas von Aquin (1225-1274), der mit seiner „Summa Theologica", der „Summe der Theologie" ein Werk schrieb, das Jahrhunderte lang das theologische Lehren und Lernen in der ganzen Welt beeinflusste. Am Ende seines Lebens bekannte genau dieser heilige Thomas im Rückblick auf sein theologisches Schaffen ganz ähnlich wie Sokrates: „Es ist alles Stroh, was ich geschrieben habe.“ Wahrscheinlich hat genau diese weise Erkenntnis den Ausschlag dafür gegeben, dass seine Summe allen theologischen Wissens eine so große Bedeutung bekam. Nicht das Wissen war das Entscheidende, sondern die Weisheit, die hinter all diesem Wissen steckte.

Ein Geschenk Gottes

Weisheit ist ein Geschenk Gottes. Ganz klar zum Ausdruck kommt dies in der biblischen Geschichte des Königs Salomo (2 Chr 1,7-12). Als Sohn Davids erbte er dessen Thron. Eines Tages wurde er von Gott aufgefordert: „Sprich eine Bitte aus, die ich dir gewähren soll“ (V. 7). Darauf antwortete Salomo: „Du hast meinem Vater David große Huld erwiesen und mich an seiner Stelle zum König gemacht ... Verleih mir daher Weisheit und Einsicht, damit ich weiß, wie ich mich vor diesem Volk verhalten soll“ (V. 8.10). Diese Bitte gefiel Gott und er antwortete: „Weil dir das am Herzen liegt, weil du nicht um Reichtum, Vermögen, Ehre oder um den Tod deiner Feinde, auch nicht um langes Leben gebeten hast, sondern weil du um Weisheit und Einsicht gebeten hast, um mein Volk zu regieren, zu dessen König ich dich bestellt habe, sollen dir Weisheit und Einsicht zuteil werden“ (V. 11-12).

Diese Szene wird in der Bibel auch in 1 Kön 3,2-15 beschrieben. Diese Stelle ist die ältere und damit ursprünglichere Beschreibung. Dort bittet Salomo nicht direkt um Weisheit, sondern um ein „hörendes Herz, damit er dein Volk zu regieren und das Gute vom Bösen zu unterscheiden versteht“ (V. 9). Und Gott antwortete: „Sieh, ich gebe dir ein so weises und verständiges Herz, dass keiner vor dir war und keiner nach dir kommen wird, der dir gleicht“ (V. 12). Diese Stelle zeigt noch viel schöner, was die Bibel unter der Tugend Weisheit versteht: ein hörendes Herz, das von Gott kommt und Gutes vom Bösen unterscheiden kann. Der Weise ist also nach der Bibel zuallererst ein Hörender. Er achtet sehr genau auf das, was andere sagen. Vor allem achtet er auf das Wort Gottes, in dem alle Weisheit verborgen ist. Aufgrund dieses Hörens lernt er Schritt für Schritt, zwischen Gut und Böse zu unterscheiden und sich für das wirklich Gute zu entscheiden. Er wird das Gute tun, das er durch sein hörendes Herz erkannt hat.

Der weise König Salomo wurde in Israel zu einem Muster solcher Weisheit. Seine weisen Urteile wurden zum Sprichwort. Noch heute sprechen wir vom „salomonischen Urteil" (vgl. 1 Kön 3,16-28), wenn wir eine besonders weise Entscheidung hervorheben wollen. Und der Verfasser des biblischen „Buches der Weisheit" nennt König Salomo als Autor seiner Schrift, um die Bedeutung dessen zu unterstreichen, was er von und über die Weisheit sagt. In diesem „Buch der Weisheit" kommt endgültig zum Ausdruck, dass die Weisheit etwas ist, das von Gott kommt und nicht vom Menschen.

Die Allweisheit Gottes

Gott allein ist der wahre Weise, die Allweisheit, kein Mensch. Der Mensch kann nur dann als weise betrachtet werden, wenn er an der Weisheit Gottes teilhat. Weisheit kommt nicht aus dem Menschen, sondern ist immer Weisheit Gottes, die Gott an die Menschen weiterschenkt. Daher ist es unmöglich, die weisen Entscheidungen und Ratschlüsse Gottes in allem zu verstehen, da der Mensch diese Allweisheit, die dafür notwendig wäre, nicht besitzt. Der weise Mensch wird oder muss letzten Endes, um wirklich weise zu sein, also wiederum genau dort hingelangen, wohin auch Sokrates mit seinem Denken gelangte: Weise bin ich, weil ich weiß, dass ich nichts weiß. Oder christlich ausgedrückt: „Es ist alles Stroh, denn wer weiß schon, ob nicht alles von Gott ganz anders gemeint und gedacht war und ist."

Der heilige Kirchenlehrer Franz von Sales, der uns ebenso wie Thomas von Aquin eine stattliche Anzahl von Büchern hinterlassen hat, schreibt dies so: „Wie verrückt ist es doch, weise sein zu wollen nach einer unmöglichen Weisheit" (Theotimus I,3; DASal

3,56). Diese unmögliche Weisheit meint, alles und noch mehr als Gott wissen zu können.

Nach Weisheit streben

Sollen wir also gar nicht erst damit beginnen, nach der Tugend Weisheit zu streben? Natürlich nicht. Genauso wie wir nicht aufhören sollen, nach Gott zu suchen, obwohl wir ihn hier auf Erden nie ganz werden finden können, so sollen wir auch nicht aufhören, nach Weisheit zu streben. Nur die „Toren verachten die Weisheit", sagt die Bibel (Spr 1,7).

Was also ist zu tun, um diese Tugend der Weisheit von Gott geschenkt zu bekommen? Ich möchte diese Frage mit den Worten des heiligen Franz von Sales beantworten. Auch für ihn ist der Beginn aller Weisheit die Demut, also das Eingeständnis, aus sich selbst nicht weise sein zu können, da alle Weisheit von Gott kommt. In einer Predigt zitiert er das biblische Buch Jesus Sirach (1,5): „Die Quelle der Weisheit ist das Wort Gottes." Und meint dann: „Wer aber aus der Quelle trinken will, muss sich niederbeugen" (DASal 9,76). Weisheit erhalte ich, in dem ich mich niederbeuge und mich an Gott und sein Wort wende.

In seinem theologischen Hauptwerk „Abhandlung über die Gottesliebe – Theotimus" schreibt Franz von Sales, dass Reue und Buße, also Akte der Demut und des Niederbeugens, „gut für den Anfang christlicher Weisheit" sind (Theotimus II,19; DASal 3,150). Aus dieser Haltung entsteht die Erkenntnis Gottes: „Unser Geist wird Gott von Angesicht zu Angesicht schauen. Er wird die ureigenste göttliche Wesenheit betrachten, die ihm wirklich und wahrhaftig gegenwärtig sein wird, und in ihr seine unendlichen Schönheiten, seine Allmacht, Allgüte, Allweisheit, Allgerechtigkeit und alles Übrige der Unergründlichkeit göttlicher Vollkommenheiten" (Theotimus III,12; DASal 3,191).

Der weise Mensch ist aus christlicher Sicht derjenige, der vor Gott hinkniet und dem Wort Gottes lauscht, der demütig bittet, von der Allweisheit Gottes beschenkt zu werden. Die vom Heiligen Geist geschenkte Gabe der Weisheit versteht Franz von Sales daher als die Fähigkeit „zur Betrachtung der Gottheit, des Ursprungs alles Guten“ (Theotimus XI,15; DASal 4,270).

Dennoch bleibt selbst für den weisesten Menschen Gottes Weisheit unerforschlich: „Wer vermag es, so sagt der heilige Gregor von Nazianz, den Sand am Meer oder die Tropfen des Regens zu zählen oder die Tiefe der Abgründe zu ermessen? Wer vermöchte daher die Tiefe der göttlichen Weisheit zu ergründen, die alle Dinge geschaffen hat und sie nach ihrem Wissen und Willen lenkt? Fürwahr, es genüge uns, sie nach dem Beispiel des Apostels zu bewundern, ohne uns bei ihrer Schwierigkeit und Tiefe aufzuhalten“ (Theotimus IV,8; DASal 3,223).

Weisheit und Liebe

Franz von Sales ist der Lehrer der Liebe. Daher haben für ihn alle Tugenden nicht nur ihren Ursprung in Gott, sondern auch in der Liebe, die Gott ist. Dies gilt ebenso für die Tugend der Weisheit, die „in der Tat nichts anderes als die Liebe [ist], die empfindet, verkostet und erfährt, wie gütig und liebreich Gott ist“ (Theotimus XI,15; DASal 4,271). Wer also die Güte und Liebe Gottes erkennt, hat das Geschenk der Weisheit erhalten. Daher ist es nicht notwendig, dass man für die Tugend der Weisheit viel Wissen braucht, sondern eigentlich nur viel Liebe. In einer Predigt hat Franz von Sales deshalb dieses tröstliche Wort für uns Unwissende gesagt, die wir nach Weisheit streben:

„Manche denken, wenn sie mit Weisheit ausgestattet seien, wären sie besser befähigt, Gott zu lieben; aber das stimmt nicht. Ihr erinnert euch wohl, dass der Bruder Ägidius einmal den heiligen Bonaventura aufsuchte und sagte: Wie glücklich bist du, mein Vater, dass du so gelehrt bist, denn du kannst Gott viel mehr lieben als wir Unwissenden. Darauf antwortete der heilige Bonaventura, die Gelehrtheit helfe ihm nichts, um Gott zu lieben, und eine einfache Frau könne Gott ebenso lieben wie die gelehrtesten Männer der Welt“ (DASal 9,230).

Fragen zum Nachdenken

- *Weiß ich, dass ich nichts weiß?*
- *Achte ich Gottes Größe und Weisheit?*
- *Wie gehe ich mit meinem Wissen um?*

Evangelische Räte

„Vollkommen macht uns allein die Liebe; Gehorsam, Keuschheit und Armut aber sind die drei großen Mittel, zur Vollkommenheit zu gelangen.

Der Gehorsam weiht unser Herz, die Keuschheit unseren Leib, die Armut unseren Besitz der Liebe und dem Dienst Gottes. Sie sind die drei Arme des geistlichen Kreuzes; alle drei aber stehen auf dem Stamm der Demut.

Hier will ich nicht vom feierlichen Gelübde dieser drei Tugenden sprechen, das betrifft ja nur die Mönche; auch nicht von den einfachen Gelübden. Das Gelübde fügt zwar den Tugenden viel Gnade und Verdienst hinzu, es ist aber zur Vollkommenheit nicht notwendig, sie zu geloben, sondern sie zu üben. Wenn sie als Gelübde, besonders als feierliche Gelübde übernommen werden, dann stellen sie den Menschen in den Stand der Vollkommenheit; aber um den Menschen vollkommen zu machen, genügt es, sie zu üben. Zwischen der Vollkommenheit und dem Stand der Vollkommenheit ist ja ein großer Unterschied: Alle Bischöfe und Ordensleute sind im Stande der Vollkommenheit, leider aber nicht alle vollkommen, wie es nur zu offenkundig ist.

Bemühen wir uns also, diese drei Tugenden gut zu üben, jeder seinem Stand entsprechend. Wenn sie uns auch nicht in den Stand der Vollkommenheit versetzen, so geben sie uns doch die Vollkommenheit selbst. Darum sind wir alle verpflichtet, diese Tugenden zu üben, wenn auch nicht alle auf gleiche Weise.“

Franz von Sales (Philothea III,11; DASal 1,136)

Armut –
die Tugend für den Umgang mit dem Vermögen

Ein reicher junger Mann kam zu Jesus und wollte wissen, wie er ein guter Mensch werden könne. Jesus antwortete ihm mit den zehn Geboten. Diese, so der junge Mann, halte er alle ein … aber was fehlt noch? Jesus sagte darauf:

„Wenn du vollkommen sein willst, geh, verkauf deinen Besitz und gib das Geld den Armen; so wirst du einen bleibenden Schatz im Himmel haben; dann komm und folge mir nach.“ Die Geschichte endet mit dem Satz: „Als der junge Mann das hörte, ging er traurig weg; denn er hatte ein großes Vermögen“ (Mt 19,16-22).

Ein evangelischer Rat

Diese Episode aus dem Evangelium gilt seit alters her als Grundlage für das Gelübde der Armut, das Mönche und Nonnen versprechen. Es geht auf kein Gebot zurück, sondern auf einen Rat, den Jesus erteilt. Daher nennt man dieses Gelübde wie auch das Gelübde des Gehorsams und der ehelosen Keuschheit „evangelische Räte“.

Die Frage ist, ob dieser jesuanische Rat zur Armut demnach nur etwas für jene ist, die in ihrem Leben die Entscheidung treffen, ins Kloster zu gehen, oder handelt es sich hierbei um eine allgemeine Tugend, die auch in der Welt ihren Wert besitzt. Ich denke schon. Deutlich mag dies werden, wenn wir diese Tugend der Armut ein wenig umformulieren und sagen: Die Tugend der Armut ist die Fähigkeit, mit Geld und Besitz in rechter Weise umzugehen. Und Geld und Besitz ist etwas, das gerade und vor allem in der Welt eine besondere Rolle spielt.

Daher ist es angebracht, dass die so genannten „Weltleute“, also jene, die nicht ins Kloster gehen und trotzdem ein christliches Leben führen wollen, sich dieser Tugend der Armut annehmen. Einen ersten Anreiz dazu kann uns ein Wort des belgischen Ordenspriesters Phil Bosmans geben, der meinte: „Suchst du das Glück in Geld und Besitz, dann findest du es nicht."

Geld regiert die Welt

Die Tugend der Armut hat in der heutigen Zeit eine Menge an Bedeutung eingebüßt. Geld regiert die Welt, nicht nur in den reichen Industrienationen, sondern auch in den ärmsten Ländern der Erde. Fast alle politischen Entscheidungen, die heute getroffen werden, haben mit Bilanzen, Budgets, Wirtschaftswachstum, Bruttosozialprodukt, Import, Export, Aktien, Steuern oder Holdings zu tun.

Das Interesse der Politiker für den Umweltschutz beispielsweise hat erst dann so richtig eingesetzt, als sie merkten, dass mit Umweltschutz Geld zu verdienen ist. Die Themen „Bewahrung der Schöpfung" oder „Verantwortung für zukünftige Generationen" spielt genau besehen in den tatsächlichen politischen Entscheidungen nur eine untergeordnete Rolle.

Der ethische Ansatz mag zwar fürs Image des Politikers ganz gut sein, die Entscheidungen selbst aber hängen von den Geldern ab, die man zahlen muss oder verdienen wird. Verfolgen Sie doch einmal einen Tag lang eine Parlamentsdebatte und Sie werden merken, wie notwendig es wäre, dass der Mensch wieder einmal ein wenig mehr über die Tugend der Armut nachzudenken beginnt.

Arm im Reichtum

Der heilige Franz von Sales nennt zwei Bereiche, wie man über diese Tugend nachdenken könnte: Die Übung der Tugend der Armut, wenn man reich ist (Philothea III,14-15; DASal 1,143-148), und die Übung der Tugend Armut, wenn man arm ist (Philothea III,16; DASal 1,148-150). Ich beschränke mich hier auf die Übung der Tugend Armut, wenn man reich ist. Dabei geht es vor allem um den Stellenwert, den man Geld und Besitz einräumt. Ist man Sklave seines Geldes oder sein Herr. Man erinnere sich an das Wort Jesu: „Niemand kann zwei Herren dienen; er wird entweder den einen hassen und den andern lieben oder er wird zu dem einen halten und den andern verachten. Ihr könnt nicht beiden dienen, Gott und dem Mammon“ (Mt 8,24).

Um Geld und Besitz deutlich zu machen, dass sie einen nicht beherrschen, nützt eigentlich nur eine Methode: der Verzicht. Nehmen Sie sich doch einmal genau Ihr Bankkonto unter die Lupe. Sie sehen den Betrag und freuen sich, dass er wieder ein wenig mehr geworden ist. Oder Sie sind ein wenig schockiert darüber, dass die Summe kleiner wurde oder gar ins Minus gerutscht ist. Überprüfen Sie jetzt, was Sie wirklich zum Leben brauchen, um gut leben zu können.

Und nun vergleichen Sie ... Sind Sie bereit, auf den Rest Ihres Geldes zu verzichten? Oder denken Sie jetzt eher darüber nach, was Sie mit dem Überschuss anstellen können, damit sich Ihr Besitz vermehrt? Je nach den Gefühlen, die jetzt in Ihnen lebendig werden, können Sie erkennen, wie sehr Sie Herr oder Sklave Ihres Vermögens sind, wie weit Sie die Tugend der Armut leben oder nicht.

Praktische Tipps

Franz von Sales empfiehlt zur Übung der Tugend Armut in seiner „Philothea – Anleitung zum frommen Leben“ als Erstes nicht, dass man sofort alles verschenkt, sondern überraschenderweise das genaue Gegenteil. Man soll mit jenen Gütern, die man besitzt, verantwortlich umgehen, da sie mir von Gott anvertraut sind. Er meint:

„Sei noch sorgfältiger als weltlich Gesinnte darauf bedacht, deinen Besitz nutzbringend und fruchtbar zu machen ... Gott hat es uns zur Verwaltung übergeben und er will, dass wir es nützlich und gewinnbringend verwalten. Also dienen wir Gott in wohlgefälliger Weise, wenn wir diese Sorgfalt auf unseren Besitz verwenden“ (Philothea III,15; DASal 1,145-146).

Sein zweiter Rat zielt darauf, sich im Verzicht zu üben:

„Trenne dich immer wieder von einem Teil deines Vermögens, indem du gern den Armen davon gibst“ (Philothea III,15; DASal 1,145).

Das Almosengeben, also für einen wohltätigen Zweck zu spenden, ohne dafür irgendeinen Lohn zurückzubekommen, nicht einmal Lob und Anerkennung oder eine Spendenquittung zur steuerlichen Absetzbarkeit, ist für Franz von Sales eine wunderbare Methode, die Tugend der Armut zu üben.

Ein dritter Rat gilt dem Umgang mit all jenen Menschen, die ärmer sind als ich:

„Liebe die Armen und die Armut, denn durch diese Liebe wirst du selbst arm … Liebst du sie aber, dann suche ihre Gesellschaft, freue dich, sie bei dir zu sehen, suche sie selbst auf, sprich gern mit ihnen, sei froh, wenn sie in der Kirche, auf der Straße oder sonst wo in deine Nähe kommen … Willst du noch mehr tun? Dann begnüge dich nicht damit, arm wie die Armen zu sein, sondern sei noch ärmer als sie … Werde also zum Diener der Armen“ (Philothea III,15; DASal 1,145).

Schließlich weist Franz von Sales auf jene Situationen des Lebens hin, die ebenfalls eintreten können. Es kann sein, dass ich durch irgendein Missgeschick einen Verlust meines Besitzes erleide, ohne es selbst zu wollen. Hier meint Franz von Sales:

„Trifft dich ein Missgeschick, das dich mehr oder minder arm macht, … dann ist der rechte Augenblick gekommen, die Armut zu üben, die Minderung des Vermögens ruhig hinzunehmen, sich mutig und geduldig den ärmeren Verhältnissen anzupassen“ (Philothea III,15; DASal 1,146).

Ein abschließender Rat bringt die Übung der Tugend Armut auf den Punkt. Das Ziel ist nämlich die ewige Glückseligkeit, die gerade den „Armen im Geiste“ verheißen ist:

„Begehre also nicht absichtlich und ausdrücklich ein Gut, das du nicht hast. Hänge nicht dein Herz an den Besitz, den du hast. Verzweifle nicht bei einem Verlust, den du erleidest. Dann hast du guten Grund zu glauben, dass du zwar tatsächlich reich bist, da du aber nicht daran hängst, innerlich arm und folglich selig, denn das Himmelreich ist dein (vgl. Mt 5,3)" (Philothea III,15; DASal 1,145).

Fragen zum Nachdenken

- *Wie gehe ich mit meinem Vermögen um?*
- *Bin ich bereit für einen guten Zweck zu spenden?*
- *Liebe ich die Armen in meiner Nähe?*

Gehorsam – die Tugend, die uns lieben lehrt

In Zeiten von Demokratie, Autonomie, Selbstbestimmung und Gleichberechtigung hat es eine Tugend wie der Gehorsam etwas schwer. Man denkt sofort an den gehobenen Zeigefinger irgendeiner Autoritätsperson, vor der ein reumütiger Ungehorsamer mit gebeugtem Kopf seine Strafe ohne Widerrede entgegen nimmt, weil er eben den geforderten Anweisungen nicht gerecht wurde. Wir haben für dieses Bild sogar ein Wort geschaffen, das der Tugend des Gehorsams eigentlich jeden Glanz nimmt: der „Kadavergehorsam". Er besagt: Verhalte dich gegenüber jeder Obrigkeit so, als wärst du wie eine Leiche, die stumm und willenlos alles annimmt und durchführt, was diese von dir verlangt. Dass der Gehorsam aber auch etwas ganz anderes und viel Positiveres bedeuten kann, zeigt uns eine Aussage des heiligen Franz von Sales, der meint: „Der Gehorsam weiht unser Herz … der Liebe und dem Dienst Gottes" (Philothea III,11; DASal 1,136). Ergänzt werden muss hier, dass er diese Aussage nicht an Priester oder Ordensleute richtet, die ein freiwilliges Gehorsamsversprechen gegenüber Papst, Bischof oder Ordensobere ablegen, sondern an alle Christen, die ein frommes Leben in der Welt führen wollen und an die er sich in seinem Buch „Philothea – Anleitung zum frommen Leben" wendet.

Der gebotene Gehorsam

Franz von Sales kennt, grob gesprochen, drei Arten von Gehorsam. Die eine Art ist der klassische Gehorsam, den wir alle kennen: der Gehorsam des Untergebenen gegenüber der Autorität des Oberen. Der König befiehlt, die Soldaten gehorchen. Der Vater befiehlt, der Sohn gehorcht. Der Chef befiehlt, der Angestellte gehorcht.

Franz von Sales ist bei diesem Gehorsamsverständnis ganz ein Kind seiner Zeit. Er lebt in einer Monarchie, in der Kaiser, Könige und Herzöge das Sagen haben, ohne ihre Befehle durch irgendwelche Gremien oder Volksvertretungen diskutieren und bestätigen lassen zu müssen. Er ist von dieser hierarchischen Struktur geprägt und davon überzeugt, dass jede Hierarchie ein von Gott eingesetztes Mittel ist, damit auf dieser Welt Ordnung und nicht Chaos herrscht. Franz von Sales nennt diesen Gehorsam deshalb den „gebotenen Gehorsam" oder den „Pflichtgehorsam" und erklärt ihn folgendermaßen:

„Der gebotene Gehorsam verpflichtet uns, der kirchlichen Obrigkeit zu gehorchen: dem Papst, unserem Bischof, unserem Pfarrer und den von ihnen bestimmten Vorgesetzten. Du musst auch weltlichen Obrigkeiten gehorchen; dem Staatsoberhaupt und den rechtmäßigen Behörden des Landes; ferner deinen persönlichen Vorgesetzten: dem Vater, der Mutter, den Lehrern. Man spricht hier von Pflichtgehorsam, weil sich keiner der Verpflichtung entziehen darf, diesen Vorgesetzten zu gehorchen; sie haben ihre Gewalt zu befehlen und zu regieren von Gott, jeder in seinem Bereich. Tu also, was sie anordnen, das ist deine Pflicht" (Philothea III,11; DASal 1,136-137).

Zum besseren Verständnis muss hier noch erklärend angefügt werden, dass natürlich auch die Obrigkeiten, egal wie sie auch heißen mögen, eine von Gott angeordnete Verpflichtung übernommen haben, die Franz von Sales bei seinen Aussagen über den gebotenen Gehorsam voraussetzt: Jeder Vorgesetzte, egal ob in Staat oder Kirche, hat von Gott sein Amt übertragen bekommen und ist daher verpflichtet, aus Pflichtgehorsam gegenüber Gott selbst, für seine Untergebenen stets zu ihrem Wohl zu sorgen. Verletzt der Vorgesetzte diese Pflicht, ist auch der Untergebene von seinem „gebotenen Gehorsam" entbunden.

Eine Diskussion mit seinem Freund und bischöflichen Kollegen Jean-Pierre Camus (1584-1652) mag dies verdeutlichen. Camus wollte einmal wissen, wie denn ein Bischof in seiner Diözese überhaupt die Tugend des Gehorsams üben könne, da er doch als oberster Hirte keine Vorgesetzten habe. Franz von Sales antwortete ihm, dass Bischöfe dies noch viel besser könnten als alle anderen. Die einfachen Christen müssten nämlich nur dem Bischof gegenüber gehorsam sein, der Bischof aber schuldet allen seinen Schützlingen den Gehorsam, da Gott es so von ihm gewollt hat.

„Der Heilige", so schrieb Camus später, „blieb diesem Grundsatz sein ganzes Leben lang treu. In seinem Wesen lag eine edle Unterwürfigkeit, die er auch gegen den Geringsten nicht verleugnete. Er wies keinen zurück, besprach sich mit jedem, hörte jeden an und ließ nie ein Zeichen von Überdruss, Ungeduld oder Unruhe erkennen, wie lästig auch der Besuch ihm sein, wie viel Zeit er ihm rauben mochte" (Camus 22).

Der freiwillige Gehorsam

Ein besonderes salesianisches Gehorsamsverständnis zeigt sich dann in der zweiten Art, die Franz von Sales den „freiwilligen Gehorsam" nennt:

„Freiwilligen Gehorsam nennen wir jenen, zu dem wir uns aus freien Stücken verpflichten, ohne dass ihn ein anderer uns auferlegt. Man kann sich gewöhnlich nicht seinen Fürsten oder Bischof, Vater oder Mutter aussuchen, oft nicht einmal den Gatten, wohl aber den Beichtvater und Seelenführer. Ob man sich nun durch ein Gelübde zum Gehorsam gegen ihn verpflichtet … oder ohne Gelübde einem Menschen zu gehorchen verspricht, man nennt in beiden Fällen diesen Gehorsam einen freiwilligen, weil er von unserem Willen und unserer Wahl abhängt" (Philothea III,11; DASal 1,137-138).

Diesen „freiwilligen Gehorsam" leisten nicht nur die Untergebenen gegenüber den Oberen, sondern genauso umgekehrt. Dahinter steckt die Meinung des heiligen Franz von Sales, dass es jedem Menschen gut tut, wenn er bei aller Autonomie etwas von seiner Macht, seinem Eigenwillen und seiner eigenen Wahlfreiheit abgibt. Ich muss nicht immer recht haben. Es tut mir selbst als Vorgesetzter einmal ganz gut, wenn ich auf meine Machtansprüche freiwillig verzichte. Ich mache damit deutlich, dass ich eben nur ein Mensch bin, der genauso Fehler machen kann, wie alle anderen, und dass der eigentlich Unfehlbare mit absolutem Machtanspruch Gott allein ist und sonst niemand. Bei diesem Gedankengang kommen wir auch schon zur dritten Art des Gehorsams, den Franz von Sales kennt – und der alle anderen Arten umgreift: der Liebesgehorsam.

Der Liebesgehorsam

Franz von Sales beschreibt den Liebesgehorsam so: „Darin besteht der ganz tiefe Liebesgehorsam, der es nicht nötig hat, durch Drohungen oder Belohnungen, durch Gesetze oder Vorschriften angefeuert zu werden. Er kommt all dem zuvor, er unterwirft sich ja Gott nur um der ganz vollkommenen Güte willen, die in ihm ist. Ihretwegen verdient es Gott, dass jeder Wille ihm gehorche, ihm untertan und ergeben sei, dass jeder Wille mit seinen göttlichen Absichten immer und überall und in allem gleichförmig und eins werde“ (Theotimus VIII,3; DASal 4,82).

Der Gehorsam, der nicht aus Zwang oder aus einer Pflicht heraus, sondern aus Liebe geschieht, ist für Franz von Sales die Vollendung der Tugend des Gehorsams. Sowohl der „gebotene“ als auch der „freiwillige“ Gehorsam dienen eigentlich nur dazu, dass sich der Mensch darin einübt, den Gehorsam aus Liebe zu erlangen.

Der berühmte Satz, den Franz von Sales an die heilige Johanna Franziska von Chantal (1572-1641) am Beginn seiner geistlichen Begleitung schrieb, sei hier zitiert, weil er genau zum Ausdruck bringt, dass das Ziel dieser Begleitung der Gehorsam aus Liebe gewesen ist und weil Franz von Sales selbst dieses Wort in Großbuchstaben ausführte:

„Dies soll die Grundregel unseres Gehorsams sein: Ich schreibe sie in großen Buchstaben: ALLES AUS LIEBE TUN UND NICHTS AUS ZWANG! MEHR DEN GEHORSAM LIEBEN, ALS DEN UNGEHORSAM FÜRCHTEN! – Ich lasse Ihnen den Geist der Freiheit; nicht jenen, der den Gehorsam verneint, denn dies ist die Freiheit des Fleisches, sondern jenen, der Zwang, Skrupel und Hast ausschließt“ (DASal 5,58).

Ein Gehorsam ohne Liebe ist – wenn nicht falsch – so doch ein unvollkommener Gehorsam. „Denn“, so sagt Franz von Sales, „die Liebe hält keine Sträflinge und keine Sklaven, sondern stellt alles unter ihren Gehorsam mit einer so bezaubernden Kraft, dass zwar nichts so stark ist wie die Liebe, aber auch nichts so liebenswert wie ihre Kraft“ (Theotimus I,6; DASal 3,63).

Und weiter:

„Die Liebe belehrt und mahnt wohl am wirksamsten das Herz, um es zu überzeugen, dass es dem Willen und Wunsch des Geliebten gehorsam entgegenkomme. Die Liebe ist eine Obrigkeit, die ihre Macht ohne Lärm, ohne Aufseher und Polizisten ausübt. Sie übt sie aus durch gegenseitiges Wohlgefallen. Wir haben Gefallen an Gott, deshalb wünschen wir auch, Gott zu gefallen“ (Theotimus VIII,2; DASal 4,80).

Die Liebe ist also für Franz von Sales die Messlatte, ob der geforderte oder der geleistete Gehorsam richtig oder falsch sind. Ohne Liebe wäre auch der Gehorsamste aller Gehorsamen nur unvollkommen. Denn: „vollkommen macht uns allein die Liebe“ (Philothea III,11; DASal 1,136).

Musterbeispiel: Jesus Christus

Das Musterbeispiel dieses Liebesgehorsams ist für Franz von Sales Gott selbst, der die Liebe ist, und die Welt so sehr geliebt hat, dass er seinen Machtanspruch aufgab und seinen Sohn hingab, damit die Menschen gerettet werden.

Jesus Christus „war Gott gleich, hielt aber nicht daran fest, wie Gott zu sein, sondern er entäußerte sich und wurde wie ein Sklave und den Menschen gleich. Sein Leben war das eines Menschen; er erniedrigte sich und war gehorsam bis zum Tod, bis zum Tod am Kreuz. Darum hat ihn Gott über alle erhöht und ihm den Namen verliehen, der größer ist als alle Namen, damit alle im Himmel, auf der Erde und unter der Erde ihre Knie beugen vor dem Na-

men Jesu und jeder Mund bekennt: ‚Jesus Christus ist der Herr'
zur Ehre Gottes, des Vaters" (Phil 2,6-11).

Fragen zum Nachdenken

- *Wie gehorche ich?*
- *Wie befehle ich?*
- *Was halte ich vom Liebesgehorsam?*

Keuschheit – die Tugend zum rechten Umgang mit Sexualität

Kirche und Sexualität ist ein Thema, das in den Medien nur allzu gerne aufgegriffen wird, weil es den Journalisten die Möglichkeit gibt, die vermeintliche kirchliche Inkompetenz in dieser Frage an den Pranger stellen beziehungsweise die kirchliche Meinung dazu lächerlich machen zu können. Glaubt man also den Medien, so wird klar: Die Kirche hat ihre Kompetenz in der Frage der Sexualmoral restlos verspielt. Themen wie „Empfängnisverhütung", „vor- oder außerehelicher Geschlechtsverkehr", „Selbstbefriedigung", „Scheidung", „Homosexualität", „Zölibat" … zeigen, dass die Gesellschaft die Meinung des „Moralapostels" Kirche mittlerweile weit von sich weist. Eigentlich hört kein Mensch mehr auf das, was die Kirche zu diesen Themen sagt, oder man hört es, lächelt oder lacht darüber und tut dann trotzdem, was man will.

Das „sechste Gebot"

Gefördert wurde diese Entwicklung dadurch, dass in der kirchlichen Morallehre beziehungsweise in der Praxis der Verkündigung das „sechste Gebot" oft so sehr betont wurde, dass der einzelne Christ durchaus zur Meinung gelangen konnte, die dieses Gebot betreffenden Sünden seien die einzigen schweren Sünden, die ich begehen kann, alle anderen Übertretungen sind verglichen mit den Verfehlungen gegen das sechste Gebot Bagatelldelikte. Diese unangemessene Überbetonung führte dazu, dass man irgendwann damit anfing, durchaus begründet von Übertreibung oder Engführung zu sprechen. Dann jedoch begann man, das „Kind mit dem Bade auszuschütten", das heißt dieses sechste Gebot im praktischen Handeln einfach kurzerhand abzuschaffen: Sex ist meine Privatangelegenheit, da redet mir niemand mehr etwas drein, schon gar nicht die Kirche.

Keuschheit im Vollsinn

Dass damit die Tugend der Keuschheit in Misskredit geriet, ist somit kein Wunder. Untermauert hat diese Entwicklung die Tatsache, dass diese Tugend im Laufe der Kirchengeschichte auf die „sexuelle Enthaltsamkeit" reduziert wurde. Keusch kann nur der sein, der auf jede Form sexueller Betätigung vollständig verzichtet. Mit zu dieser Verengung beigetragen hat die Glorifizierung des Gelübdes der ehelosen Keuschheit in den Ordensgemeinschaften und natürlich die Einführung des Pflichtzölibats für den Weihestand.

Dennoch wurde Keuschheit sowohl in der Bibel als auch über die Jahrhunderte in der kirchlichen Morallehre immer viel weiter begriffen, was heute im Grunde genauso Gültigkeit besitzt. In ihrem Vollsinn umfasst die Tugend der Keuschheit „alle Aspekte einer lebensgerechten, den einzelnen sowie die menschliche Gemeinschaft fördernden Gestaltung der Sexualität: Askese ebenso wie sexueller Vollzug, je nach Lebenssituation, Zielsetzung und Entwicklungsphase eines Menschen oder einer Beziehung." So formuliert es das „Wörterbuch des Christentums" (Oldenburg, 2. Auflage, 2001).

Davon zeugt auch die biblische Verwendung des Wortes „Keuschheit". Im Alten Testament wird das Wort für „kultische Reinheit", für richtig gelebte Sexualität und Treue in der Ehe verwendet. Im Neuen Testament kommt diese Tugend ebenso im Zusammenhang mit der Treue in der Ehe vor, dann als Verzicht auf jede Art sexueller Zügellosigkeit, die mit Habsucht verglichen wird, und schließlich mit dem Verzicht auf die Ehe um des Himmelreiches willen, was zum Gelübde der ehelosen Keuschheit als einen der „evangelischen Räte" führte.

Bei all diesen Aspekten der Tugend Keuschheit geht es allerdings nie darum, Sexualität zu tabuisieren beziehungsweise zu dämonisieren, sondern sie in das menschliche Leben so zu integrieren, dass sie sowohl dem einzelnen als auch der Gemeinschaft dazu verhilft, das Leben und die Liebe in Fülle zu erlangen.

Das ist demnach die Grundfrage, die sich bei der Tugend Keuschheit stellt: Wie integriere ich diese Tugend des rechten Umgangs mit Sexualität so in mein Leben, dass sowohl ich als auch die anderen glücklicher werden, und glücklicher wird man, wenn ich sowohl mir als auch dem anderen ein Mehr an Liebe ermögliche, egal, ob dies nun durch die Tugend der Keuschheit oder durch eine beliebig andere Tugend geschieht.

Keuschheit unbedingt notwendig

Der heilige Franz von Sales meint ganz im Sinne dieses ursprünglich umfassenden Keuschheitsbegriffes, dass Keuschheit für alle „unbedingt notwendig“ ist (Philothea III,12; DASal 1,139). Die Übung dieser Tugend endet nicht mit dem Empfang eines Trauscheins, sondern gilt in einer ehelichen Gemeinschaft genauso wie für ehelos lebende Menschen, egal ob im Kloster oder außerhalb.

Das Gegenteil gilt natürlich ebenso: Unkeuschheit ist in der Ehe genauso möglich wie außerhalb der Ehe, nämlich immer dann, wenn aus meiner Sexualität die Liebe verschwindet, wenn es also nur noch um mich und meine persönliche Lustbefriedigung geht und mir die Bedürfnisse des anderen gleichgültig sind.

In den Worten des heiligen Franz von Sales klingt dies so: „Die Unkeuschheit ist nichts anderes als die zügellose Begierde nach der Fleischeslust. Nun ist das Verlangen ungeordnet, weil man die Lust mit einer Person genießen will, die uns nicht gehört, wie es bei der Unzucht und beim Ehebruch geschieht, oder weil man sie genießen will gegen die von der Natur aufgestellte Ordnung; oder weil man sie genießen will gegen das Ziel und die Absicht, für die diese Lust bestimmt ist“ (DASal 12,241).

Noch schlimmer wird es, wenn ich Sexualität dazu missbrauche, Macht über andere auszuüben. Dann ist die Grenze zur Gewaltanwendung und Vergewaltigung nicht mehr allzu weit. Und ich glaube, es wird niemand etwas dagegen haben, wenn sich die Kirche mit ihrem Hinweis auf die Tugend der Keuschheit diesen Formen sexuellen Missbrauchs entschieden entgegenstellt, wozu auch die

Herstellung und Nutzung von Pornografie, vor allem Kinderpornografie zu zählen ist.

Zerbrechlicher Leib

In Bezug auf die Ehe schreibt Franz von Sales: „Wohl gibt die heilige Freiheit der Ehe eine besondere Kraft, das Feuer der Begierlichkeit zu dämpfen, aber die Schwachheit jener, die sie genießen, überschreitet leicht die Grenzen des Erlaubten zur Zügellosigkeit, des Gebrauches zum Missbrauch“ (Philothea III,12; DASal 1,140).

Gefordert ist daher Sensibilität. „Der menschliche Leib gleicht einem Glas,“ schreibt Franz von Sales, „das bei der Berührung mit einem anderen stets Gefahr läuft zu zerbrechen“ (Philothea III,12; DASal 1,141). Um dieses Zerbrechen zu verhindern, ist dem Menschen die Tugend der Keuschheit geschenkt, die ihm hilft, seine Sexualität zu seinem eigenen, wie zum Wohle aller zu nützen, so dass der Mensch eben nicht daran zerbricht, sondern zu größerer Würde gelangen kann.

Franz von Sales schreibt: „Die Liebe ist ja nicht eine Tugend, die zerstört und arm macht, sondern die alles gut macht, alles belebt und bereichert, was sie an Gutem in den Seelen findet, über die sie herrscht. Die himmlische Liebe nimmt den Tugenden daher keineswegs ihre natürlichen Vorzüge und ihre Würde, sondern es ist ihr im Gegenteil eigen, die Vollkommenheiten, die sie antrifft, noch zu vervollkommnen und in dem Maß, als sie höhere Vollkommenheiten vorfindet, diese noch in höherem Maße zu vervollkommnen“ (DASal 4,236). Für den Kirchenlehrer ist die Keuschheit „die Liebe des Leibes“ (DASal 9,217), sie ist damit jene Form der Liebe, die deren körperlichen Ausdrucksweise – sprich Sexualität – ihre Würde und Vollkommenheit verleiht.

Eine Gabe Gottes

Natürlich kennt der heilige Franz von Sales auch den Begriff der „ehelosen Keuschheit“. Als Ordensgründer musste er sich selbstverständlich mit diesem Gelübde auseinandersetzen. Spricht er jedoch von der Tugend Keuschheit, dann meint er damit nicht nur Ordensleute, sondern jeden Menschen und er empfiehlt uns, von Gott um diese Tugend zu bitten, da sie eine wichtige Fähigkeit für ein gelingendes Leben darstellt:

„Die Keuschheit ist aber eine Gabe Gottes, die man nicht mit Brachialgewalt erwirbt und nicht durch Geschicklichkeit und Kunstgriffe bewahrt. Die Gaben Gottes reißt man ja nicht mit seinen Händen durch Anstrengung und Gewalt an sich; sie werden umsonst gegeben (Mt 10,8) und nach der Disposition des Herzens. Was muss man also tun, um diese Gabe Gottes aus seinen Händen zu gewinnen und an sich zu ziehen, da niemand keusch sein kann, wenn nicht der Herr ihm die Gnade schenkt (Weish 8,21)? *Betet*, sagt der Apostel, das heißt, bittet um sie im Geist tiefer Demut, denn durch das Gebet werdet ihr sie erlangen und bewahren, wenn ihr sie gewonnen habt“ (DASal 9,396).

Fragen zum Nachdenken

- *Was ist meine Meinung zur Tugend der Keuschheit?*
- *Wie integriere ich Sexualität in mein Leben?*
- *Fördert meine Sexualität das Glück der anderen?*

Tugenden des Heiligen Geistes

„Der Heilige Geist, der in uns wohnt, will unsere Seele geschmeidig, lenksam und gehorsam für seine göttlichen Anregungen und himmlischen Eingebungen machen. Es sind dies die Gesetze seiner Liebe, in deren Beobachtung die übernatürliche Glückseligkeit dieses gegenwärtigen Lebens liegt. Dazu verleiht er ihr sieben Eigenschaften und Vollkommenheiten, ... die in der Heiligen Schrift (Jes 11,2-3; Apg 2,38) und von den Theologen Gaben des Heiligen Geistes genannt werden. Diese sind nicht nur untrennbar von der Liebe, sondern, wenn wir alles gut erwägen und richtig sagen, sind sie die Haupttugenden, Eigenheiten und Eigenschaften der Liebe.

Denn erstens ist die Weisheit in der Tat nichts anderes als die Liebe, die empfindet, verkostet und erfährt, wie gütig und liebreich Gott ist.

Zweitens: Der Verstand ist nichts anderes als die Liebe, die ihr Augenmerk darauf lenkt, die Schönheit der Glaubenswahrheiten zu erwägen und zu durchdringen, um darin Gott, wie er in sich selbst ist, zu erkennen und um dann von da herabzusteigen und ihn in den Geschöpfen zu betrachten.

Drittens: Die Wissenschaft dagegen ist nichts anderes als dieselbe Liebe, die unsere Aufmerksamkeit darauf richtet, uns selbst und die Geschöpfe zu erkennen, um uns dadurch zu einer vollkommeneren Kenntnis des Dienstes gelangen zu lassen, den wir Gott schuldig sind.

Viertens: Der Rat ist auch die Liebe, insofern sie dahin wirkt, uns in der Wahl der geeigneten Mittel, Gott heilig zu dienen, sorgfältig, aufmerksam und befähigt zu machen.

Fünftens: Die Stärke ist die Liebe, die das Herz ermutigt und anspornt, das auszuführen, was der Rat als das festgesetzt hat, was getan werden muss.

Sechstens: Die Frömmigkeit ist die Liebe, die die Arbeit erleichtert und uns dazu drängt, uns für die Werke, die Gott, unserem Vater, gefallen, herzlich, freundlich und mit kindlicher Liebe zu verwenden.

Siebtens und letztlich ist die Furcht nichts anderes als die Liebe, insofern sie uns alles, was der göttlichen Majestät missfällt, fliehen und vermeiden lässt."

Franz von Sales (Theotimus XI,15; DASal 4,270-271)

Einsicht –
die Tugend für den Blick hinter die Kulissen

Nachdem 1989 in Europa der Eiserne Vorhang gefallen war und sich das geteilte Deutschland auf friedliche Weise wieder vereinigt hatte, erhielten viele Menschen Einsicht in ihre Akten, die der so genannte „Staatssicherheitsdienst" (Stasi) der DDR über sie angelegt hatte. Beim Lesen dieser Akten ging vielen Menschen ein Licht auf und sie verstanden vieles, was sie sich in ihrem Leben vorher nicht erklären konnten.

Ein eindrucksvolles Beispiel dafür lieferte der Spielfilm „Das Leben der Anderen" des Regisseurs und Drehbuchautors Florian Henckel von Donnersmarck (Deutschland 2006), der 2007 in der Kategorie „bester fremdsprachiger Film" mit dem Oscar ausgezeichnet wurde. Ein Schriftsteller namens Georg Dreyman, dargestellt von Sebastian Koch, erfährt erst nach der Wende, dass er in der DDR von der Stasi praktisch rund um die Uhr bespitzelt wurde und seine Wohnung an allen Ecken und Enden verwanzt war. Die Einsicht in die Stasiakten vermittelte ihm aber genauso, dass er einem der Stasibeamten namens Gerd Wiesler, gespielt von Ulrich Mühe, sein Leben verdankte, weil dieser manche Informationen, nämlich jene, die ihn zum Staatsfeind gemacht hätten, nicht an die Stasi-Zentrale weitergegeben hatte.

Licht ins Dunkel

An diesem Beispiel kann nachgespürt werden, worum es bei der Tugend der Einsicht geht, die uns vom Heiligen Geist als Gabe geschenkt wurde. Die Tugend der Einsicht ermöglicht es mir, hinter die Kulissen zu blicken, Licht ins Dunkel meines Lebens zu bringen. Immer dann, wenn wir ein „Aha"-Erlebnis haben, wenn wir plötzlich etwas bis dahin Unverständliches durchblicken, wird die Tugend der Einsicht greifbar.

Es ist die Erfahrung der beiden Jünger, die nach der Kreuzigung Jesu Jerusalem verlassen und sich auf den Weg nach Emmaus machten (Lk 24,13-35). Jesus gesellte sich zu ihnen, doch sie waren „wie mit Blindheit geschlagen, sodass sie ihn nicht erkannten“ (V. 16). Erst später, nachdem Jesus das Brot brach und es ihnen reichte, erkannten sie ihn. „Da gingen ihnen die Augen auf“, heißt es wörtlich (V. 31) und sie begriffen, dass sie die ganze Zeit schon mit dem auferstandenen Herrn zusammen waren.

Genau dieses Begreifen schenkt uns die Tugend der Einsicht. Ereignisse des Lebens, Begebenheiten, Beziehungen werden durch neue Einsichten ins rechte Licht gerückt und besser, neu, anders, richtiger verstanden.

Besonders hilfreich ist die Tugend der Einsicht natürlich, wenn sie mir zur Lösung eines Problems verhilft. Auch dafür sind die Emmausjünger ein schönes Beispiel. Ihr Problem ist, dass Jesus, auf den sie alle Hoffnungen gesetzt hatten, verurteilt und gekreuzigt wurde. Sie dachten, er sei der, „der Israel erlösen werde“ (V. 21), nun aber ist alles ganz anders gekommen. Jesus Christus erklärt ihnen daraufhin die Zusammenhänge aus der Heiligen Schrift und beginnt dabei mit den Worten „Begreift ihr denn nicht?“ (V. 25) „Und er legte ihnen dar, ausgehend von Mose und allen Propheten, was in der gesamten Schrift über ihn geschrieben steht“ (V. 27). Die Jünger beginnen zu verstehen: Der Kreuzestod ist nicht der Beweis dafür, dass sie an den falschen Messias geglaubt haben, sondern genau das Gegenteil ist der Fall: Durch das Kreuz hat Gott sein großes Erlösungswerk vollendet. Für die Jünger war dies genau die Einsicht, die sie brauchten, um ihre Trauer und Enttäuschung zu überwinden, nach Jerusalem zurückzukehren und dort die Botschaft des Auferstandenen zu verkünden: „Der Herr ist wirklich auferstanden“ (V. 34).

Um Einsicht beten

Wie kann man die Tugend der Einsicht am besten erlernen? Für den heiligen Franz von Sales ist klar, dass diese Tugend am besten dort gelernt werden kann, woher sie kommt, nämlich bei Gott, beim Heiligen Geist. In einer Predigt finden wir eine solche Bitte um Einsicht: „Mehr denn je," sagt Franz von Sales, „bitte ich demütig und inständig: der den Mund der Kinder beredt macht (Ps 8,3; Weish 10,21), möge mir in seiner Güte Einsicht schenken, um seine Zeugnisse gut zu ergründen: Gib mir Einsicht, und ich will dein Gesetz erforschen und es von ganzem Herzen bewahren" (DASal 9,93). Er folgt dabei dem Beispiel Davids, der sich in einem seiner Psalmen an Gott mit der Bitte wendet: „Gib mir Einsicht, damit ich deine Gebote lerne" (Ps 119,73).

Das Gebet um Einsicht ist also ein gutes Mittel, allerdings sollte man dabei nach Franz von Sales auch ein wenig Acht geben: „Als Demosthenes einen Schwätzer hörte, sagte er: Wenn du viel verstündest, würdest du nicht viel reden ... Die beste Art zu beten ist, mit wenig Worten beten, aber nicht zu wenig" (DASal 9,155).

Manchmal müssen wir uns eben damit begnügen, dass Gott uns keine Einsicht in unsere Fragen schenkt. Hier gilt es, geduldig und gelassen zu bleiben, und darauf zu vertrauen, dass wir in Gott geborgen sind und er uns nicht im Stich lassen wird. Selbst wenn wir so manches nicht verstehen, so heißt das noch lange nicht, dass es falsch ist beziehungsweise dass es nicht irgendwann eine Zeit geben wird, wo wir alles verstehen werden. Auch das ist eine Einsicht, die uns die Tugend der Einsicht lehrt.

Franz von Sales nennt diese Einsicht „sich der göttlichen Vorsehung überlassen". In den „Geistlichen Gesprächen" rät er den Schwestern seines Ordens der Heimsuchung Mariens:

„Aber nicht nur für das zeitliche Wohl müssen wir uns der göttlichen Vorsehung überlassen, sondern auch und besonders für unser geistliches Leben, für das Streben nach Vollkommenheit. Das übertriebene Sorgen um das eigene Ich bringt um den inneren Frieden, macht launisch und wetterwendisch. Wir halten alles für verloren, wenn uns etwas gegen den Strich geht, wenn wir uns nicht ganz vollkommen sehen oder uns bei ganz geringen Fehlern ertappen. Ist es denn etwas so Besonderes, wenn wir auf dem Wege zur Vollkommenheit hin und wieder stolpern? ... Danke Gott für diese Einsicht, sei nicht so weich mit dir selbst und lass das Klagen über deine Schwäche“ (DASal 2,61).

Und an die heilige Johanna Franziska von Chantal (1572-1641) schreibt er: „Wir halten alles für verloren und gerade da finden wir die zarte, ganz einfache und reine Einheit unseres Geistes mit diesem göttlichen Wohlgefallen, ungetrübt von irgendwelchem Lichte von Wissen, Einsicht oder Befriedigung. Ach, bleiben Sie da in Frieden, ohne Ihr Auge anderswohin schweifen zu lassen als auf die reine Schau der Einheit, ohne zu sehen oder wissen zu wollen, wie sie vor sich geht. Gott sei gepriesen! Amen“ (DASal 5,397).

Zur Einsicht verhelfen

Die Tugend der Einsicht gilt nicht nur für uns selbst, damit wir besser verstehen, sie ist uns im Wesentlichen auch deshalb geschenkt, damit wir anderen helfen, ihr Leben besser zu begreifen. Weil uns die Gabe der Einsicht geschenkt ist, ist es unser Auftrag, im Umgang mit den anderen zusammen mit ihnen „hinter die Kulissen“ zu blicken, so dass es ihnen leichter fällt, ihr Leben, ihre Beziehungen, verschiedene Ereignisse und Begebenheiten besser zu verstehen und vielleicht zu einer guten Lösung ihrer Probleme und Sorgen zu kommen.

Schauen wir wieder auf die Emmausjünger, vor allem darauf, wie Jesus Christus mit den beiden Jüngern umging. Die erste Frage, die er stellte war: „Was sind das für Dinge, über die ihr auf eurem Weg miteinander redet?“ (Lk 24,17). Das bedeutet: Jesus verhilft den Jüngern zur Einsicht, indem er ihnen zunächst einmal einfach nur zuhört, damit diese mit ihren eigenen Worten berichten können, was sich zugetragen hat. Erst danach beginnt Jesus, alles zu erklären, was in der Schrift steht.

Einsichtsvolle Liebe

So hat auch die Tugend der Einsicht – so wie jede andere Tugend – ihren Ursprung und ihr Ziel in der Liebe, in der Liebe zu Gott, zu mir selbst und zu den Mitmenschen. Der heilige Franz von Sales fasst dies in einer seiner geistlichen Schriften sehr gut zusammen, wenn er das Hauptgebot der Gottes- und Nächstenliebe folgendermaßen beschreibt:

„Du sollst den Herrn, deinen Gott lieben aus ganzem Herzen, von ganzer Seele, mit dem ganzen Geist. Mit unserem heiligen Bernhard überlegte ich: Von ganzem Herzen, das heißt mutig, tapfer, glühend, weil dem Herzen der Mut zugehört; von ganzer Seele, das heißt leidenschaftlich, weil die Seele, insofern sie Seele ist, die Quelle von Leidenschaften und Affekten ist; mit dem ganzen Geist, das heißt geistig, einsichtsvoll, weil der Geist, der höhere Teil der Seele, es ist, dem die Einsicht und das Urteil zugehört, um den Eifer entsprechend der Weisheit (Röm 10,2) und Einsicht zu haben. So muss das Wort ‚lieben' abgewogen werden, weil es von ‚auswählen' kommt und den buchstäblichen Sinn wahrheitsgetreu wiedergibt, der besagt, dass unser Herz, unsere Seele und unser Geist Gott erwählen und allen Dingen vorziehen müssen; das ist die wahre wertschätzende Liebe" (DASal 12,35-36).

Die wahre und wertschätzende Liebe erweist sich also als „einsichtsvoll". Mit ganzem Verstand lieben heißt, nicht blind, sondern mit Einsicht zu lieben. Und dazu bedarf es der Tugend der Einsicht.

Fragen zum Nachdenken

- *Bitte ich Gott in meinen Gebeten um Einsicht?*
- *Wie geht es mir, wenn ich einmal etwas nicht verstehe?*
- *Helfe ich anderen, zur Einsicht zu kommen?*

Frömmigkeit – die Tugend, die den Glauben mit dem Leben verbindet

Die Tugend der Frömmigkeit zählt zu den sieben Gaben des Heiligen Geistes. Nach alter christlicher Lehre ist jeder Christ mit dieser Tugend begabt. In den letzten Jahrzehnten schien es allerdings, dass mit den Worten „Frömmigkeit“ oder „fromm sein“ alles andere als eine Gabe oder Tugend zum Ausdruck gebracht wurde. Der „Fromme“, das war eher der „Weltfremde“, der den Boden zur Wirklichkeit verloren hat. Fromm sein war nicht mehr „in“, weil man glaubte, dadurch zu einer Kategorie von Christen gezählt zu werden, die etwas abfällig „Betschwestern“ oder „Betbrüder“ genannt wurden. All das macht aber nur deutlich, dass diese Tugend gründlich missverstanden wurde. Damit ist dem Christen mit dem Begriff auch etwas sehr Wertvolles für den Glauben verloren gegangen.

Ein Ja zur Frömmigkeit

In seinem Buch „Im Angesicht des Absoluten. Hinführung zur Mitte christlicher Spiritualität“ (Würzburg, 2005) setzt sich der bekannte deutsche Jesuit Josef Sudbrack dafür ein, das „Frommsein“ oder die „Frömmigkeit“ wieder in die Mitte unseres christlichen Glaubens zu stellen. Sudbrack meint, er wisse einfach für das, was er in seinem Buch zum Ausdruck bringen möchte, keinen besseren Begriff. Er möchte Theologie, also das Wissen über den Glauben, mit der Spiritualität, also den Vollzug des Glaubens im Leben, miteinander verbunden wissen. Genau das wird seiner Meinung nach mit den Worten „Frömmigkeit“ und „Frommsein“ am besten ausgedrückt. „Frömmigkeit“ ist genau jene Tugend, die den Brückenschlag, diese Verbindung zwischen Theologie und Spiritualität am besten schafft.

Damit spricht Sudbrack mit anderen Worten aus, was einer seiner berühmten Mitbrüder vor vielen Jahren auch schon gesagt hatte, nämlich Karl Rahner (1904-1984), einer der einflussreichsten Theologen des 20. Jahrhunderts: „Der Fromme von Morgen wird ein Mystiker sein, einer der etwas erfahren hat, oder er wird nicht mehr sein.“ Der Christ der Zukunft wird also „fromm“ sein und die Tugend der Frömmigkeit üben, oder er wird nicht mehr sein. Die Tugend der Frömmigkeit wird sein Leben prägen.

Was ist Frömmigkeit?

Es ist also notwendig, zu klären, was Frömmigkeit ist, und vor allem, was sie nicht ist. Einfach gesagt: Frömmigkeit ist das richtige, oft vorbildliche religiöse Verhalten des Menschen, seine Gesinnung und sein Handeln in der Beziehung zu Gott. Der fromme Mensch zeichnet sich dadurch aus, dass sein Denken und Tun wahrhaftig – authentisch – sind. Wenn das nicht der Fall ist, aber versucht wird den Eindruck von Frömmigkeit zu erwecken, dann nennt man das Frömmelei oder Scheinheiligkeit. Das bedeutet: Frömmigkeit darf nicht mit Frömmelei verwechselt werden. Diese Verwechslung hat offenbar dazu geführt, dass man mit dem Begriff heute nicht mehr so viel anfangen kann.

Das war schon zu Zeiten des heiligen Franz von Sales der Fall, als er seinen Klassiker „Philothea – Anleitung zum frommen Leben“ schrieb – das Standard- und Meisterwerk zur Frömmigkeit in der klassischen christlichen Literatur. Auch Franz von Sales grenzt die Frömmigkeit gleich in den ersten Kapiteln klar von jeder Art Scheinheiligkeit ab. „*Es gibt nur eine wahre Frömmigkeit*,“ schreibt er, „an falschen und irrigen Spielarten dagegen eine ganze Reihe. Wenn du die echte nicht kennst, kannst du dich leicht verirren und einer unbrauchbaren, abergläubischen nachlaufen“ (Philothea I,1; DASal 1,33).

Er nennt konkrete Beispiele dieser falschen Frömmigkeit: „Wer gern fastet, hält sich für fromm, weil er fastet, obgleich sein Herz voll Rachsucht ist ... Ein anderer hält sich für fromm, weil er täglich eine Menge Gebete heruntersagt, obwohl er nachher seiner Zunge alle Freiheit lässt für Schimpfworte, böse und beleidigende Reden gegen Hausgenossen und Nachbarn. – Der eine entnimmt seiner Geldbörse gern Almosen für die Armen, aber er kann aus seinem Herzen nicht die Liebe hervorbringen, seinen Feinden zu verzeihen ... Gewöhnlich hält man alle diese Menschen für fromm, sie sind es aber keineswegs" (Philothea I,1; DASal 1,33). Sie sind nicht fromm, sondern Frömmler, Heuchler oder Scheinheilige.

Diese Stelle erinnert an die Kritik Jesu an die „Frömmler" und „Scheinheiligen" seiner Zeit aus der Bergpredigt (Mt 6,1-18):

„Hütet euch, eure Gerechtigkeit vor den Menschen zur Schau zu stellen; sonst habt ihr keinen Lohn von eurem Vater im Himmel zu erwarten.

Wenn du Almosen gibst, lass es also nicht vor dir herposaunen, wie es die Heuchler in den Synagogen und auf den Gassen tun, um von den Leuten gelobt zu werden. Amen, das sage ich euch: Sie haben ihren Lohn bereits erhalten. Wenn du Almosen gibst, soll deine linke Hand nicht wissen, was deine rechte tut. Dein Almosen soll verborgen bleiben und dein Vater, der auch das Verborgene sieht, wird es dir vergelten.

Wenn ihr betet, macht es nicht wie die Heuchler. Sie stellen sich beim Gebet gern in die Synagogen und an die Straßenecken, damit sie von den Leuten gesehen werden. Amen, das sage ich euch: Sie haben ihren Lohn bereits erhalten. Du aber geh in deine Kammer, wenn du betest, und schließ die Tür zu; dann bete zu deinem Vater, der im Verborgenen ist. Dein Vater, der auch das Verborgene sieht, wird es dir vergelten. Wenn ihr betet, sollt ihr nicht plappern wie die Heiden, die meinen, sie werden nur erhört, wenn sie viele Worte machen. Macht es nicht wie sie; denn euer Vater weiß, was ihr braucht, noch ehe ihr ihn bittet.

Wenn ihr fastet, macht kein finsteres Gesicht wie die Heuchler. Sie geben sich ein trübseliges Aussehen, damit die Leute merken, dass sie fasten. Amen, das sage ich euch: Sie haben ihren Lohn bereits erhalten. Du aber salbe dein Haar, wenn du fastest, und wasche dein Gesicht, damit die Leute nicht merken, dass du fastest, sondern nur dein Vater, der auch das Verborgene sieht; und dein Vater, der das Verborgene sieht, wird es dir vergelten."

Die wahre Frömmigkeit

Schon an diesen sehr konkreten Beispielen wird deutlich, dass Frömmigkeit nicht nur damit zu tun hat, in der Kirche und vor Gott eine gute Figur zu machen, unabhängig davon wie ich mich sonst im Leben verhalte. Das Gegenteil ist der Fall: Frömmigkeit ist nur dann echte und wahre Frömmigkeit, wenn mein Glaube und mein Leben eine Einheit bilden. Wenn ich also, plakativ geschrieben, den Kirchenraum mit der gleichen inneren Einstellung betrete wie meine Firma, in der ich arbeite, weil mir klar ist, dass ich dort Gott genauso begegne wie vor dem Tabernakel. Die Tugend der Frömmigkeit hilft mir, mein Leben mit meinem Glauben zu verbinden, mein Glaubenswissen mit dem Glaubensleben zu vereinen.

Das biblische Urwort dieser Frömmigkeit spricht Jesus in seiner „Feldrede" im Lukasevangelium: „Es gibt keinen guten Baum, der schlechte Früchte hervorbringt, noch einen schlechten Baum, der gute Früchte hervorbringt. Jeden Baum erkennt man an seinen Früchten: Von den Disteln pflückt man keine Feigen und vom Dornstrauch erntet man keine Trauben. Ein guter Mensch bringt Gutes hervor, weil in seinem Herzen Gutes ist; und ein böser Mensch bringt Böses hervor, weil in seinem Herzen Böses ist. Wovon das Herz voll ist, davon spricht der Mund. Was sagt ihr zu mir: Herr! Herr!, und tut nicht, was ich sage?" (Lk 6,43-46).

Zur Frömmigkeit gehört also nicht nur, dass ich zu Gott „Herr! Herr!" sage, das tun auch die Heuchler und Scheinheiligen, sondern dass ich mein Leben, meinen Beruf, mein Tun und Handeln, alles, was mein Menschsein ausmacht, danach ausrichte.

So schreibt auch Franz von Sales: „Nein, *echte Frömmigkeit verdirbt nichts; im Gegenteil, sie macht alles vollkommen.* Verträgt sie sich nicht mit einem rechtschaffenen Beruf, dann ist sie gewiss nicht echt ... Die echte Frömmigkeit schadet keinem Beruf und keiner

Arbeit; im Gegenteil, sie gibt ihnen Glanz und Schönheit ... Die Sorge für die Familie wird friedlicher, die Liebe zum Ehepartner echter, der Dienst am Vaterland treuer und jede Arbeit angenehmer und liebenswerter" (Philothea I,3; DASal 1,37).

Die Frömmigkeit ist das Schönste

Ist dies der Fall, dass die Frömmigkeit nicht von meinem Leben getrennt wird, dann tritt genau das ein, was Franz von Sales verkündet: „Glaube mir, die Frömmigkeit ist das Schönste, was es gibt. Sie ist die Königin der Tugenden, die Vollendung der Liebe. Ist die Liebe eine Pflanze, dann ist die Frömmigkeit ihre Blüte; ist sie ein Edelstein, dann ist die Frömmigkeit sein Glanz; ist sie ein kostbarer Balsam, dann ist die Frömmigkeit dessen Duft, ein lieblicher Duft, der die Menschen erquickt und die Engel erfreut" (Philothea I,2; DASal 1,36-37).

Und diese „Königin der Tugenden" wird es sein, die das Leben des Christen im Dritten Jahrtausend prägen wird, oder das Christentum wird nicht mehr sein. Die Herausforderung der Zukunft besteht darin, dass wir unser Leben nicht von unserem Glauben trennen, sondern mit ihm verbinden, also, dass wir die Tugend der wahren und echten Frömmigkeit üben.

Fragen zum Nachdenken

- *Was halte ich von der Frömmigkeit?*
- *Ist für mich Leben und Glauben eine Einheit?*
- *Wo erlebe ich mich als scheinheilig?*

Gottesfurcht – die Tugend, die die Größe Gottes achtet

Man sagt(e) oft zu Kindern: „Wenn du nicht brav bist, dann wird dich der Himmelvater bestrafen, denn er sieht alles." Das bekannte Symbol des von einem Dreieck eingerahmten göttlichen Auges erinnert(e) den Betrachter nicht nur an die Allgegenwart des dreifaltigen Gottes, sondern auch daran, dass Gott alles sieht, was der Mensch im Laufe seines Lebens so tut. Beim Jüngsten Gericht werden ihm die Taten dann vorgelegt. Und wehe, es sind mehr Schandtaten als Wohltaten dabei!

Fürchtet euch nicht!

Solche Art religiöser Pädagogik führt(e) zu (dämonischen) Gottesbildern, die dazu dienten, den Menschen unter Druck setzen zu können: zum „Leistungsgott", vor dem man nur bestehen kann, wenn man bestimmte Leistungen bringt; zum „Polizistengott", der streng alle Untaten des Menschen ahndet und bestraft; oder zum „Richtergott", der gemäß dem Resultat, das am Ende des Lebens errechnet wird, entscheidet, ob einer ins Fegefeuer, in den Himmel oder in die Hölle kommt.

All das hat weder mit dem Gottesbild zu tun, das Jesus Christus verkündet, noch mit der Tugend der Gottesfurcht, eine der sieben Gaben des Heiligen Geistes, die allen Christen geschenkt sind. Gott spielt nämlich nicht mit der Angst des Menschen. Diese Grundregel gilt immer: Alles, was Angst macht, stammt nicht von Gott, sondern kommt vom Bösen. Der heilige Franz von Sales schreibt an die heilige Johanna Franziska von Chantal (1572-1641): „Ich bitte Sie um Gottes willen, haben Sie nicht Angst vor Gott, denn er will Ihnen nichts Böses zufügen" (DASal 5,130).

Die christliche Grundbotschaft Gottes an die Menschen lautet: „Fürchtet euch nicht!" (Joh 6,20). Es ist die Botschaft der Engel, die den Hirten die Geburt Jesu verkündeten: „Fürchtet euch nicht!“ (Lk 2,10). Es ist die Botschaft Jesu an seine Jünger, als er über den See zu ihnen ins Boot kam: „Habt Vertrauen, ich bin es; fürchtet euch nicht!“ (Mk 6,50). Es ist die Botschaft Jesu an alle Menschen, da sich Gott sogar um die Spatzen auf dem Dach kümmert: „Fürchtet euch also nicht, ihr seid viel mehr wert als alle Spatzen“ (Mt 10,31). Und es ist die erste Botschaft Jesu nach seiner Auferstehung an die Frauen, die ans Grab geeilt sind: „Fürchtet euch nicht!“ (Mt 28,10).

Die Tugend der Gottesfurcht hat also ganz und gar nichts mit Angst und Schrecken zu tun, sondern ausschließlich mit Ehrfurcht, Respekt und Achtung vor Gott. Der Mensch, der die Tugend der Gottesfurcht lebt, ehrt, achtet und respektiert Gott in seiner Größe. „Meine Seele preist die Größe des Herrn“ (Lk 1,46). Dieser erste Satz aus dem Magnifikat, dem Lobpreis Gottes durch Maria bei ihrer Begegnung mit Elisabet, ist letztlich die Zusammenfassung all dessen, was die Tugend der Gottesfurcht tatsächlich meint. Und dieser Gott, dessen Größe ich in der Tugend der Gottesfurcht preise, „erbarmt sich von Geschlecht zu Geschlecht über alle, die ihn fürchten“ (Lk 1,50). Gottesfurcht – Ehrfurcht, Achtung und Respekt vor Gott – fördert nicht die Angst vor Gott, sondern das genaue Gegenteil: Gottes Erbarmen, Gottes Barmherzigkeit.

Sein wie Gott

Ich preise die Größe des Herrn. Ich anerkenne, dass Gott Gott ist und der Mensch Mensch. Der evangelische Theologe Wolfhart Pannenberg formuliert: „Gott fürchten – das heißt, Gott als Schöpfer anzuerkennen in seiner Erhabenheit und Macht, als den Schöpfer, von dem unser Leben in jedem Augenblick abhängt.“ Die Tugend der Gottesfurcht bewahrt den Menschen davor, sich selbst zu Gott zu machen und damit der Ursünde zu erliegen, aus der alle anderen Sünden hervorgehen. Diese Ursünde lautet: so sein wollen wie Gott. Es ist die Sünde, die im ersten Buch der Bibel, der Genesis, die Vertreibung aus dem Paradies zur Folge hatte. Der Schlangerich Satan gaukelt Adam und Eva vor, dass sie wie Gott sein werden, wenn sie vom Baum der Erkenntnis essen: „Sobald ihr davon esst, gehen euch die Augen auf; ihr werdet wie Gott und erkennt Gut und Böse“ (Gen 3,5). Adam und Eva unterliegen leider dieser Versuchung, aber sie werden dadurch nicht wie Gott, sondern Opfer weiterer Sünden und des Todes.

Jesus Christus, der „neue Adam“, hat den Tod und das Böse besiegt, nicht indem er wie Gott sein wollte, sondern durch das genaue Gegenteil: „Er war Gott gleich, hielt aber nicht daran fest, wie Gott zu sein, sondern er entäußerte sich und wurde wie ein Sklave und den Menschen gleich. Sein Leben war das eines Menschen; er erniedrigte sich und war gehorsam bis zum Tod, bis zum Tod am Kreuz. Darum hat ihn Gott über alle erhöht und ihm den Namen verliehen, der größer ist als alle Namen, damit alle im Himmel, auf der Erde und unter der Erde ihre Knie beugen vor dem Namen Jesu und jeder Mund bekennt: Jesus Christus ist der Herr – zur Ehre Gottes, des Vaters“ (Phil 2,6-11).

Übung der Gottesfurcht

Die Tugend der Gottesfurcht schützt den Menschen davor, sich selbst zu Gott zu machen und damit sich selbst und andere zu zerstören. Daher schreibt der heilige Franz von Sales: „Selig jene, die die Kinder erziehen zur Gottesliebe, zur Gottesfurcht und zum Dienste Gottes“ (DASal 6,203). Und: „Man gelangt auf vielerlei Wegen in den Himmel. Wenn man nur die Gottesfurcht als Führerin hat, ist es gleich, welchen Weg man einschlägt“ (DASal 6,123). Wer die Gottesfurcht lebt, anerkennt die Größe Gottes und wird nie Gefahr laufen, einen anderen Weg als den Weg zum Himmel einzuschlagen.

„Deshalb müssen wir unter allen Tugenden vor allem die … der Ehrfurcht vor den göttlichen Dingen … und der hochheiligen Gottesfurcht mit besonderer Sorgsamkeit pflegen, indem wir oft von göttlichen Dingen reden, oft an die Ewigkeit denken und uns nach ihr sehnen, indem wir eifrig sind im Besuch der Kirchen und der gottesdienstlichen Handlungen, geistliche Lektüre pflegen und die Zeremonien der christlichen Religion beobachten“ (Theotimus XI,3; DASal 4,231).

Alles, was die Größe Gottes achtet, fördert die Tugend der Gottesfurcht.

Die Liebe vertreibt die Furcht

Die Pädagogik der Gottesfurcht erzieht nicht zum Bild des Leistungs-, Polizisten- oder Richtergottes, sondern achtet Gott, der die Liebe ist. Das göttliche Auge blickt uns nicht von oben herab streng an und ahndet alle unsere Taten, sondern dieses Auge wacht über uns, sorgt sich um uns und macht deutlich: In allem, was der Mensch tut, lebt er in der Gegenwart des liebenden Gottes – und diese Liebe vertreibt alle Angst, wie der Evangelist Johannes schreibt:

„Gott ist die Liebe, und wer in der Liebe bleibt, bleibt in Gott und Gott bleibt in ihm. Darin ist unter uns die Liebe vollendet, dass wir am Tag des Gerichts Zuversicht haben ... Furcht gibt es in der Liebe nicht, sondern die vollkommene Liebe vertreibt die Furcht. Denn die Furcht rechnet mit Strafe, und wer sich fürchtet, dessen Liebe ist nicht vollendet. Wir wollen lieben, weil er uns zuerst geliebt hat“ (1 Joh 4,16b-19).

So kann Franz von Sales in einer Predigt verkünden: Die recht verstandene Gottesfurcht „macht die Seele für die Liebe bereit, und wie Augustinus sagt, ist die (Gottes-)Furcht die Dienerin der Liebe, die ihr die Wohnung bereitet“ (DASal 9,142). Und Johanna Franziska von Chantal (1572-1641) kann er schreiben: „Fürchten wir nichts, außer Gott, und ihn mit einer Furcht voll Liebe“ (DASal 5,148).

Fragen zum Nachdenken

- *Habe ich Angst vor Gott?*
- *Achte ich Gott in seiner Größe?*
- *Wie stelle ich mir Gott vor?*

Rat – die Tugend, eine gute Entscheidung treffen zu können

Guter Rat ist teuer. Dieses bekannte Sprichwort zeigt, dass der Rat seit jeher von den Menschen als eine wertvolle Tugend angesehen wurde. Es wundert daher nicht, dass die Tugend des Rates unter den sieben Gaben des Heiligen Geistes zu finden ist, die jedem Christen geschenkt sind. Doch was bedeutet diese Tugend genau?

Das Sprichwort vom guten Rat, der teuer ist, wird uns vor allem dann sehr verständlich, wenn wir in einer Situation stecken, in der wir selbst nicht mehr weiter wissen: Was soll ich tun? Soll ich diesen Weg gehen oder einen anderen? Soll ich diese Entscheidung treffen oder nicht? Soll ich Ja sagen oder Nein? In solchen Situationen der Ungewissheit und Unklarheit, wo das eine wie das andere möglich, aber nur eines davon auch richtig oder zielführend ist, da ist eben guter Rat teuer.

Es ist wie beim Roulette: Soll ich auf Rot setzen oder auf Schwarz? Beides kann ich tun, aber nur eine Farbe wird gewinnen. Ich möchte natürlich auf die richtige Farbe setzen, also, was soll ich tun? Habe ich in einem solchen Fall einen Ratgeber, der aufgrund seiner Erfahrung, seiner Weisheit und seines Wissens ein Stück weiter in die Zukunft sehen kann als ich, dann ist sein Ratschlag wirklich Goldes Wert.

Wertvolle Ratgeber

Der heilige Bischof und Kirchenlehrer Franz von Sales war ein wertvoller Ratgeber. Anders hätten nicht zahllose Menschen bei ihm Rat gesucht. Franz von Sales schrieb jedenfalls eine Menge Briefe, in denen er Fragen beantwortete und Ratschläge erteilte, vor seinem Beichtstuhl standen die Menschen ebenso Schlange, wie vor seinem bischöflichen Empfangszimmer. Der einfache Bürger holte sich bei ihm genauso Rat wie Könige und Päpste. Offenbar war Franz von Sales jemand, der mit der Tugend des Rates gut umgehen konnte und von dem wir lernen können, wie wir selbst mit dieser Tugend umgehen sollen, damit wir sie gut für uns und die Menschen um uns herum nutzen.

Die erste Eigenschaft, die Franz von Sales als guter Ratgeber besaß, war, dass er die Fragen der Menschen ernst nahm, egal welche Fragen dies waren und von wem sie gestellt wurden. Wenn ihn jemand um Rat fragte, dann nahm er dieses Anliegen ernst.

Seine zweite Eigenschaft war, dass er den Menschen zuhörte. Er wusste genau, dass es sehr wichtig ist, nicht gleich auf alles eine Antwort parat zu haben, sondern erst einmal den anderen beschreiben oder erzählen zu lassen, worin sein Anliegen besteht. Oft genug geschah es dabei, dass der Fragende allein durch das Erzählen von selbst zu einer Lösung seines Problems kam.

Schließlich war Franz von Sales nicht nur sehr gebildet, sondern auch sehr fromm. Er konnte aus einem reichen Schatz an Wissen schöpfen und er besprach die Anliegen, die an ihn herangetragen wurden nicht nur mit seinen Büchern, sondern vor allem mit Gott im Gebet, gerade dann, wenn er mit Problemen konfrontiert wurde, wofür er nicht auf Anhieb einen Rat geben konnte.

Wer also ein guter Ratgeber im Sinne des heiligen Franz von Sales sein möchte, der sollte jeden seiner Mitmenschen ernst nehmen, er sollte bereit sein zuzuhören, und er sollte etwas für seine Bildung tun und vor allem ein Mensch sein, der mit Gott im Gebet verbunden ist.

Geistlicher Begleiter

Franz von Sales empfiehlt allen Menschen, die auf dem Weg der Frömmigkeit vorankommen wollen, einen solchen Ratgeber ... er nennt ihn „Seelenführer", heute sagt man „geistlicher Begleiter".

„Willst du dich mit Vorbedacht auf den Weg der Frömmigkeit begeben," schreibt Franz von Sales in seinem Buch „Philothea –

Anleitung zum frommen Leben", „so suche dir einen vortrefflichen Mann als Führer und Berater. Das ist der dringlichste Rat, den ich dir geben kann … Durch seine Ratschläge und Weisungen leitet er unseren Wandel und schützt uns vor den Nachstellungen und Verführungen des bösen Feindes. Er wird uns ein Born der Weisheit in unseren Schwierigkeiten sein, wenn wir niedergeschlagen oder gefallen sind. Er wird uns Arznei sein, um das Herz in seinen seelischen Nöten aufzurichten und zu trösten. Er wird uns vor dem Übel bewahren und das Wohl unserer Seele fördern. Befällt uns eine Schwäche, so wird er verhindern, dass sie zum Tode führe, und wird uns wieder aufhelfen" (Philothea I,4; DASal 1,38-39).

Das Gebet um einen guten geistlichen Begleiter und Ratgeber erhört Gott am liebsten, so die Meinung des heiligen Franz von Sales. Wenn Sie also noch keinen geistlichen Begleiter haben und Sie sich einen wünschen, dann empfiehlt es sich, damit zu beginnen, im Gebet Gott darum zu bitten.

„Da ein guter Führer auf dem Weg der Vollkommenheit so wichtig ist", schreibt Franz von Sales, „bete inständig zu Gott, dass er dir einen nach seinem Herzen schenke. Sei versichert: müsste Gott dir auch einen Engel vom Himmel schicken wie dem jungen Tobias, er wird dir einen guten und treuen Führer geben" (Philothea I,4; DASal 1,39).

Unterscheidung der Geister

Möchten Sie allerdings selbst in der Tugend des Rates vorankommen, also selbst ein Mensch werden, der anderen Menschen ein guter Ratgeber ist, dann gilt das Gleiche.

Die alttestamentliche Geschichte von König Salomo zeigt, dass Gott auch diese Bitte sehr gerne erhört. Salomo bat nicht um Ruhm und Reichtum, sondern darum, für sein Volk, dem er als König vorstehen sollte, ein guter Ratgeber zu sein, daher erfüllte Gott seine Bitte:

„Weil du gerade diese Bitte ausgesprochen hast und nicht um

langes Leben, Reichtum oder um den Tod deiner Feinde, sondern um Einsicht gebeten hast, um auf das Recht zu hören, werde ich deine Bitte erfüllen. Sieh, ich gebe dir ein so weises und verständiges Herz, dass keiner vor dir war und keiner nach dir kommen wird, der dir gleicht“ (1 Kön 28,11-12).

Der beste Ratgeber ist natürlich Gott selbst. Der Prophet Jesaja nennt Gott „Wunderbarer Ratgeber, Starker Gott, Vater in Ewigkeit, Fürst des Friedens“ (Jes 9,5).

Um die Ratschläge Gottes richtig zu deuten, braucht es allerdings die „Unterscheidung der Geister“. Nicht jeder „göttliche Rat“, nicht jede „göttliche Eingebung“ ist auch tatsächlich göttlichen Ursprungs. Die Meister der christlichen Spiritualität, so auch Franz von Sales, wissen, dass manches auch auf „teuflische Einflüsterungen“ zurückgeführt werden kann. Wer sicher gehen will, ob ein Rat von Gott kommt oder nicht, der wird wiederum nicht umhin können, auch diese Frage mit einem geistlichen Begleiter zu besprechen:

„Bevor du aber Einsprechungen zustimmst, die wichtige und außergewöhnliche Dinge enthalten, berate dich mit deinem Seelenführer, um nicht getäuscht zu werden“, rät der heilige Franz von Sales (Philothea II,18; DASal 1,96).

Den Weg gehen

Jeder gute Rat ist teuer, aber für jeden guten Rat gilt auch, dass es an mir selbst liegt, ob ich ihn befolge oder nicht. Der Ratgeber kann meine Entscheidung nicht treffen, das muss ich schon selbst tun.

Auf das Beispiel des Roulettes zurückkommend heißt das: Der Ratgeber kann mir den Rat geben, auf Rot zu setzen, aber setzen muss ich schon selbst. Diese Handlung kann mir der Ratgeber nicht abnehmen.

In der geistlichen Begleitung heißt dies: Der Begleiter kann mich begleiten, aber er kann nicht meinen Weg gehen. Als Ratgeber gebe ich also keine Antworten, sondern helfe dem anderen, seinen

Weg zu finden und zu gehen, zu einer Entscheidung zu kommen und diese zu treffen.

Fragen zum Nachdenken

- *Werde ich um Rat gefragt?*
- *Wie gebe ich anderen Menschen Ratschläge?*
- *Habe ich einen geistlichen Begleiter?*

Stärke (oder Starkmut) – die Tugend, die Schwierigkeiten überwindet

Die Bilder gingen damals um die Welt. Der gebürtige Österreicher Matthias Steiner errang bei den olympischen Spielen 2008 in Peking die Goldmedaille im Gewichtheben in der Klasse Superschwergewicht. Er schaffte damit den ganz großen Wurf und darf sich, nachdem er im Reißen und Stoßen insgesamt sagenhafte 461 Kilogramm stemmte, nun auch „stärkster Mann der Welt" nennen.

All das war aber nicht der ausschlaggebende Grund, warum die Bilder seiner Freudensprünge und seiner emotionalen Siegerehrung in jeder Zeitung und auf jedem Fernsehsender erschienen. Er war und ist ja nicht der erste und einzige Sieger bei einer Olympiade. Was die Menschen vielmehr bewegte, war das Lebensschicksal, das dem Olympiasieg Steiners vorausging. Zwei Jahre zuvor verlor nämlich Matthias Steiner seine Ehefrau Susann durch einen tragischen Autounfall. Bei der Siegerehrung hielt er daher ein Foto seiner verstorbenen Frau in die Kameras und widmete ihr seinen Sieg.

Wahre Stärke

An diesem Beispiel wird sehr schön deutlich, dass wahre Stärke weniger mit Muskelkraft zu tun hat, sondern mit der inneren Einstellung, sich auch durch große Herausforderungen und Schicksalsschläge nicht entmutigen zu lassen. Genau das führt uns zum Wesen der Tugend der Stärke oder des Starkmutes, die eine Gabe des Heiligen Geistes ist und uns hilft, wie Franz von Sales sagt, „die Schwierigkeiten zu besiegen, die man beim Gutsein und bei der Bekämpfung des Bösen empfindet" (Theotimus XI,15; DASal 4,270).

Ein biblisches Beispiel dafür liefert uns David, der sich trotz seiner körperlichen Schwäche gegen Goliat stellte (1 Sam 17,1-58).

Selbst Saul rät David ab, gegen den überlegenen Goliat zu kämpfen: „Du kannst nicht zu diesem Philister hingehen, um mit ihm zu kämpfen; du bist zu jung, er aber ist ein Krieger seit seiner Jugend“ (V. 33). David aber entgegnet, dass er kämpfen werde, weil Gott auf seiner Seite steht: „Der Herr, der mich aus der Gewalt des Löwen und des Bären gerettet hat, wird mich auch aus der Gewalt dieses Philisters retten“ (V. 37).

Gott ist es also, der David die innere Stärke verleiht, sich gegen den übermächtigen Goliat zu stellen. „Du kommst zu mir mit Schwert, Speer und Sichelschwert,“ ruft David dem Goliat zu, „ich aber komme zu dir im Namen des Herrn der Heere, des Gottes der Schlachtreihen Israels, den du verhöhnt hast“ (V. 45). Wir wissen, wie dieser Kampf ausging: Diese Stärke, die auf Gott vertraut, hat Goliat besiegt.

Alexander der Große und Paulus

In einer Predigt befasste sich der heilige Franz von Sales ausführlich mit der Tugend der Stärke und weist dabei ebenso darauf hin, dass es bei dieser Tugend um etwas ganz anderes geht, als um Macht und Kraft. Er verwendet dafür den Vergleich mit dem griechischen Eroberer Alexander dem Großen (365-323 v. Chr). Wir brauchen die Stärke notwendig, sagt der heilige Franz von Sales und er fährt fort:

„Wir müssen aber wissen, worin sie besteht. Sie dient nicht dazu, um es wie Alexander der Große zu machen, der die ganze Welt durch die Stärke der Waffen eroberte. Er besaß nicht die Gabe der Stärke, soviel man sie ihm auch wegen seiner Eroberungen zuschreiben mag. Seine Stärke bestand in den Bleikugeln, die die Mauern der Städte niederrissen und die Festungen zerstörten. Noch weniger besaß er den Mut, den man so sehr an ihm rühmt; das zeigt sich darin, dass er nicht einmal Macht über sich selbst besaß, sich zu überwinden und ein Glas Wein nicht zu trinken, denn er war ein Trinker. Seht, wie er sich am Boden wälzte und weinte, als ein Philosoph ihm sagte, es gebe noch andere Welten als jene, die er unterworfen und erobert hatte. Er war so traurig darüber, sie nicht erobern zu können, dass er sich nicht trösten konnte“ (DASal 9,349).

Was die Tugend der Stärke tatsächlich bedeutet und bewirkt, erkennt man nach Franz von Sales vielmehr am Beispiel des Apostels Paulus:

„Vergleichen wir ein wenig die Tapferkeit und den Mut … des großen heiligen Apostels Paulus mit diesem Alexander. Dieser zerstörte die Städte, schleifte die Festungen, eroberte die Welt durch die Stärke der Waffen und ließ sich schließlich durch sich selbst besiegen. Unser großer Apostel dagegen wollte offenbar die ganze Welt durcheilen und unterwerfen, nicht um die Mauern einzureißen, sondern die Herzen der Menschen, und sie seinem Meister durch seine Predigt zu unterwerfen (1 Kor 1,21-23). Damit nicht genug, seht doch seine Gewalt über sich selbst, indem er seine Neigungen und Leidenschaften besiegt, der Ordnung der Vernunft unterwirft und alles dem hochheiligen Willen der göttlichen Majestät. Darin besteht die Gabe der Stärke und die Größe des Mutes: sich selbst zu überwinden, um sich Gott zu unterwerfen; sich abzutöten und ausnahmslos alles Überflüssige und Unvollkommene in unserem Geist zu beschneiden, so gering es sein mag. Darüber hinaus lässt uns diese Gabe es unternehmen, zum Gipfel der Vollkommenheit zu gelangen, ohne die Schwierigkeiten zu fürchten, die damit verbunden sind, sie zu erwerben“ (DASal 9,349-350).

Kraft in der Schwachheit

Gott ist es, der stark macht. Wörtlich schreibt der Völkerapostel Paulus im zweiten Brief an die Korinther:

„Meine Gnade genügt dir; denn sie erweist ihre Kraft in der Schwachheit. Viel lieber also will ich mich meiner Schwachheit rühmen, damit die Kraft Christi auf mich herabkommt. Deswegen bejahe ich meine Ohnmacht, alle Misshandlungen und Nöte, Verfolgungen und Ängste, die ich für Christus ertrage; denn wenn ich schwach bin, dann bin ich stark“ (2 Kor 12,9-10).

Ähnlich schreibt Franz von Sales an die heilige Johanna Franziska von Chantal (1572-1641):

„Mein Gott, wie sehr brauche ich doch in Wahrheit den Geist der Stärke! Denn ich bin gewiss schwach und kraftlos; ich rühme mich aber dessen, damit die Kraft meines Herrn in mir wohne (2 Kor 12,9-10). Ich will lieber schwach sein vor Gott als stark, denn er nimmt die Schwachen in seine Arme, die Starken aber führt er an der Hand" (DASal 5,224).

Papst Johannes Paul II. (1920-2005) beschreibt die Tugend der Stärke auf fast gleiche Weise: „Die Gabe der Stärke ist ein übernatürlicher Trieb, welcher der Seele neue Kraft verleiht, und zwar nicht nur in tragischen Momenten wie während des Martyriums, sondern auch bei der Bewältigung gewöhnlicher Schwierigkeiten: im Kampf um Konsequenz mit den eigenen Prinzipien; beim Ertragen von Beleidigungen und ungerechten Attacken; beim mutigen Ausharren auf dem Weg der Wahrheit und Ehrlichkeit, selbst wenn man auf Unverständnis und Feindlichkeit stößt".

Tun, was getan werden muss

Franz von Sales fasst in seinem theologischen Hauptwerk „Theotimus – Abhandlung über die Gottesliebe" zusammen:

„Die Stärke ist die Liebe, die das Herz ermutigt und anspornt, das auszuführen, was der Rat als das festgesetzt hat, was getan werden muss" (Theotimus XI,15; DASal 4,271).

Die Tugend der Stärke hilft mir also, all jene Schwierigkeiten zu überwinden, die notwendig sind, das zu tun, was getan werden muss – seien es die Schwächen von Innen oder die Schwierigkeiten von Außen. Im Letzten hilft mir diese Tugend also, mich aus Liebe selbst zu überwinden: „Sie haben die Gabe der Stärke empfangen, um tapfer gegen die Feinde der Ehre Gottes zu kämpfen und um ihren Entschluss zu verwirklichen, sich selbst zu überwinden" (DASal 9,267).

Und in allem dürfen wir darauf vertrauen, dass Gott auf unserer Seite steht, der sich darin gefällt, „das Schwächste und Niedrigste zu erwählen, um seine Größe und seine unvergleichliche Güte zu offenbaren" (DASal 9,249).

Fragen zum Nachdenken

- *Vertraue ich darauf, dass Gott meine Schwäche zur Stärke machen kann?*
- *Wen betrachte ich als starke Persönlichkeit?*
- *Wo fällt es mir schwer, mich selbst zu überwinden?*

Weisheit

(siehe Kardinaltugenden, Seite 55-61)

„Wie sehr, Theotimus, freuten sich doch die Philosophen des Altertums, die so viele Wahrheiten in der Natur entdeckten! Jede andere Lust schien ihnen gering, verglichen mit ihrer Liebe zur Weisheit, um deretwillen sie Ehrenstellen, Reichtümern, ja manchmal ihrer Heimat entsagten. Einer von ihnen riss sich sogar mit ruhiger Überlegung die Augen aus und verzichtete so für immer auf die Freude am schönen und wohltuenden körperlichen Lichte, um sich ungestört mittels des geistigen Lichtes der Betrachtung der Wahrheit widmen zu können. So lesen wir von Demokrit.

Daraus können wir entnehmen, wie viel Freude es bereitet, die Wahrheit zu erkennen. Aristoteles sagte daher oft, dass das Glück und die Seligkeit des Menschen in der Weisheit und die Weisheit in der Kenntnis erhabener Wahrheiten bestehen.

Wenn aber unser Geist, über das natürliche Licht des Verstandes erhoben, die heiligen Wahrheiten des Glaubens zu schauen beginnt, o Gott, Theotimus, welch ein Jubel! Die Seele vergeht vor Freude, wenn sie das Wort ihres himmlischen Bräutigams vernimmt, in dem für sie mehr Seligkeit und Süße liegt als im Honig aller menschlichen Wissenschaften (Ps 119,103).“

Franz von Sales (Theotimus III,9; DASal 3,186)

Wissenschaft (oder Erkenntnis) – die Tugend, die mein Gewissen bildet

Wenn es hier um die Tugend der Wissenschaft geht, dann bedeutet dies nicht, dass sich ab jetzt nur noch Studenten, Hochschulabsolventen, Doktoren und Professoren angesprochen fühlen sollen. Das wäre ein Irrtum. Wie wir hoffentlich noch alle vom Firmunterricht wissen, gehört die Tugend der Wissenschaft (auch Erkenntnis genannt) zu den sieben Gaben des Heiligen Geistes, die jeder Gefirmte von Gott geschenkt bekam. Das heißt: Wenigstens alle, die das Sakrament der Firmung empfangen haben, sind Betroffene.

„Wer wird Millionär?"

Worum geht es bei der Tugend der Wissenschaft? Es geht um Erkennen und Verstehen, um Bildung, Lernen und Wissen. All das geht jeden Menschen an und zu jeder Zeit, also nicht nur während des schulpflichtigen Alters. Gott schenkt uns eine Tugend, damit wir uns selbst und andere glücklich machen können. Er schenkt uns die Fähigkeit der Wissenschaft aus dem gleichen Grund. In Quizsendungen, wie etwa der so populären deutschen Sendung „Wer wird Millionär?" (in Österreich „Millionenshow"), ist das offenkundig. Wer viel weiß, gewinnt viel Geld und freut sich … wer nichts weiß, bekommt wenig und ist enttäuscht. Die Gabe der Wissenschaft wurde uns allerdings nicht deshalb geschenkt, um bei Quizsendungen glänzen zu können, nicht einmal, um während unserer Schulzeit bei den Prüfungen immer gute Noten zu schreiben. Auch das wäre eine Verkürzung dieser Tugend. Die Höhe des Intelligenzquotienten ist nicht das Maß dafür, ob wir mit dieser Gabe des Heiligen Geistes gut oder weniger gut umgegangen sind.

Die Tugend der Wissenschaft hat mit unserem Gewissen zu tun, und mit dem gesunden Hausverstand. Die deutsche Sprache bringt dies im Wort selbst zum Ausdruck: Ge-Wissen heißt wörtlich: eine

Menge, eine Fülle von Wissen. Genauso wie ein Ge-birge eine Menge oder eine Fülle von Bergen ist. Die Tugend der Wissenschaft hilft mir, mein Gewissen zu bilden, also mein Wissen so zu vergrößern, dass es mir leichter fällt, richtige Entscheidungen zu treffen.

Gewissensbildung

Das beginnt bei Kleinigkeiten: Soll ich einen Regenschirm mitnehmen oder nicht? Ist mir der Wetterbericht bekannt oder weiß ich die Konstellationen der Wolken und das Wehen des Windes zu deuten, fällt es mir wesentlich leichter, eine richtige Entscheidung zu fällen. Das Leben bietet allerdings weitaus gewichtigere Fragen: Wer bin ich? Wozu lebe ich? Woher komme ich? Gibt es einen Gott? Was will Gott von mir? Was kommt nach dem Tod? Soll ich heiraten? Welchen Beruf soll ich ergreifen? … zahllose Fragen, die von mir eine Entscheidung fordern, die ich nur dann wirklich mit gutem Gewissen treffen kann, wenn ich auch ein gewisses Maß an Wissen besitze beziehungsweise mir eben zuvor dieses dafür notwendige Wissen aneigne. Dafür bekamen wir von Gott die Tugend der Wissenschaft geschenkt. Sie macht uns fähig, uns Wissen anzueignen. Sie lässt uns Fragen stellen, neugierig sein, schenkt uns Interesse und macht uns unruhig, lässt uns suchen und finden. Der heilige Kirchenlehrer Franz von Sales, der mit großem Wissen gesegnet war, formulierte dies so: Wir erhalten von Gott die Tugend „der Wissenschaft, um das wahrhaft Gute, nach dem man streben soll, und das wahrhaft Böse, das man verwerfen soll, zu erkennen“ (Theotimus XI,15; DASal 4,270).

Bei Kindern lässt sich das sehr schön beobachten, wenn sie plötzlich ständig nach dem Warum fragen. Das kann Erwachsene schon mal zur Weißglut bringen, ist allerdings ein eindeutiges Zeichen dafür, dass in diesen Kindern die göttliche Gabe der Wissenschaft wirkt, und man sollte tunlichst darauf achten, diese Fragen geduldig und nach bestem Wissen und Gewissen zu beantworten. Auch dafür ist die Tugend der Wissenschaft sehr nützlich.

Untugend der Unwissenheit

Der heilige Franz von Sales war davon überzeugt, dass die Untugend der Unwissenheit eine Hauptursache dafür war, dass es im 16. Jahrhundert zur Kirchenspaltung zwischen Katholiken und Protestanten kam. Viele Missstände, die Martin Luther (1483-1546) mit Recht kritisierte, wie etwa die Auswüchse des Ablass- oder Reliquienhandels, gab es deshalb, weil weder Klerus noch Gläubige wirklich wussten, was mit Ablass oder Reliquienverehrung tatsächlich gemeint ist. Als dann die Protestanten gegen diese Missstände angingen und begannen, alles Mögliche einfach abzuschaffen, war es diesen dann auch völlig unmöglich, zu erkennen, ob das nun richtig oder falsch ist. Nicht das Wissen war das Kriterium für ihre Entscheidung, sondern dem, der am lautesten schrie, der sich in der Öffentlichkeit am besten präsentierte oder eben die stärkeren Waffen besaß, wurde Recht gegeben. Betrachtet man die Welt von heute, wird man zugeben müssen, dass die Tugend der Wissenschaft nicht nur auf dem Gebiet der Religion, sondern auf allen möglichen Gebieten (Politik, Gesundheit, Umwelt und so weiter) immer noch sehr oft durch die größere militärische oder mediale Präsenz ersetzt wird. Wenn etwas im Fernsehen gezeigt wird oder in der Zeitung steht, dann muss es stimmen, denn sonst würde es dort nicht stehen – das ist eines der am weitesten verbreiteten Irrtümer unserer Zeit. Ebenso die Vorstellung, dass der mit den wirksameren Waffen auch immer recht hat. Ein Wort des heiligen Franz von Sales gilt also immer noch: „Statt zur Wissenschaft der Wahrheit vorzudringen, sinken wir in die Torheit unserer Eitelkeit hinab" (Theotimus IV,7; DASal 3,219).

Gute Bildung

Für Franz von Sales war es eines der Hauptziele als Bischof, in seiner Diözese Genf-Annecy der Bildung eine Vorrangstellung einzuräumen. „Die Wissenschaft", so schrieb er an seinen Klerus, „ist für den Priester das achte Sakrament" (DASal 12,104). Wer nicht solide theologisch ausgebildet war, wurde nicht zum Priester geweiht beziehungsweise erhielt keine verantwortliche Aufgabe übertragen. Franz von Sales selbst übernahm die Examen für die Priesteramtskandidaten und jene, die sich für eine Pfarrstelle bewarben. Es halfen dabei keine Empfehlungsschreiben von Königen und Herzögen. Wer theologische Wissenslücken aufwies, musste nachlernen oder auf das Amt verzichten.

Franz von Sales sorgte in seiner Diözese für eine Verbesserung des Schulwesens und des Religionsunterrichts. Er führte den regelmäßigen Katechismusunterricht ein und einmal im Jahr gab es das große „Fest des Katechismus“, zu dem alle Kinder eingeladen waren und an dem der Bischof selbst Rede und Antwort stand. Auch die Erwachsenen sollten die Möglichkeit einer guten Fortbildung genießen können. Zusammen mit seinem Freund, dem Rechtsgelehrten und Ratspräsidenten Antoine Favre (1557-1624), gründete er die „Akademie Florimontagne“, eine der ersten Erwachsenenbildungseinrichtungen der katholischen Kirche überhaupt, in der Fragen der Human- und Naturwissenschaften genauso diskutiert wurden wie theologische Themen.

Eine gute und solide (religiöse) Bildung für alle Christen, angefangen vom Kind bis zum Erwachsenen, war Franz von Sales ein Herzensanliegen. Nur so könne verhindert werden, dass Menschen von irgendwelchen selbsternannten Propheten irregeleitet werden. Festigkeit im Glaubensleben verlangt eine gewisse Festigkeit im Glaubenswissen. Dazu hilft uns die Tugend der Wissenschaft.

Nichts ohne die Liebe

Eines sollte allerdings bedacht werden. Wie bei jeder anderen Tugend gehört auch bei der Tugend der Wissenschaft die Liebe – die Tugend aller Tugenden – dazu, gemäß dem Pauluswort: „Hätten wir alle Erkenntnisse der Welt, aber die Liebe nicht, so wäre das nichts“ (1 Kor 13,2). Für Franz von Sales ist daher die echte Tugend der Wissenschaft „nichts anderes als dieselbe Liebe, die unsere Aufmerksamkeit darauf richtet, uns selbst und die Geschöpfe zu erkennen, um uns dadurch zu einer vollkommeneren Kenntnis des Dienstes gelangen zu lassen, den wir Gott schuldig sind" (Theotimus XI,15; DASal 4,271).

Die echte Tugend der Wissenschaft ist also Liebe, die uns zeigt, zu welchen Aufgaben Gott uns in dieser Welt berufen hat, damit wir uns genau dafür entscheiden. Und dieses Wort des Heiligen sollten wir uns ebenso merken: „O, wie gefährlich ist die Wissenschaft, so groß sie auch sein mag, wenn sie ohne Liebe und Demut schafft!" (DASal 5,350).

Fragen zum Nachdenken

- *Was tue ich für meine (religiöse) Bildung?*
- *Ist für mich (religiöse) Fortbildung wichtig?*
- *Gebrauche ich mein Wissen stets mit Liebe?*

Kleine Tugenden

„Gefällt es Gott, uns zur Vollkommenheit der Engel zu erheben, dann werden wir auch gute Engel sein. Vorläufig aber üben wir uns einfach, demütig und eifrig in den kleinen Tugenden, deren Erwerb der Herr unserer Sorge und unserem Eifer anvertraut hat, in Geduld, Herzensabtötung, Demut und Armut, im Gehorsam, in der Keuschheit, in der Liebe zum Nächsten, im Ertragen unserer Fehler, in der Sorgfalt und im heiligen Eifer.

Lassen wir die Übererhabenheit den übererhabenen Seelen; wir verdienen keinen so hohen Rang im Dienste Gottes; wir wollen uns überglücklich schätzen, wenn wir in der Küche oder Bäckerei arbeiten, seine Lakaien, Packträger und Diener sein dürfen; es bleibt dann seinem Gutdünken vorbehalten, ob er uns zu sich berufen und in seinen Rat aufnehmen will. Ja, der König der Herrlichkeit belohnt seine Diener nicht nach der Würde der Ämter, die sie bekleiden, sondern nach der Liebe und Demut, mit der sie ihre Aufgabe erfüllen."

Franz von Sales (Philothea III,2; DASal 1,112)

„Gehen wir indes weiter, meine liebe Tochter, durch diese niedrigen Täler der bescheidenen und kleinen Tugenden. Wir werden Rosen unter Dornen sehen, Nächstenliebe, die inmitten von inneren und äußeren Kümmernissen hervorleuchtet; Lilien der Reinheit, Veilchen der Selbstüberwindung, und was weiß ich noch. Ich liebe vor allem diese drei kleinen Tugenden: die Güte des Herzens, den Geist der Armut und die Einfachheit des Lebens; und diese niedrigen Übungen: Kranke besuchen, Armen dienen, Betrübte trösten und ähnliche; alles aber ohne Ungestüm in wahrer Freiheit. Nein, unsere Arme sind noch nicht lang genug, um die Zedern des Libanon zu erreichen; begnügen wir uns mit dem Schilfrohr der Täler."

Franz von Sales (DASal 5,96)

Abtötung – die Tugend für das eigene Wohlbefinden

Das Wort „Abtötung“ wollen wir heute gar nicht mehr hören, obwohl es in der Tradition von Kirche, Spiritualität und Mystik über Jahrhunderte hinweg eine sehr bedeutende Rolle spielte. Größen wie Augustinus (354-430), Thomas von Aquin (1225-1274), Teresa von Ávila (1515-1582) oder Franz von Sales widmeten sich diesem Thema. Bei uns stellen sich allerdings eher die Haare zu Berge. Wir denken gleich ans finstere Mittelalter, an Selbstgeißelung, Bußgürtel oder andere harte Kasteiungen. Das jedoch beweist, dass der Begriff in eine völlig falsche Richtung gedrängt wurde.

Das Wort „töten“ hat natürlich einen sehr negativen Beigeschmack. Daher spricht man heute lieber von Selbstbeherrschung, Abstinenz oder vom freiwilligen Verzichten. Die recht verstandene „alte“ Tugend Abtötung will gerade nicht töten, sondern besagt, dass der, der nicht abtötet, sich selbst am meisten schadet. Eine Geschichte des russischen Dichters Leo Tolstoi (1828-1910) kann das verdeutlichen. In seiner Erzählung „Wie viel Erde braucht der Mensch?“ schildert er einen Bauern, dem ein Stück Land angeboten wurde. Das Besondere an diesem Angebot war, dass er selbst die Größe des Landes bestimmen durfte. So viel Land, wie er von Sonnenaufgang bis Sonnenuntergang umschreiten kann, so viel darf er sein Eigen nennen. Der Bauer lief los, kaum dass die Sonne am Horizont erschienen war. Er lief und lief und lief, nur um noch mehr Land zu bekommen. Als er am Abend wieder seinen Ausgangspunkt erreichte, hatte er eine riesige Fläche umrundet, allerdings brach er am Ziel total erschöpft zusammen und starb.

Bedürfnisbefriedigung

Die Psychologie des 20. Jahrhunderts entwickelte die so genannte „Bedürfnispyramide“ des Menschen, in der alle seine Urbedürfnisse aufgelistet sind: Selbstverwirklichung, soziale Anerkennung, soziale Beziehungen, Sicherheit und körperliche Bedürfnisse wie Atmen, Essen, Trinken, Schlafen, Wärme und Sexualität. Sind diese Urbedürfnisse nicht gestillt, ist der Mensch unglücklich. Daher strebt er unaufhörlich danach, diese Bedürfnisse zu befriedigen. Was aber geschieht, wenn man der Bedürfnisbefriedigung völlig freien Lauf lässt? Die Schlagzeilen der Nachrichten berichten uns davon: Immer mehr Jugendliche trinken auf so genannten „Flatrate-Parties" Alkohol bis zur Bewusstlosigkeit („Koma-Trinken"). Jeder dritte Mann oder Frau leidet in den westlichen Industrieländern an Übergewicht (in manchen Ländern schon jede/r zweite). Dazu kommen: Drogen- und Medikamentenmissbrauch, Fernseh- und Computersucht, Depressionen, Freizeitstress und Wohlstandskrankheiten aufgrund mangelnder Bewegung oder ungesunder Ernährung. Das Verlangen nach immer Mehr, nach immer Neuem und Anderem, das von Werbung und Konsumindustrie aus rein wirtschaftlichen Gründen gefördert wird, führt zu den verrücktesten Aktionen, wie etwa lebensgefährliche Extremsportarten, die nicht selten tödlich enden. Auf der Suche nach dem „ultimativen Kick" geht der Mensch zu Grunde.

Die Tugend der Abtötung wäre in all diesen Fällen ein gutes Mittel, um bei der Befriedigung seiner Bedürfnisse nicht ins Uferlose abzugleiten. Entgegen der Annahme, dass nur der glücklich ist, der all seine Bedürfnisse immer befriedigen kann, sagt die Tugend der Abtötung, dass du das eigentliche Wohlbefinden nur dadurch erreichst, wenn du dich selbst beherrschst und hin und wieder auch Verzicht übst. Nicht im Extrem findest du das Glück, sondern auf dem Mittelweg, oder wie Franz von Sales sagt: „Nur Narren gehen immer bis zum Extrem" (DASal 11,173).

Alles beginnt mit dem Herzen

Der heilige Franz von Sales widmet der Abtötung in seinem Buch „Philothea – Anleitung zum frommen Leben" ein eigenes Kapitel (III. Teil, 23. Kapitel; DASal 1,163-168). Er beginnt dabei mit einem wesentlichen Hinweis. Recht verstandene Abtötung fängt nicht mit Äußerlichkeiten an, sondern mit dem Herzen: „Weil *das Herz die Quelle unserer Handlungen* ist, werden diese so sein, wie unser Herz beschaffen ist ... Um uns von unseren Fehlern zu reinigen, ist es zwar gut, das Fleisch abzutöten, besonders notwendig aber ist es, seine Wünsche zu reinigen und sein Herz zu erneuern." Er kennt daher auch den Begriff der „Herzensabtötung".

Abtötung rein um der Abtötung willen ist demnach falsch. Es kommt immer auf die innere Einstellung an, auf das Warum und Wozu. Nur so wird Abtötung auch zur Tugend. Dieses „Herz", so Franz von Sales, soll ganz von Jesus Christus und seiner Botschaft durchdrungen sein. Wenn ich mich äußerlich abtöte, dann geschieht dies nur dann richtig, wenn dies aus Liebe zu Gott geschieht. Gott ist der Grund und das Ziel meines Lebens, daher auch Grund und Ziel dafür, dass ich die Tugend der Abtötung übe und meine Bedürfnisse nicht uferlos zu befriedigen versuche. Das heißt: Immer dann, wenn ich mich entscheide, auf etwas zu verzichten, soll der Grund dieser Entscheidung Gott sein. In der Rede Jesu über das Fasten, Beten und Almosengeben (Mt 6,1-18) kommt das deutlich zum Ausdruck, wenn Jesus dazu auffordert, diese Dinge nicht an die große Glocke zu hängen, sondern im stillen Kämmerlein zu praktizieren, denn Gott sieht das Verborgene, und für ihn und nicht für die anderen wollen wir uns abtöten. Voraussetzung für echte Abtötung im christlichen Sinne ist demnach die Grundentscheidung, dass Gott Fundament und Ziel meines Lebens ist.

Nicht zu viel und nicht zu wenig

Franz von Sales nennt einige konkrete Beispiele äußerlicher Abtötung, wobei er stets vor Übertreibung warnt. Ein besonders schönes Beispiel betrifft das Essen beziehungsweise das Fasten, weil darin sowohl die falschen Übertreibungen der Abtötung angeprangert, jedoch auch der Sinn guter Abtötung erkennbar wird:

„Der Hirsch kann schlecht laufen", schreibt Franz von Sales, „wenn er zu feist und wenn er zu mager ist. So sind auch wir starken Versuchungen ausgesetzt, wenn unser Leib zu gut genährt oder wenn er ermattet ist. Im ersten Fall wird er in seiner Üppigkeit frech, im zweiten versagt er aus Schwäche. Wie wir ihn schwer tragen können, wenn er zu fett ist, so kann er uns nicht tragen, wenn er geschwächt ist. Die Maßlosigkeit im Fasten, Geißeln, im Tragen des Bußgürtels und anderen Kasteiungen macht bei vielen die besten Jahre unfruchtbar für den Dienst der Liebe, wie es beim heiligen Bernhard geschah, der es bereute, sich zu viel kasteit zu haben. Weil sie ihren Leib früher misshandelt haben, müssen sie ihm später schmeicheln. Hätten sie nicht besser daran getan, ihn stets gleichmäßig zu behandeln, entsprechend den Aufgaben und Arbeiten, zu denen ihr Stand sie verpflichtet?“ (Philothea III,23; DASal 1,165).

Der Mittelweg der Abtötung ist also nicht nur der beste, sondern auch der einzige, der von Gott gewollt ist.

Immer wieder neu

Ein wichtiger Ratschlag zum Schluss: Wer es einmal nicht geschafft hat, den Mittelweg der Abtötung zu gehen, tut schlecht daran, sich dafür noch mehr zu bestrafen. Franz von Sales rät in diesem Fall, einfach wieder neu zu beginnen: „Wir müssen daran denken, dass wir jeden Tag mit unserem Fortschritt oder unserer Vervollkommnung wieder zu beginnen haben ... Man muss immer wieder beginnen und zwar gerne immer wieder beginnen“ (DASal 5,272).

Fragen zum Nachdenken

- *Woran denke ich beim Wort Abtötung?*
- *Kann ich Abtötung mit einer positiven Tugend verbinden?*
- *Bin ich bereit für Gott auf etwas zu verzichten?*

Achtsamkeit – die Tugend, die mir Gottes Gegenwart bewusst macht

Ein Zen-Mönch wurde einmal von einem modernen Menschen gefragt, welche geistlich-religiösen Übungen er pflege. Er antwortete: „Wenn ich esse, dann esse ich. Wenn ich sitze, dann sitze ich. Wenn ich stehe, dann stehe ich. Wenn ich gehe, dann gehe ich." Darauf der Frager: „Das ist doch nichts Besonderes. Das tun doch alle!" Da meinte der Mönch: „Nein, wenn du sitzt, dann stehst du schon. Und wenn du stehst, dann bist du schon auf dem Weg."

Achtsamkeit liegt im Trend

Der Boom der westlichen Welt, sich in Scharen nach Asien aufzumachen, um sich dort einem Guru anzuschließen, hat uns eine Tugend wieder näher gebracht, die der „moderne" Mensch längst vergessen hatte: die Achtsamkeit. Sie ist der Hektik und dem Stress des ganz normalen Alltags zum Opfer gefallen. In einem Lebensstil, in dem nur die Ergebnisse zählen, die Umsätze und Bruttosozialprodukte, hatte eben die Achtsamkeit ausgedient ... oder eben doch nicht. Offenbar hinterließ der Verlust der Achtsamkeit eine Lücke, die heute wieder geschlossen werden möchte.

Jedenfalls verkaufen sich die Bücher des 1926 in Südvietnam geborenen buddhistischen Mönches Tich Nhat Hanh ganz hervorragend. Er beschreibt die Achtsamkeit als Kunst, ganz im gegenwärtigen Augenblick zu verweilen. Achtsamkeit ist die Grundlage für das „tiefe Schauen", also die Fähigkeit, das Wesen der Dinge zu erkennen. Wer die Achtsamkeit lebt, in dem werden im Laufe der Zeit negative Gefühle wie Wut, Angst oder Verzweiflung verwandelt und geheilt.

Achtsamkeit wird geübt, in dem man sich geistig voll und ganz dem gegenwärtigen Tun widmet, ohne an etwas Anderes zu denken, auch nicht an Zukünftiges oder Vergangenes. Bestimmte Alltagssituationen, wie etwa der Glockenschlag, sollen als Erinnerungspfeiler dienen, um sich wieder ganz auf das gegenwärtige Tun zu konzentrieren. Notwendig dazu ist, dass ich mich zu bestimmten Tageszeiten dem „edlen Schweigen" widme, das heißt, dass ich mich für kurze Zeit zurückziehe und auf jeden verbalen Austausch verzichte.

Beschäftigt man sich etwas näher mit diesen buddhistischen Weisungen, stellt sich die Frage, warum die Menschen etwas im Buddhismus entdecken, das in unserer christlichen Spiritualität eine ebenso Jahrtausende alte Tradition besitzt. Offenbar ist es auch unter Christen so, dass man erst in die Fremde gehen muss, um das Gute im eigenen Haus wieder zu erkennen.

Christliche Achtsamkeit

Der heilige Kirchenlehrer und Mystiker Franz von Sales jedenfalls lehrte die Menschen vor vierhundert Jahren eine Spiritualität, die sich vor den heute so beliebten buddhistischen Übungen keineswegs zu verstecken braucht. Bei ihm lautet der Satz der Achtsamkeit folgendermaßen:

„Meine Vergangenheit kümmert mich nicht mehr, sie gehört dem göttlichen Erbarmen. Meine Zukunft kümmert mich noch nicht, sie gehört der göttlichen Vorsehung. Was mich kümmert und fordert, ist das Heute. Das aber gehört der Gnade Gottes und der Hingabe meines guten Willens."

Seine Übungen, die er uns Christen vorschlägt, haben zwar keine asiatischen Namen wie „*vipassana*" (edles Schweigen) oder „*gathas*" (Erinnerungsverse), meinen aber das Gleiche. Er empfiehlt uns die „Betrachtung" und die „Besuchung". Am Morgen soll ich mich eine halbe Stunde zurückziehen und mich ganz auf Gott konzentrieren, damit ich höre, was er mir für Heute sagen möchte. Im Laufe meines Arbeitstages soll ich eine „Besuchung" machen, das heißt Gott einen kurzen Besuch abstatten und ihm erzählen, was bisher gut gelaufen ist und was nicht. Am Abend soll ich in der „Abendübung“ den vergangenen Tag Gott zurückgeben und ihn bitten, er möge mich auch am nächsten Tag begleiten. In den Zeiten dazwischen, also inmitten meines geschäftigen Treibens soll ich mich so oft es geht durch „Herzensgebete“ (Stoßgebete) daran erinnern, dass ich in der Gegenwart Gottes lebe, der mich umgibt, so wie die Luft, die ich atme.

Am Beginn einer jeden Tätigkeit, also immer dann, wenn ich eine neue Arbeit anfange, soll ich die „Gute Meinung“ machen. Das heißt: Indem ich daran denke, dass Gott bei mir ist und ich in seiner Gegenwart lebe und arbeite, stelle ich mich positiv auf das ein, was ich jetzt tun muss. Das dauert zwei Sekunden, indem ich in Gedanken sage: „Gott, du bist da! Fangen wir an!“, oder ganz einfach das Kreuzzeichen mache. Der Glockenschlag der Uhr oder andere „Erinnerungspfeiler“ – Eselsbrücken also – können mich stets daran erinnern, dass das, was ich jetzt mache, in der Gegenwart Gottes geschieht.

Der wesentliche Unterschied

Es gibt keinen Unterschied in der Übung der Achtsamkeit des Buddhismus und der christlichen Spiritualität, außer einen – und der ist der alles Entscheidende. Der Buddhist empfiehlt uns, in der Gegenwart zu leben. Christliche Spiritualität meint nicht nur das Leben in der Gegenwart, sondern in der Gegenwart GOTTES. Wir Christen glauben nicht bloß an ein „tiefes Schauen“, sondern an einen persönlichen Gott, an den dreifaltigen Gott – Vater, Sohn und Heiliger Geist –, der in Jesus Christus Mensch geworden ist. In dieser Gegenwart des dreifaltigen Gottes leben wir und sind wir in jeder Sekunde unseres Daseins. Durch den dreifaltigen Gott erkennen wir uns selbst und das Wesen aller Dinge.

Die christliche Tugend der Achtsamkeit lehrt mich, diese Gegenwart Gottes zu erkennen und aus dieser Gegenwart heraus entsprechend zu handeln. In der Achtsamkeit achte ich auf die kleinen Dinge, die mich umgeben, da sich Gottes Gegenwart in der Schöpfung bis ins kleinste Detail erkennen lässt. Ich achte auf die kleinen Dinge des Alltags, da Gott mir gerade in Kleinigkeiten Hinweise für mein Verhalten geben will – und selbstverständlich habe ich Achtung vor den Menschen um mich herum, da jeder Mensch „Abbild Gottes“ (Gen 1,27) ist – ein „Tempel des Heiligen Geistes“ (1 Kor 6,19).

Das Herzensgebet

Wie sehr Franz von Sales diese Tugend der Achtsamkeit am Herzen lag, können wir daran erkennen, wie wichtig ihm die Übung des Herzensgebetes war – oder buddhistisch ausgedrückt, die Übung der „gathas“ – der Erinnerungsverse. „In dieser Übung … der kurzen Herzenserhebungen zu Gott“ schreibt Franz von Sales in seinem Buch „Philothea – Anleitung zum frommen Leben“, „besteht das große Werk der Frömmigkeit. Sie kann alle übrigen Gebete ersetzen, ihre Unterlassung kann aber kaum durch irgendetwas gutgemacht werden. Ohne sie kann man nicht gut ein beschauliches Leben führen, ohne sie wird man auch die Pflichten des täglichen Lebens nur sehr mangelhaft erfüllen. Ohne sie wird Ruhe zur Trägheit und Arbeit zur Last. Deshalb beschwöre ich dich, wende dieser Übung die größte Sorgfalt zu und lasse niemals davon ab“ (Philothea II,13; DASal 1,89-90).

Sein berühmtes Buch „Philothea“ oder „Anleitung zum frommen Leben“ ist übrigens das ideale christliche Buch, um die Tugend der Achtsamkeit zu lernen.

Fragen zum Nachdenken

- *Ist mir bewusst, dass ich in der Gegenwart Gottes lebe?*
- *Achte ich in meinem täglichen Leben auf Gottes Gegenwart?*
- *Ziehe ich mich zurück, um zu beten?*

Barmherzigkeit – die Tugend, die Liebe konkret werden lässt

Im Jahr 2000 traf Papst Johannes Paul II. (1920-2005) eine Entscheidung, die unsere Aufmerksamkeit wenigstens einmal im Jahr verstärkt der göttlichen Barmherzigkeit zuwendet. Er führte aufgrund einer Vision der heiligen Faustyna Kowalska (1905-1938), einer polnischen Ordensfrau, den „Sonntag der göttlichen Barmherzigkeit" ein. Dieser Tag wird seither am ersten Sonntag nach Ostern, dem „Weißen Sonntag", gefeiert, an dem nach alter christlicher Tradition die in der Osternacht Getauften in ihren weißen Taufkleidern am Gottesdienst teilnehmen. Seit 2000 werden wir also an diesem Sonntag daran erinnert, dass Gott ein barmherziger Gott ist und möchte, dass auch wir barmherzig sind wie er.

Die Barmherzigkeit Gottes

Das Evangelium, das an diesem ersten Sonntag nach Ostern vorgelesen wird, gibt uns einen Einblick davon, was diese göttliche Barmherzigkeit bedeutet. Es ist die Erzählung vom „ungläubigen Apostel Thomas" (Joh 20,24-29), der klarstellt: „Wenn ich nicht die Male der Nägel an seinen Händen sehe und wenn ich meinen Finger nicht in die Male der Nägel und meine Hand nicht in seine Seite lege, glaube ich nicht" (V. 25).

Wie geht Jesus mit diesem Zweifel und Unglauben eines seiner Jünger um? Er kommt noch einmal in den Abendmahlssaal und seine erste Botschaft ist nicht ein zorniges Donnerwetter, sondern: „Friede sei mit euch" (V. 26).

Auch danach kommt keine Strafpredigt gegen den Ungläubigen, sondern Jesus geht mit Thomas äußerst verständnisvoll – also barmherzig – um: „Streck deinen Finger aus – hier sind meine Hände! Streck deine Hand aus und leg sie in meine Seite und sei nicht ungläubig, sondern gläubig!" (V. 27). Jesus fügt jedoch hinzu, dass jene selig sind, die glauben, ohne zu sehen.

Der heilige Franz von Sales, für den die Barmherzigkeit Gottes ein ganz zentrales Element seines Gottesbildes war – des Gottes, der die Liebe ist (1 Joh 4,8) –, fasste in einer Predigt über den heiligen Apostel Thomas diese Ostererzählung so zusammen: „Unser Herr kam in seiner unaussprechlichen Barmherzigkeit ein zweites Mal einzig des heiligen Thomas wegen. Damit gibt er uns eine Probe der Milde, mit der er die Sünder behandelt; er hat ja zwei Arme: der eine ist seine allmächtige, unparteiische Gerechtigkeit, der andere seine Barmherzigkeit, den er über den der Gerechtigkeit erhebt“ (DASal 9,461).

Was erfahren wir aus dieser biblischen Erzählung von Gott? Der barmherzige Gott wendet sich allen Menschen, selbst den Ungläubigen und den Zweiflern, mit Verständnis und Liebe zu, damit sie an ihn und seine Liebe glauben können, auch wenn es natürlich besser wäre, Gott vorbehaltloses Vertrauen entgegen zu bringen. Gott aber kennt unsere Zweifel, unsere Schwächen, unsere Fehler, unseren Unglauben – und er hat Verständnis dafür, weil er uns liebt. Sein Arm der Barmherzigkeit erhebt sich über den seiner Gerechtigkeit.

Das ist die frohe Botschaft dieses Sonntags der göttlichen Barmherzigkeit und bringt auf den Punkt, wovon die Bibel übervoll ist: Gott ist ein barmherziger Gott, voll Langmut und reich an Erbarmen. Gott ist nicht gekommen, um zu strafen, zu richten, zu verdammen ... er wendet sich vielmehr allen Menschen zu jeder Zeit mit all seiner Barmherzigkeit zu, damit alle Menschen gerettet werden. „Ich bin nicht gekommen, um die Welt zu richten“, sagt Jesus, „sondern um sie zu retten“ (Joh 12,47). Und: „Barmherzigkeit will ich, nicht Opfer“ (Mt 11,13; 14,7).

Der heilige Franz von Sales beschreibt diese Barmherzigkeit Gottes sehr schön in seinem Buch „Theotimus – Abhandlung über die Gottesliebe“. Er findet dabei folgende Worte: „Nichts also unterlässt dieser göttliche Erlöser, um uns zu offenbaren, dass seine Erbarmungen noch über seine Werke gehen (Ps 145,9), dass seine Barmherzigkeit weiter reicht als seine Gerichte (Jak 2,13), dass seine Erlösung überreich (Ps 130,7), seine Liebe unendlich ist; dass er, wie der Apostel (1 Tim 2,4) sagt, reich an Erbarmen ist und daher will, dass alle Menschen selig werden und keiner verloren gehe“ (Theotimus II,8; DASal 3,120).

Seid barmherzig!

Weil Gott zu uns barmherzig ist, darum ist es nur konsequent, dass auch wir zu uns selbst und zu den Anderen barmherzig sein sollen. „Seid barmherzig, wie es auch euer Vater ist“, sagt Jesus (Lk 6,36). Im Matthäusevangelium erzählt er das Gleichnis vom „unbarmherzigen Gläubiger“ (Mt 18,23-35). Dieser erfleht beim König den Erlass all seiner großen Schulden („zehntausend Talente“). Wenig später aber bleibt er jenem, der bei ihm nur eine geringe Schuld hat („hundert Denare“), unbarmherzig und lässt diesen sogar ins Gefängnis werfen, weil er seine kleine Schuld nicht begleichen kann. Als der König von diesem Vorfall erfährt, lässt er den Gläubiger zu sich rufen und sagt: „Du elender Diener! Deine ganze Schuld habe ich dir erlassen, weil du mich so angefleht hast. Hättest nicht auch du mit jenem, der gemeinsam mit dir in meinem Dienst steht, Erbarmen haben müssen, so wie ich mit dir Erbarmen hatte? Und in seinem Zorn übergab ihn der Herr den Folterknechten, bis er die ganze Schuld bezahlt habe.“ Und Jesus schließt seine Erzählung mit den Worten: „Ebenso wird mein himmlischer Vater jeden von euch behandeln, der seinem Bruder nicht von ganzem Herzen vergibt“ (V. 32-35).

Bei der Tugend der Barmherzigkeit geht es aber nicht nur darum, dass wir andere genauso behandeln, wie Gott uns behandelt, sondern es geht um mehr. Davon berichtet das Gleichnis vom barmherzigen Samariter (Lk 10,30-37). In diesem Gleichnis wird ein Mann von Räubern überfallen. Er liegt halb tot am Boden. Ein Priester und ein Levit sehen ihn und gehen weiter. Erst der Samariter zeigt Barmherzigkeit. Und wie sieht diese Barmherzigkeit konkret aus? „Als [der Samariter] ihn sah, hatte er Mitleid, ging zu ihm hin, goss Öl und Wein auf seine Wunden und verband sie. Dann hob er ihn auf sein Reittier, brachte ihn zu einer Herberge und sorgte für ihn“ (V. 33-34). Und der Samariter tut noch mehr: „Am anderen Morgen holte er zwei Denare hervor, gab sie dem Wirt und sagte: Sorge für ihn, und wenn du mehr für ihn brauchst, werde ich es dir bezahlen, wenn ich wiederkomme“ (V. 35).

Die Not des Anderen sehen und dagegen etwas unternehmen, selbst dann, wenn man zur Hilfe gar nicht verpflichtet ist, das ist die höchste Stufe der Barmherzigkeit. Der Barmherzige hat nicht nur Erbarmen mit den Fehlern und Schwächen des Anderen, weil auch Gott mit ihm Erbarmen hat, er hat auch Mitleid, hilft und lindert die Not des Anderen, und je mehr er dies tut, als umso barmherziger erweist er sich.

Franz von Sales schreibt davon im „Theotimus – Abhandlung über die Gottesliebe“ und weist darauf hin, dass der Ursprung dieser mitleidenden Barmherzigkeit in der Liebe liegt: „Mitleiden, Teilnahme am Leiden, Mitfühlen und Erbarmen, das alles ist nichts anderes als eine Gemütsregung, die uns teilhaben lässt an dem Leiden und dem Schmerz dessen, den wir lieben, indem sie die Not, die er leidet, in unser Herz zieht. Daher nennt man sie Barmherzigkeit, wie wenn man sagen möchte, dass das, was Erbarmen erregt, in unseren Herzen ist ... Die Liebe ist es, welche die eine und die andere Wirkung hervorbringt durch die Kraft, die sie besitzt, das liebende Herz mit dem Gegenstand der Liebe zu vereinigen. Auf diese Weise macht sie Gutes und Böses der Freunde zum gemeinsamen Besitz ... Die Größe des Mitleidens hängt von der Größe der Liebe, ihres Ursprungs ab“ (Theotimus V,4; DASal 3,244).

Werke der Barmherzigkeit

Aus dieser Sicht entstanden die Werke der Barmherzigkeit als konkrete Umsetzungen der Liebe zu Gott, zu den Menschen und zu mir selbst. Sie entstammen der Schilderung Jesu vom Weltgericht aus dem Matthäusevangelium (25,31-46). Die entscheidende Erkenntnis dieser Schilderung ist, dass es Gott selbst ist, dem wir im notleidenden Anderen begegnen, dem wir mit unserem barmherzigen Handeln helfen oder eben nicht: „Was ihr für einen meiner geringsten Brüder getan habt / nicht getan habt, das habt ihr mir getan / nicht getan“ (V. 40 / 45). Auf keine andere Weise kann ich daher besser auf die Liebe und Barmherzigkeit Gottes konkret Antwort geben, als wenn ich den unterschiedlichsten Nöten meiner Mitmenschen mit Solidarität und Hilfsbereitschaft begegne.

In der christlichen Tradition kennt man sieben leibliche Werke der Barmherzigkeit (Hungrige speisen, Dürstenden zu trinken geben, Nackte bekleiden, Fremde aufnehmen, Kranke besuchen, Gefangene besuchen, Tote begraben) und sieben geistige Werke der Barmherzigkeit (Unwissende lehren, Zweifelnden recht raten, Betrübte trösten, Sünder zurechtweisen, Lästige geduldig ertragen, denen, die uns beleidigen, gerne verzeihen, für die Lebenden und die Toten beten).

Diese Werke der Barmherzigkeit sind allerdings nicht nur konkrete Antworten auf die große Güte Gottes zu uns Menschen, hinter diesen Werken steckt auch eine gehörige Portion politischer Sprengkraft. Diese Werke der Barmherzigkeit sind in jeder Gesellschaft das Maß, an dem sich ihr soziales Handeln zu messen hat. Nicht einmal ein moderner Sozialstaat mit einem abgesicherten sozialen Netz kommt ohne diese Werke der Barmherzigkeit aus, denn nur die Barmherzigkeit erblickt hinter jeder noch so gut gesicherten sozialen Gerechtigkeit die Not jener, die selbst beim besten Sozial-, Kranken- oder Pflegeversicherungssystem durch den Rost fallen. Für diese Ärmsten wirken die Werke der Barmherzigkeit wie ein Stachel im Fleisch der sozialen Gerechtigkeit.

Der Mainzer Kardinal Karl Lehmann sagte daher einmal in einem Zeitungsinterview:

„Es braucht die Barmherzigkeit auch als einen Stachel, als einen Antrieb für alle Gerechtigkeit, damit wir überhaupt in unseren Herzen gerührt werden; damit wir wahrnehmen können, dass ein anderer leidet, damit wir in und durch Solidarität mit ihm sehen, was ist.“

Politisch helfen die Werke der Barmherzigkeit also zu noch mehr Solidarität mit den Armen, theologisch helfen sie jedem zur Seligkeit. Jesus Christus jedenfalls sagt in seiner Bergpredigt klar, dass barmherziges Handeln auch zum eigenen Nutzen geschieht: „Selig sind die Barmherzigen, denn sie werden Barmherzigkeit erlangen“ (Mt 5,7). Und für Franz von Sales sind die Werke der Barmherzigkeit ein Mittel Gottes, „damit er Gelegenheit findet, uns Gutes zu tun“ (DASal 9,48).

Barmherzigkeit zu uns selbst

Aber nicht nur den anderen gegenüber sollen wir Barmherzigkeit üben, sondern auch uns selbst gegenüber. Und das ist gar nicht so einfach: sich selbst verzeihen, Erbarmen haben mit den eigenen Fehlern, Schwächen und Sünden. Schon gar nicht sollen wir meinen, unsere Sünden wären so groß, dass Gott diesen gegenüber kein Erbarmen mehr zeigen könnte. Damit würden wir die unendliche Größe der Liebe und Barmherzigkeit Gottes nur kleiner machen als uns selbst.

Das Gleichnis vom „barmherzigen Vater“ oder vom „verlorenen Sohn“ (Lk 15,11-32) macht uns deutlich, dass wir immer umkehren können, egal wie tief wir schon gesunken sind. Ebenso der Umgang, den Jesus mit schweren Sündern und Ausgestoßenen pflegte: die Ehebrecher, die Huren, die Blutsauger oder die Ungläubigen und Gesetzesübertreter. Und all jenen, die diese Barmherzigkeit Jesu als ungerecht empfinden, ruft er zu: „Bist du neidisch, weil ich zu anderen gütig bin?“ (Mt 20,15).

Selbst jene, die Jesus Christus verurteilt, angespuckt, gefoltert und getötet haben, erfahren Barmherzigkeit: „Vater vergib ihnen, denn sie wissen nicht, was sie tun“ (Lk 23,34). Und der Mörder, der neben Jesus am Kreuz hängt, hört die Botschaft: „Heute noch wirst du mit mir im Paradies sein“ (Lk 23,43).

Man könnte meinen, dass in dieser unendlich großen Barmherzigkeit Gottes allein der Verrat des Judas Ischariot keinen Platz hatte, weil Judas sich erhängte (Mt 27,5). Aber das stimmt nicht. Judas wurde von Gott nicht gerichtet, er richtete sich selbst, weil er meinte, sein Verrat wäre so abscheulich und groß, dass ihm nicht verziehen werden könnte. Und nirgends in der Bibel steht, dass Judas vor Gott kein Erbarmen gefunden hätte.

Jemand, der mit seiner dreifachen Verleugnung eine gleich schwere Sünde wie Judas Iskariot beging, war Petrus. Dieser jedoch reagierte ganz anders. Wie Judas ging er hinaus aus der Stadt, aber nicht, um sich zu erhängen, sondern um bitterlich zu weinen (Lk 22,62). Er bereute seinen dreimaligen Verrat an Jesus und hoffte auf dessen Barmherzigkeit, die ihm dann auch im überreichen Maß geschenkt wurde. Die einzige „Strafe", die Petrus von Jesus erhielt, war dessen dreimalige Frage: „Liebst du mich?" (vgl. Joh 21,15-17). Und nachdem Petrus diese Frage dreimal mit Ja beantwortete, wurde er als Oberhaupt der Kirche bestätigt: „Weide meine Schafe!" (V. 17).

Der heilige Franz von Sales liefert dazu einen interessanten Aspekt, der noch einmal deutlich macht, wie wichtig es Gott ist, dass wir alle, selbst die Oberhäupter unserer Gesellschaft, barmherzig sind. Über Petrus meinte er nämlich in einer Predigt:

„Petrus war etwas zu hart und zu streng. Christus ließ also seinen Fall [die dreimalige Verleugnung] zu, damit er aus dem, was er gelitten, Gehorsam lernte und Milde gegen die Sünder (Hebr 5,8) ... wer selbst der Buße bedurfte, gewährt anderen leichter Vergebung" (DASal 9,186).

Am Fall Petrus können wir sehr schön erkennen, dass die Tugend der Barmherzigkeit so wie jede andere Tugend auch nichts anderes ist als die konkrete Umsetzung der Liebe, die Gott ist (1 Joh 4,8). An der Tugend der Barmherzigkeit wird das in jeder Variation offensichtlich. Gottes Barmherzigkeit zu uns Menschen, egal wie groß unsere Fehler sind, ist die konkrete Umsetzung seiner Liebe zu uns. Unsere Barmherzigkeit zu den Menschen und zu uns selbst ist die konkrete Umsetzung des Gebotes der Nächsten- und Selbstliebe – und unsere Barmherzigkeit mit Gott ist die konkrete Umsetzung unserer Liebe zu Ihm. Denn auch das ist in der Tugend der Barmherzigkeit inbegriffen, dass wir mit Gott barmherzig sind, wenn wir einmal seine Entscheidungen in unserem Leben nicht verstehen.

Die älteste Tochter der Liebe

Franz von Sales bringt in der „Philothea – Anleitung zum frommen Leben" eine sehr schöne Erzählung über den heiligen Johannes von Alexandria (550-619), die uns deutlich macht, dass Barmherzigkeit und Liebe engstens miteinander verbunden sind:

„Dem heiligen Bischof Johannes von Alexandria erschien ein schönes Mädchen, glänzender als die Sonne, königlich geschmückt, mit einem Kranz von Olivenzweigen gekrönt, und sagte: ‚Ich bin die älteste Tochter des Königs; wählst du mich zur Freundin, dann führe ich dich zu ihm.' Er verstand, dass es die Barmherzigkeit gegen die Armen war, die Gott ihm empfahl, und gab sich dieser Tugend in einem Maß hin, dass er der ‚Almosenspender' genannt wird" (Philothea III,1; DASal 1,108).

Die Barmherzigkeit ist also die „älteste Tochter" der Liebe, „ein schönes Mädchen, glänzender als die Sonne". Und zur Barmherzigkeit gegenüber uns selbst ermutigt uns Franz von Sales mit den Worten: „Der Grund zum Vertrauen liegt ja in ihm [Gott], nicht in uns; wenn wir uns auch ändern, er ändert sich nie und ist immer gleich gut und barmherzig mit uns, ob wir schwach und unvollkommen oder stark und vollkommen sind. Ich pflege zu sagen: unsere Armseligkeit ist der Thron der göttlichen Barmherzigkeit" (DASal 2,42). Oder noch eindeutiger: „Gottes Barmherzigkeit wurde durch die Sünde Adams nicht besiegt – im Gegenteil! Sie wurde nur um so mehr herausgefordert" (Theotimus II,5; DASal 3,112).

Lassen auch wir uns zur Tugend der Barmherzigkeit, der Tugend der konkreten Liebe, herausfordern.

Fragen zum Nachdenken

- *Glaube ich an die Barmherzigkeit Gottes?*
- *Bin ich barmherzig zu meinen Mitmenschen?*
- *Bin ich barmherzig gegenüber meinen eigenen Schwächen?*

Beharrlichkeit – die Tugend des Durchhaltevermögens

Es gibt eine wunderbare Geschichte des deutschen Schriftstellers Michael Ende (1929-1995) über die Tugend der Beharrlichkeit. Schon der Titel verweist auf das Wesen dieser kleinen Tugend: „Tranquilla Trampeltreu“ (Stuttgart, 1972), das heißt: ruhig und treu, Schritt für Schritt den Weg zum Ziel verfolgen.

Die beharrliche Schildkröte

Endes Geschichte handelt von der „beharrlichen Schildkröte“, die eines Tages wie alle anderen Tiere vom Löwen, dem König der Tiere, zu dessen Hochzeit eingeladen wird. Für Tranquilla Trampeltreu ist dies eine besondere Ehre und sie beschließt, die Einladung anzunehmen und auf das Fest zu gehen. In vierzehn Tagen soll diese Hochzeit stattfinden. Der Weg dorthin ist weit, so weit, dass es für eine Schildkröte mit ihren kurzen Beinen und dem dicken, schweren Panzer schier unmöglich ist, rechtzeitig zum Fest zu gelangen. Tranquilla lässt sich dadurch nicht aus der Ruhe bringen. Der König hat mich eingeladen, sagt sie sich, und ich werde es schaffen, Schritt für Schritt. „Mein Entschluss steht fest.“

Auf ihrer Reise begegnet sie der Spinne, der Schnecke und der Eidechse. Alle geben ihr auf unterschiedlichste Weise zu verstehen, dass sie als Schildkröte – „der Langsamsten aller Langsamen“ – überhaupt keine Chance hat, rechtzeitig zur Hochzeit zu kommen. Tranquilla aber beharrt auf ihrem Entschluss: Ich werde rechtzeitig dort ankommen. Davon lässt sie sich sogar dann nicht abbringen, als ihr die Raben verkünden, dass die Hochzeit abgesagt wurde, weil der König der Tiere plötzlich verstorben sei. Sie könne also kehrt machen und wieder nach Hause zurückkehren. Entgegen jeder Vernunft trampelt Tranquilla treu trotz allem Schritt für Schritt ihrem Ziel, der Hochzeit des Löwen, entgegen.

Nach vielen, vielen langen Tagen kommt sie schließlich an. Und der Leser ist erstaunt: Die Schildkröte erreicht tatsächlich rechtzeitig die Hochzeit des Löwen. Der Bräutigam ist der Nachfolger des verstorbenen Königs, der nach der vorgeschriebenen Trauerzeit seine Hochzeit feiert. Die Beharrlichkeit der Schildkröte und das Wissen, dass sie der Einladung des Königs trotz aller gegenteiliger Meinungen folgen muss, haben gesiegt.

Die Flatterhaftigkeit des Menschen

Für den heiligen Franz von Sales ist die Beharrlichkeit eine der vier „bedeutendsten und notwendigsten" aller kleinen Tugenden (DASal 9,323). Die anderen drei sind die Demut, die Geduld und der Gleichmut. Die Beharrlichkeit, manchmal nennt er sie auch Ausdauer oder Standhaftigkeit, garantiert nämlich, dass einmal gefasste Entscheidungen oder Entschlüsse wirklich in die Tat umgesetzt und auch durchgehalten werden. Ohne Beharrlichkeit hätte also keine Entscheidung einen Sinn, da jeder Entschluss irgendwann auch Schwierigkeiten und Dürrezeiten überwinden können muss. Genau dafür ist die Beharrlichkeit von entscheidender Bedeutung.

Franz von Sales machte in seiner Seelsorge oft die Erfahrung, dass Menschen die besten Vorsätze fassen, kurze Zeit später jedoch schon wieder davon abgehen, nur weil es plötzlich Schwierigkeiten und Widerstände gibt.

„Die Beharrlichkeit", so können wir in seinen Werken lesen, „ist wegen der Flatterhaftigkeit und Unbeständigkeit des menschlichen Geistes am schwersten zu erfüllen. Denn heute tun wir eine Arbeit gern, morgen können wir sie schon nicht mehr ansehen. Wollten wir allen Einfällen unseres Geistes folgen und wäre dies möglich, ohne Anstoß zu erregen und Schande auf uns zu laden, dann erlebten wir nichts als fortwährende Veränderungen. Heute wäre man Jesuit, morgen Kapuziner und übermorgen wieder auf der Suche nach irgendetwas anderem. Dieser oder jener Ehemann, der sein Leben lang mit seiner Frau in gutem Einvernehmen gelebt hat, hätte sicher ein Dutzend Mal die Frau gewechselt, wenn er gekonnt hätte. Wir würden wahrhaftig noch Vater und Mutter wechseln, wenn es ginge, so sonderbar ist die Unbeständigkeit des menschlichen Geistes" (DASal 2,141).

Franz von Sales empfiehlt daher allen, dieser „Unbeständigkeit des menschlichen Geistes" tapfer die Tugend der Beharrlichkeit entgegenzusetzen, also nicht gleich nach der ersten Schwierigkeit seinen einmal gefällten Entschluss sofort wieder aufzugeben oder allen Launen der Umgebung zu folgen.

Reizüberflutung

In unserer heutigen modernen Zeit ist es im Grunde nicht anders geworden, im Gegenteil: Wir befinden uns geradezu in einem Sammelbecken unterschiedlichster Launen, die die „Flatterhaftigkeit" des Menschen fördern. Ständig wird Neues produziert und Altes verworfen. Man kann immer nur noch ganz kurz bei einer Sache verharren, weil es ja noch so viele andere Dinge gibt, die man sehen, hören, schmecken, betasten oder fühlen muss. „Reizüberflutung" nennen wir dieses Phänomen. Tausend Reize stürmen auf einen ein und der Mensch wird dazu aufgefordert, ja nicht bei einem einzigen zu lange zu verweilen, damit ihm die anderen Reize nicht durch die Lappen gehen. Die Folge ist Stress und Hektik, Unruhe und Hast und natürlich die ständige Unzufriedenheit, weil nichts wirklich gelingt beziehungsweise zur Vollendung gelangt.

Die Tugend der Beharrlichkeit steht all dem entgegen. Sie hilft nicht nur, getroffene Entscheidungen umzusetzen und zu vollenden, sie verschafft dem Menschen in seinem Leben auch die nötige Ruhe und Zufriedenheit. Sie hilft gegen die Schwierigkeiten, die es im Leben immer wieder einmal zu meistern gibt.

Die Methode der Beharrlichkeit, die sich gerade auf schwierigen, steilen Wegstrecken bewährt, ist mit drei Worten erklärt: Schritt für Schritt. Wie willst du denn bei deiner Langsamkeit dein Ziel erreichen, wird Tranquilla Trampeltreu in Michael Endes Geschichte gefragt. Ihre Antwort: „Schritt für Schritt". Die Umgebung lächelt über sie, ja erklärt sie für unvernünftig oder gar verrückt, doch die beharrliche Schildkröte erreicht ihr Ziel.

Die wünschenswerteste Gabe

Der heilige Franz von Sales steht natürlich auf der Seite der Schildkröte, wenn er in seinem Buch „Philothea – Anleitung zum frommen Leben" schreibt: „Lassen wir die Blinden gehen! Sie mögen schreien, soviel sie wollen, wie der Waldkauz, der die Tagesvögel schreckt. Bleiben wir fest bei unserem Vorhaben, unwandelbar in unserem Entschluss! ... Kometen und Planeten haben scheinbar denselben Glanz; aber die Kometen verschwinden bald, denn sie sind nur vorübergehend aufleuchtende Feuer, der Glanz der Planeten dagegen ist beständig" (Philothea IV,1; DASal 1,212).

Und im „Theotimus", seiner „Abhandlung über die Gottesliebe", erfahren wir, was wir tun können, um die Tugend der Beharrlichkeit zu erlangen: „Die Beharrlichkeit ist auf alle Fälle die wünschenswerteste Gabe, die wir in diesem Leben erhoffen können und zwar von Gott allein, von ihm, der allein den zu festigen vermag, der steht, und den aufrichten kann, der daran ist zu fallen. Deshalb sollen wir auch nie aufhören, um diese Gabe zu bitten und die Mittel zu gebrauchen, durch die wir sie nach Gottes Weisung erlangen, nämlich Gebet, Fasten und Almosen, Sakramentenempfang, Umgang mit guten Menschen, Anhören und Lesen der Heiligen Schrift" (Theotimus III,4; DASal 3,174).

Fragen zum Nachdenken

- *Fällt es mir schwer, Entscheidungen beharrlich durchzuführen?*
- *Lasse ich mich durch Schwierigkeiten leicht von meinen Entscheidungen abbringen?*
- *Bitte ich Gott um die Gabe der Beharrlichkeit?*

Bescheidenheit – die Tugend des wahren Erfolges

„Bescheidenheit ist eine Zier, doch weiter kommt man ohne ihr." Dieses Sprichwort hat sich in uns eingeprägt und macht deutlich, dass das Bild, das wir von der Tugend der Bescheidenheit besitzen, doppeldeutig ist: Bescheidenheit ist zwar gut und schön, aber wenn man wirklich erfolgreich sein will, dann nutzt sie einem nichts. Für den erfolgsorientierten Menschen ist es demnach besser, auf diesen Schmuck zu verzichten und mehr Aufmerksamkeit auf seine wirksame Selbstdarstellung zu legen.

Überlebenselexier

Dass der heilige Franz von Sales mit der Aussage dieses bekannten Sprichwortes sicher nicht übereinstimmte, sofern es damals bereits im Umlauf war, ist klar. Für ihn war Bescheidenheit eben nicht bloßes Beiwerk und schöne Zierde, sondern ganz entgegen des Sprichwortes das Um und Auf eines jeden wahrhaften Erfolges, sei es im privaten Bereich oder im wirtschaftlichen, gesellschaftlichen oder politischen Leben.

Damit unterscheidet er sich gar nicht so sehr von so manchen modernen Äußerungen unserer Tage. In einem Interview äußerte sich zum Beispiel der erfolgreiche deutsche Rockmusiker Marius Müller-Westernhagen über die Bescheidenheit, dass diese „eine der Voraussetzungen" sei, „um in dieser Karrieresituation keinen Schaden zu nehmen." Bescheidenheit ist also für Westernhagen ebenso wie für Franz von Sales kein Hindernis für den Erfolg, sondern das Überlebenselexier einer jeden Art von Karriere.

Der Schweizer Psychoanalytiker Carl Gustav Jung (1875-1961) wies einmal auf eine der besonderen Wirkungen der Bescheidenheit hin, die ebenfalls der Sprichwort-These widerspricht. Er meinte: „Wenn Sie einsam sind, so liegt das daran, dass Sie sich isolieren;

sind Sie bescheiden genug, dann bleiben Sie niemals einsam. Nichts isoliert uns mehr als Macht und Prestige. Versuchen Sie, herabzusteigen und Bescheidenheit zu lernen, und sie werden nie allein sein!“ Der Erfolg von Macht und Prestige ist also nach Jung Isolierung und Einsamkeit. Er rät daher zur Bescheidenheit, um nie mehr allein zu sein.

Wenn wir genauer darüber nachdenken, dann fallen uns sicher auch Beispiele ein, die das bestätigen können. Mächtige, reiche, erfolgreiche Menschen sind oft auch sehr allein und einsam. Bei vielen so genannten „Stars“ können wir das durchaus feststellen – und oft genug flüchten sie zu Drogen oder gar in den Selbstmord, um ihrer Einsamkeit zu entkommen.

Ähnliches wie C. G. Jung meint Franz von Sales, wenn er die Bescheidenheit zu den grundlegendsten Tugenden zählt. Wirklich wertvoll ist jeder Erfolg, jedes Können des Menschen, wenn es mit Bescheidenheit gepaart ist. In seinem Buch „Philothea“ schreibt der Kirchenlehrer und Kenner der menschlichen Seele: „Echten Wert erkennt man wie echten Balsam. Man prüft den Balsam, indem man ihn ins Wasser tropfen lässt; sinkt er unter und bleibt am Boden, so gilt er als besonders fein und kostbar. Will man erkennen, ob ein Mensch wirklich weise, gelehrt, hochherzig und edel ist, dann muss man prüfen, ob diese Eigenschaften mit Demut, Bescheidenheit und Duldsamkeit gepaart sind, denn dann sind sie echte Werte. Wenn sie aber obenauf schwimmen, wenn sie zur Schau gestellt sein wollen, dann werden sie um so weniger echte Werte sein, je mehr sie scheinen wollen“ (Philothea III,4; DASal 1,117).

Also: Bescheidenheit ist nicht nur eine Zier, sie ist die Grundvoraussetzung dafür, dass all unsere Erfolge, all unser Können von dauerhaftem und damit echtem Wert sind, nicht nur für mich selbst, sondern auch für die anderen. Bescheidenheit ist damit die Grundvoraussetzung jeden wirklichen Erfolges, für jedes Weiterkommen, für jede Gemeinschaft, die nicht in die Isolation geraten will, und nicht ein Hindernis zu all dem. Franz von Sales weiß auch den Grund dafür, wenn er in der „Philothea“ einige Seiten später schreibt: „In jeder Gesellschaft sind schlichte Einfachheit und bescheidene Liebenswürdigkeit stets beliebt. Es gibt Leute, die in jeder Haltung und bei jeder Bewegung gekünstelt sind; kein Mensch mag sie leiden. Wer nicht gehen wollte, ohne seine Schritte zu zählen, nicht reden, ohne zu singen, der müsste allen lästig fallen. So wirken auch jene, deren Gehaben stets geziert und abgezirkelt ist, in einer Gesellschaft nur störend; das sind auch stets eingebildete Leute" (Philothea III,24; DASal 1,169).

Die stumme Predigt

Doch was ist diese Tugend der Bescheidenheit genau? Gehen wir nach der Definition des Kirchenlehrers, dann hat Bescheidenheit etwas zu tun mit unserer inneren und äußeren Haltung. In seinem Inneren ist sich der bescheidene Mensch bewusst, dass auch seine größten Fähigkeiten, die er besitzt, Geschenke Gottes sind. Außerdem weiß er, dass er trotz allem nicht vollkommen ist, jedoch vor Gott als dessen Geschöpf so sein darf, wie er ist. Der bescheidene Mensch ist dankbar für seine Talente, protzt jedoch damit nicht, so als wären sie seine eigenen Leistungen, und er will auch nicht mehr, als ihm von Gott geschenkt ist.

Der Unbescheidene meint, er könne alles haben, die Welt liege ihm zu Füßen. Tut sie das nicht, dann liegt es nicht an ihm, sondern an der Welt, die ihn nicht entsprechend würdigt. Der Unbescheidene macht seine Umwelt ständig darauf aufmerksam, dass er eigentlich mehr verdient, als er bekommt.

Diese innere Einstellung drückt sich dann im äußeren Verhalten aus. Unbescheidenheit ist laut, schrill, aggressiv, möchte ständig im Mittelpunkt stehen und bei allen Aufmerksamkeit erlangen. „Seht nur", ruft der Unbescheidene mit all seinen Gesten und Worten, „hier bin ich, und ihr habt mir zu applaudieren." Der Bescheidene bleibt auch dann gelassen und ruhig, wenn er große Erfolge feiert. Er weiß eben davon, dass seine größten Talente Geschenke sind, auf die er sich im Grunde nichts einbilden kann. So wie Johannes der Täufer, der größte der biblischen Propheten, zeigt der Bescheidene auf Gott, seinen Schöpfer, und bekennt: „Seht das Lamm Gottes ... nach mir kommt ein Mann, der mir voraus ist, weil er vor mir war. Ich bin nicht wert, ihm die Schuhe aufzuschnüren“ (vgl. Joh 1,29-30 u. Lk 3,16).

Für Franz von Sales war Johannes der Täufer das größte Vorbild an Bescheidenheit. So schreibt er es jedenfalls an Johanna Franziska von Chantal (1572-1641), deren Namenspatron Johannes der Täufer war: „Mit fünf Jahren ging er [Johannes der Täufer] hinaus in die Wüste und wusste, dass unser und sein Erlöser ganz nahe, etwa eine bis drei Tagreisen entfernt, geboren worden war. Gott allein weiß, wie sehr sein Herz, das schon im Mutterschoß von der Liebe des Erlösers getroffen war, verlangte, in seiner liebevollen Gegenwart zu sein. Dennoch bleibt er fünfundzwanzig Jahre in der Wüste und sucht nicht ein einziges Mal den Herrn zu sehen. Er verlässt sie nur, um sich ganz der Predigt zu widmen. Jesus selbst aber sucht er nicht auf; er wartet vielmehr, bis der Herr zu ihm kommt. Auch nach der Taufe folgt er ihm nicht, sondern bleibt seiner Berufung treu“ (DASal 5,64).

Aufgrund seiner Bescheidenheit hat sich der größte aller Propheten in den Hintergrund gestellt und darauf verzichtet als naher Verwandter Jesu ganz in seiner Nähe zu sein, weil er wusste, dass das nicht seine Berufung ist, die ihm von Gott zugeteilt wurde. Seine Aufgabe war es, auf den Herrn hinzuweisen, und das mit seinem ganzen Leben.

Franz von Sales nennt daher die Bescheidenheit eine „stumme Predigt“ (DASal 2,121), weil der Bescheidene eben durch seine stille Art nach außen deutlich macht, dass der Mensch Gott alles verdankt und er ein Geschöpf Gottes ist. Franz von Sales bringt das Beispiel eines Mönchs, der durch seine Bescheidenheit mehr Menschen in einer Stadt zur Umkehr bewegte als die begabtesten Prediger. Alles, was dieser Mönch tat, war durch die Stadt zu gehen, ohne ein Wort zu sprechen (vgl. DASal 2,121). Bescheidenheit wirkt eben – so wie auch C. G. Jung meinte – anziehend wie ein Magnet. Die Menschen spüren: Hier ist jemand, der mich nicht vor den Kopf stoßen wird, sondern genauso unterwegs zu Gott ist, wie ich selbst, mit all meinen Stärken und Schwächen.

Übungen der Bescheidenheit

Was muss ich tun, um Bescheidenheit zu lernen? Die Tipps, die Franz von Sales gibt, können überraschen. Das erste, das er empfiehlt, ist, dass Gesicht und Blick heiter sein sollen, ohne Falten und eine frostige und melancholische Miene. Dazu kommt ein großer Respekt und Achtung gegenüber den Mitmenschen, die einem begegnen. Alles, was dem anderen gegenüber Respekt erweist, fördert die Bescheidenheit. Dann: Nicht streiten, nicht mit heftigem Eifer sprechen, noch beim Sprechen Gesten machen, nicht zu laut lachen. Gelassen antworten oder sagen, was man zu sagen hat, ohne sich furchtsam oder ängstlich zu zeigen. Seine Handlungen ruhig und ohne innere oder äußere Hast verrichten. Die Neugierde bezähmen. Da die Grundlage der Bescheidenheit das Bewusstsein ist, Geschöpf Gottes zu sein, kommt natürlich dazu, in sich den Wunsch zu fördern, in allem Gott zu gefallen.

Franz von Sales ist davon überzeugt, dass nur mit Bescheidenheit die wirklich großen Erfolge im Leben erreicht werden können. Alle anderen Erfolge mögen zwar grell leuchten wie Kometen, aber sie sind nur von sehr kurzer Dauer und verpuffen in der Weite des Universums. In Bescheidenheit erreichte Ziele aber leuchten wie die Sterne Tag und Nacht und auch dann, wenn sie von anderen Menschen gar nicht gesehen werden. Sie leuchten jedoch vor allem in der Finsternis und helfen den Menschen, ihren Weg zu finden (vgl. das 10. Gespräch der „Geistlichen Gespräche" des heiligen Franz von Sales „Über die Bescheidenheit", DASal 2,120-128).

Fragen zum Nachdenken

- *Ist Bescheidenheit für mich eine anstrebenswerte Tugend?*
- *Glaube ich, dass mein Leben durch Bescheidenheit wertvoller wird?*
- *Was kann ich tun, um bescheidener zu werden?*

Dankbarkeit – die Tugend, die dem Leben nützt

Von Johann Wolfgang von Goethe (1749-1832) stammt das Wort: „Undank ist immer eine Art Schwäche. Ich habe nie gehört, dass tüchtige Menschen undankbar wären." Die Tugend Dankbarkeit wächst mit meinen Stärken und Fähigkeiten, weil ich mir bewusst werde, dass ich all meine Erfolge auch der Mithilfe anderer verdanke, letztlich natürlich der Mithilfe Gottes. Besonders deutlich zeigt uns dies das Zentrum des christlichen Glaubens: das Sakrament der Eucharistie. Das Wort „Eucharistie" heißt übersetzt nichts anderes als „Dankeschön". Im Mittelpunkt des christlichen Glaubens steht also das Wort „Danke", der Dank an Gott für all das Gute, das er den Menschen erwiesen hat, beginnend von seiner Schöpfung bis hin zu seinem Erlösungswerk durch Jesus Christus. Damit steht auch die Tugend der Dankbarkeit im Zentrum unseres Glaubens. Vom Verständnis der Eucharistie her gedacht, kann also gesagt werden: Der Christ ist ein zutiefst dankbarer Mensch.

Erfahrung des Undankes

Dass die Tugend der Dankbarkeit nicht immer so selbstverständlich geübt wurde und wird, musste schon Jesus erfahren. Berühmt ist die Geschichte von den zehn Aussätzigen, die zu ihm kamen, um Heilung baten und tatsächlich geheilt wurden. Alle gingen sie voller Freude weg, aber nur ein einziger von ihnen machte kehrt, um sich bei Jesus zu bedanken. Und Jesus ruft aus: „Es sind doch alle zehn rein geworden. Wo sind die übrigen neun? Ist denn keiner umgekehrt, um Gott zu ehren, außer diesem Fremden?" (Lk 17,11-19). Nur zehn Prozent der Geheilten fanden es für wert, Danke zu sagen. Neunzig Prozent blieben diesen Dank schuldig.

Diese Erfahrung des mehrheitlichen Undankes scheint sich durch die gesamte Geschichte Gottes mit seinem Volk zu ziehen. Gott rettet, das Volk nimmt diese Rettung wie selbstverständlich an und kurze Zeit später beginnt es wieder zu murren. Anstatt sich der großen Taten Gottes zu erinnern, erweist es sich als undankbares Volk. Wenn es plötzlich nicht mehr so läuft, wie es sich der Mensch vorstellt, wird gegen Gott gewettert und geschimpft, anstatt sich dankbar für all das Gute zu zeigen, das Gott den Menschen bereits in überreichem Maße erwiesen hat.

Ein Musterbeispiel dieses Missverhältnisses von Gottes Großtaten und dem Undank der Menschen findet sich im Psalm 106. Der Psalm beginnt mit den Worten: „Danket dem Herrn; denn er ist gütig, denn seine Huld währt ewig." Dann berichtet er von Gottes großer Hilfe, die er den Menschen immer wieder zukommen ließ, obwohl die Menschen ständig in Undank verfielen. Zum Schluss werden die Menschen aufgefordert, Gottes Größe dankbar zu preisen: „Gepriesen sei der Herr, der Gott Israels, vom Anfang bis ans Ende der Zeiten. Alles Volk soll sprechen: Amen. Halleluja!"

Liebeslied der Dankbarkeit

Dieses „Gepriesen sei der Herr" oder „Gelobt sei der Name des Herrn" zu allen Zeiten ist für den heiligen Franz von Sales das „Liebeslied der Dankbarkeit". Ein Vorbild dafür stellt für ihn Ijob dar, der dieses „Liebeslied der Dankbarkeit" sowohl in Freude als auch im Leid gesungen hat. Wörtlich schreibt Franz von Sales:

„Eine einzige Melodie durchzieht sein Lebenslied: ‚Gelobt sei der Name des Herrn!' (Ijob 1,21). Das ist das Liebeslied seiner Dankbarkeit, da Gott seinen Besitz vermehrt, ihm viele Kinder schenkt, ihm alles gibt, was eines Menschen Herz nur wünschen kann. Das ist das Liebeslied seiner Klage in äußerster Bitternis: ‚Gelobt sei der Name des Herrn!' Er singt es in seinen Leiden wie in seinen Freuden" (DASal 2,107).

Ijob ist ein Vorbild der Tugend Dankbarkeit, weil er Gott mit den gleichen Worten besingt, egal ob es ihm gut geht oder schlecht, weil in ihm die Gewissheit lebt, dass Gottes Güte letzten Endes übergroß ist, auch dann, wenn er es jetzt gerade nicht spüren kann.

Das Gegenteil des dankbaren Menschen ist der Egoist, der in seinem Stolz davon überzeugt ist, niemandem etwas schuldig zu sein, sondern alles Gute, das er bekommt, auch verdient zu haben. Diese Menschen sieht Franz von Sales von der „gefährlichen Krankheit" der Undankbarkeit befallen:

„Es gibt Menschen", so sagt er in einer Predigt, „die undankbar sind für die Gnaden und Gunsterweise, die sie empfangen haben. Dieser Undank hat seinen Sitz manchmal im Verstand: er bewirkt, dass sie die Verpflichtung gegen jene nicht sehen, die ihnen Gutes tun. ... Solche Leute sind sehr stolz und von einer gefährlichen Krankheit befallen. ... Was man auch für sie tut, sie glauben, das sei man ihnen schuldig, und sie denken nicht daran, dass man ihnen nichts umsonst geben kann. Wenn sie irgendeine Gnade empfangen, glauben sie diese durch irgendeinen besonderen Dienst verdient zu haben. Gott, welche schreckliche Untugend ist doch diese Undankbarkeit!" (DASal 9,361).

Der Nutzen der Dankbarkeit

Das Besondere an der Tugend der Dankbarkeit ist, dass sie niemand anderem mehr von Nutzen ist, als dem Dankenden selbst. Das gilt vor allem in Bezug auf Gott. Die Größe Gottes kann mein Dank und Lobpreis nicht vergrößern, aber ich selbst erkenne in meiner Dankbarkeit meinen eigenen Wert umso besser. In einer Präfation der Heiligen Messe heißt es daher auch:

„Du bedarfst nicht unseres Lobes, es ist ein Geschenk deiner Gnade, dass wir dir danken. Unser Lobpreis kann deine Größe nicht mehren, doch uns bringt er Segen und Heil durch unseren Herrn Jesus Christus."

Dementsprechend sagt auch Franz von Sales:

„Glücklich werden jene sein, die den Namen [Gottes] fromm aussprechen und mit einem Gefühl tiefer Dankbarkeit dafür, dass der Erlöser uns losgekauft hat durch sein Blut und sein Leiden; denn jene, die ihn zu diesem Zeitpunkt recht aussprechen, werden gerettet sein" (DASal 9,426).

Es geht also um unsere eigene Rettung, wenn wir die Tugend der Dankbarkeit üben. Der dankbare Mensch überschätzt sich nicht, nicht gegenüber Gott und auch nicht gegenüber den anderen, sondern er erkennt mit Dankbarkeit an, dass er seine Fähigkeiten zu einem bestimmten Teil anderen verdankt, vor allem natürlich Gott, der der Urheber alles Guten ist.

Übung der Dankbarkeit

Die Schlussfolgerung, die Franz von Sales daraus zieht, ist eine einfache Übung der Dankbarkeit, die wir uns angewöhnen sollten. Am Ende eines jeden Tages sollten wir im Abendgebet Gott zuallererst Danke sagen. Franz von Sales ist davon überzeugt, dass jeder Tag etwas bereithält, für das ich dankbar sein kann. Und sollte mir tatsächlich einmal wirklich nichts einfallen, so gibt es wenigstens dies: „Danke Gott, dass er dich diesen Tag erhalten hat" (Philothea II,11; DASal 1,83). Damit erzeuge ich in mir eine positive Grundstimmung, die mich am Ende eines Tages mit einem guten Gefühl einschlafen lässt, wenigstens mit dem Gefühl, dass ich trotz allem in Gott geborgen und behütet bin. Die Tugend der Dankbarkeit hilft mir also, gut zu leben, denn so meint die Schriftstellerin und Psychotherapeutin Christa Meves: „Alle Kultur beginnt mit der Dankbarkeit."

Fragen zum Nachdenken

- *Wann habe ich das letzte Mal Danke gesagt?*
- *Glaube ich, dass mir Dankbarkeit von Nutzen ist?*
- *Wofür bin ich Gott heute dankbar?*

Demut – eine gescholtene, aber doch so notwendige Tugend

Sie können es ja einmal versuchen und die Menschen auf der Straße fragen, ob sie demütig sein wollen. Sehr bald werden Sie erkennen, dass da kaum jemand „Ja, natürlich“ sagen wird. Er wird vielleicht lächeln und meinen, Sie seien ein wenig verrückt, ihm eine solche Frage zu stellen. Oder er wird überhaupt zurückfragen: „Wie bitte? Was soll ich wollen?“ Er weiß nämlich mit diesem Wort nichts anzufangen.

Demut ist leider etwas in Vergessenheit geraten – oder besser: Diese Tugend gilt in unserer heutigen Gesellschaft, in der Macht, Glanz und Ruhm überall hoch gepriesen werden, als nicht erstrebenswert. Und das ist eigentlich schade, denn damit verliert der Mensch nicht nur etwas Wesentliches, sondern auch den Boden unter den Füßen. Das lateinische Wort für Demut heißt ja „*humilitas*“ – und dieses Wort hat mit Humus zu tun, also mit der Erde, mit dem Boden. Der demütige Mensch ist bodenständig, erdverbunden, er steht mit beiden Beinen auf festem Grund.

Es lohnt sich also über diese Tugend einmal – unvoreingenommen – nachzudenken, vor allem dann, wenn dies auch Weltmeister tun. Der österreichische Schwimmerstar Markus Rogan meinte jedenfalls 2008, nach seinem Weltrekord und dem Sieg der Goldmedaille über zweihundert Meter Rücken: „Ich werde mir nicht ‚Weltmeister‘ auf die Visitenkarte schreiben. Ich bleibe Markus Rogan. Ich muss aufpassen, dass ich nicht die Demut und den Respekt verliere.“

Vom leichten Joch Jesu

In einer für mich persönlich, aber auch für den heiligen Franz von Sales schönsten Stelle aus dem Evangelium spricht Jesus über die

Demut: „Ich preise dich, Vater, Herr des Himmels und der Erde, weil du all das den Weisen und Klugen verborgen, den Unmündigen aber offenbart hast. Ja, Vater, so hat es dir gefallen ... Kommt alle zu mir, die ihr euch plagt und schwere Lasten zu tragen habt. Ich werde euch Ruhe verschaffen. Nehmt mein Joch auf euch und lernt von mir; denn ich bin sanftmütig und demütig von Herzen; so werdet ihr Ruhe finden für eure Seele. Denn mein Joch drückt nicht, und meine Last ist leicht“ (Mt 11,25-30).

Jesus dankt Gott, dass nicht die Weisen und Klugen, die Starken und Mächtigen, die Diktatoren und Kriegsminister die Offenbarung Gottes erhalten haben, sondern die Kleinen, die Unmündigen, die Demütigen, die Kinder. Dieser Lobpreis erinnert an jene Stelle, in der Jesus ein Kind in die Mitte stellt und sagt: „Wenn ihr nicht werdet wie dieses Kind, dann könnt ihr nicht in den Himmel gelangen“ (Mt 18,3). Dieses „Kindsein vor Gott“ ist eine erste wichtige Aussage über die Tugend der Demut. Jesus möchte, dass wir diese Tugend von ihm, der „demütig von Herzen“ ist, lernen. Und warum sollen wir das? Damit endlich der Krieg in uns und um uns herum aufhört und wir Ruhe finden für unsere Seelen. Die Kreuze, die wir zu tragen haben, werden leicht. Jesus lädt uns ein: „Kommt alle zu mir, die ihr euch plagt und unter Lasten stöhnt, ich werde euch Ruhe verschaffen.“ Um dieser Einladung folgen zu können, braucht es die Tugend der Demut.

Liebe ist Demut

Für den heiligen Franz von Sales hat die Demut unter den vielen Tugenden des christlichen Lebens den ersten Platz neben der Liebe. Für ihn sind diese beiden Tugenden – Liebe und Demut – eng miteinander verbunden, ja fast identisch: „Die Demut,“ so sagt er, „ist nicht nur liebevoll, sie ist auch zart und schmiegsam. Liebe ist Demut, die zur Höhe steigt, Demut ist Liebe, die sich niederneigt“ (DASal 2,119). In einer Predigt über den heiligen Augustinus (354-430) hören wir seine Worte: „Die Demut ist die Tugend der Tugenden, weil sie die anderen Tugenden nach sich zieht und in der Seele bewahrt. Das machte dieser glorreiche Heilige [Augustinus] deutlich, als er auf die Frage, welche Tugend die erste sei, antwortete: die Demut. Und die zweite? Die Demut. Und die dritte? Die Demut. So hätte er immer geantwortet, wenn man weitergefragt hätte. Damit wollte er sagen: Wenn diese Tugend auch klein ist dem Anschein nach, ist sie doch die größte; ohne sie sind die übrigen Tugenden nichts. Wie Stolz und eitler Ruhm die Pflanzstätte aller Sünden und die Nährmutter aller Laster sind, so ist die Demut die Amme aller Tugenden" (DASal 9,397).

Weg zur Demut

Wie kann ich die Tugend der Demut erlangen? Der Weg, den Franz von Sales empfiehlt, beginnt so, wie man sich das wahrscheinlich erwartet: Mach dir klar, dass du im Vergleich zur Größe und Herrlichkeit Gottes ein Nichts bist. Sieh auf deine Fehler und Schwächen und erkenne, dass du ohne Gottes Hilfe überhaupt keine Chance hast.

Franz von Sales geht aber noch einen Schritt weiter, und darin unterscheidet er sich wesentlich von den Ansichten seiner Zeitgenossen. Er meint nämlich: Betrachte auch deine guten Seiten, deine Fähigkeiten und Stärken, sei dir aber bewusst, dass diese nicht aus dir selbst kommen, sondern Geschenke Gottes sind. Damit entspricht Franz von Sales ganz einer modernen Definition über die Demut, die besagt: „Demut ist Wahrheit". Demut ist jene Tugend, die dir die Kraft gibt, dich selbst so anzunehmen, wie du bist: Deine Fehler und Schwächen ebenso wie deine Stärken. Weder vor dir selbst noch vor deinen Mitmenschen und schon gar nicht vor Gott ist es notwendig, irgendwelche Masken aufzusetzen. Der demütige Mensch lebt so wie er ist. Er hat überhaupt keinen Grund, eitel oder stolz zu sein, denn weder der Blick auf seine Fehler und Schwächen, noch der Blick auf seine Vorzüge und Talente würden einen solchen Stolz rechtfertigen.

Hier kommt dann wieder der „Humus" – die Bodenständigkeit und Erdhaftigkeit der Demut ins Spiel. „Bedenk, o Mensch, dass du Staub bist und zu Staub werden wirst", hören wir bei der Aschenkreuzauflegung am Aschermittwoch. Bedenke, dass du Mensch bist, dass du so bist, wie du bist, nicht mehr, aber auch nicht weniger. Mensch, werde wesentlich, bleib auf dem Boden der Tatsachen, und verliere dich nicht in irgendwelchen Hirngespinsten und Phantastereien.

Falsche Demut

Genau aus diesem Grund – weil Demut eben Wahrheit ist – warnt Franz von Sales auch vor jener falsch verstandenen Demut, die sich selbst nur schlecht macht, also vor dieser buckelnden Demut, die überall verkündet, dass man der Niedrigste der Niedrigen und eigentlich gar nichts wert ist. Hier erweist er sich als ganz ausgezeichneter Psychologe, der die Seele des Menschen bis ins Innerste kannte. In seinem Buch „Philothea" schreibt er:

„Wir sagen oft, dass wir nichts sind, das verkörperte Elend und das Schlechteste auf der Welt; wir wären aber sehr betroffen, wenn man uns beim Wort nähme und uns öffentlich als das hinstellte, was wir uns selbst genannt haben. Wir tun, als wären wir die Letzten und möchten ganz unten am Tisch sitzen, aber nur um leichter aufrücken zu können. Wahre Demut will nicht demütig erscheinen und äußert sich kaum in demütigen Worten. Ein wirklich demütiger Mensch hört lieber andere sagen, dass er unbedeutend, armselig und zu nichts nütze ist, als es selbst von sich zu sagen" (Philothea III,5; DASal 1,120).

Ich war einmal Zeuge eines Gesprächs, das ein Pfarrer nach seiner Predigt mit einem seiner Zuhörer führte. Er wies darauf hin, wie schwer er sich bei diesem Thema tat, dass er nicht die richtigen Worte fand und ohnehin eigentlich gar kein guter Prediger sei. Auf die Reaktion des Zuhörers war der Pfarrer jedoch nicht vorbereitet. Anstatt zu sagen, dass das ja alles gar nicht stimme, sondern die Predigt ausgezeichnet gewesen sei, gab ihm der Zuhörer recht: Ja, die Predigt war wirklich nicht so gut. Sehr schnell war dieses Gespräch beendet und der Pfarrer suchte beleidigt das Weite.

Demut ist eine unscheinbare und kleine Tugend, die aber täglich unzählige Male geübt werden kann. Am besten übt man sie, wenn man schlicht und einfach bei der Wahrheit bleibt: Ich bin so, wie ich bin, nicht mehr und nicht weniger. Die Übung der Demut darf nie zur Selbstverachtung und zum völligen Misstrauen gegen sich selbst führen, denn damit würden wir das Schöpfungswerk und Heilswirken Gottes verneinen. Wir Menschen sind ja Gottes Ebenbild, wenn wir uns selbst verachten, verachten wir Gott. So schreibt daher Franz von Sales an eine Ordensschwester: Die Art, wie Sie sich demütigen, „ist gut, sofern es als Grundlage für das Vertrauen dient, das Sie auf Gott setzen sollen. Wenn es Sie aber jemals zu Mutlosigkeit, Unruhe, Ärger und Melancholie führen sollte, dann beschwöre ich Sie, es zurückzuweisen als die Versuchung der Versuchungen“ (DASal 7,61). Wahre Demut hat eine befreiende Wirkung: Ich darf so sein, wie ich bin. Demut weckt in uns ein großes Vertrauen in Gottes Liebe zu uns Menschen.

So wie ich bin

Ein demütiger Christ weiß sich als Kind Gottes. Er weiß sich von Gott beschenkt mit einer Fülle an guten Stärken und Fähigkeiten. Und er dankt Gott dafür jeden Tag.

Ein demütiger Christ weiß aber auch um seine Fehler und Schwächen, er weiß, dass er noch auf dem Weg ist. Er wird sich daher nicht zum Herren über die Menschen machen, auch wenn sie vielleicht nicht so klug, stark oder fromm sind.

Ein demütiger Christ trägt weder vor Gott, noch vor den Mitmenschen, noch vor sich selbst Masken. Er nimmt sich so, wie er ist, und gewährt auch seinen Mitmenschen die Möglichkeit, dass sie so sein dürfen, wie sie sind.

Ein demütiger Christ spielt kein Theater, er spielt sich nicht auf, sondern überlässt Gott in seinem Reden, Denken und Tun und vor allem in seinem Herzen den Ehrenplatz.

Und schließlich: Ein demütiger Mensch ist wie Jesus Christus bereit, auf seine Größe zu verzichten, wenn es darum geht, den anderen Menschen zu dienen. Hier begegnen wir der Demut als Dien-Mut, als Mut zum Dienen.

„Der größte unter euch ist der, der dient" (Mt 28,11), sagt Jesus. Er, der Gott war, hielt nicht an dieser Gottheit fest, sondern wurde Mensch, ja noch mehr: Sklave der Menschen (Phil 2,6-11), und er hat uns bei der Fußwaschung (Joh 13,1-20) beim letzten Abendmahl ein Zeichen gegeben, damit auch wir so handeln, wie er gehandelt hat. Der Sklave ist nicht größer als sein Herr. Selig seid ihr, wenn ihr das wisst, und danach handelt.

Fragen zum Nachdenken

- *Was bedeutet für mich persönlich die Tugend der Demut?*
- *Wie versuche ich diese Tugend in meinem Leben konkret zu verwirklichen?*
- *Wo erlebe ich mich in meinem Verhalten stolz und herrschsüchtig?*

Eifer – die Tugend, die mehr tut, als unbedingt notwendig ist

Der Lehrer nennt seine Schüler eifrig, wenn sie mehr lernen, als er ihnen als Aufgabe stellte. Im Berufsleben ist es ähnlich: Jemand ist eifrig, der nicht bloß „Dienst nach Vorschrift“ macht, sondern sich mit Engagement seiner Arbeit widmet. Der Eifer ist also jene Tugend, die den Menschen befähigt, ein wenig mehr zu tun, als unbedingt notwendig ist. Er tut dies nicht missmutig, sondern mit Freude und Begeisterung. Dem Eifrigen ist es ein Anliegen, nicht bloß seine Pflicht zu erfüllen, sondern das, was er tut, auch wirklich gut zu tun. Dies gilt ebenso im Glaubensleben. Ein eifriger Christ befolgt nicht nur, was die Gebote Gottes oder der Kirche vorschreiben, er tut mehr und er tut dieses Mehr mit innerem Engagement oder, mit einem religiösen Wort gesprochen, mit Hingabe.

Mit Eifer verbinden wir für gewöhnlich Fleiß, Tüchtigkeit, Engagement, Hingabe, Opferbereitschaft, Feuer, Energie oder Leidenschaft. Es sind allesamt Begriffe, die deutlich machen, dass die Tugend des Eifers dazu beiträgt, wenigstens einen Schritt weiter zu gehen, als erforderlich ist.

Beispiele des Eifers

Der heilige Franz von Sales selbst ist ein Beispiel für einen Menschen, der die Tugend des Eifers übte. „Mit unermüdlichem Eifer“, so schreibt Franz Reisinger (1898-1973), einer seiner Biografen, widmete sich dieser heilige Kirchenlehrer den Menschen seiner Diözese. Was der Psalmist über sich selbst sagte, traf auf Franz von Sales zu: „Der Eifer für dein Haus hat mich verzehrt“ (Ps 69,10). Durch seinen großen Einsatz opferte sich der heilige Bischof von Genf im wahrsten Sinne des Wortes auf, was nicht zuletzt einer der Gründe dafür war, dass er nur fünfundfünfzig Jahre alt wurde.

Franz von Sales beschreibt in seinen Werken jedoch auch andere, die seiner Meinung nach die Tugend des „heiligen Eifers“ beispielhaft übten. Einer davon ist der heilige König Ludwig von Frankreich (1214-1270). Von ihm schreibt Franz von Sales: „Ich kann nicht genug den Eifer bewundern, mit dem der heilige Ludwig diesen Rat [die Liebe zu den Armen] befolgte; er ist in jeder Hinsicht einer der größten Könige, die je die Sonne gesehen. Er bediente die Armen beim Essen, das er ihnen gab, und lud täglich deren drei an seinen Tisch. Oft aß er selbst mit unvergleichlicher Liebe die Suppenreste, die sie übrig gelassen hatten“ (Philothea III,15; DASal 1,147).

In dieser Beschreibung wird deutlich, worauf es bei der Tugend des Eifers ankommt: auf das Mehr im Tun. König Ludwig wäre sicherlich auch mit etwas weniger ein sehr guter König geworden. Es hätte gereicht, wenn er seine Diener beauftragt hätte, sich in seinem Namen um die Armen zu kümmern. Ihm jedoch genügte das nicht. Er wolle es selbst tun, und dies mit einem Engagement, dass zu seiner Zeit so manches Kopfschütteln auslöste. Diese Hingabe bewirkt die Tugend des Eifers. Ein anderer Kirchenlehrer, nämlich der heilige Johannes Chrysostomos (344-407) sagte daher: „Ein von Eifer entflammter Mensch reicht aus, ein ganzes Volk aufzurichten.“ Die Tugend des Eifers begeistert eben nicht nur sich selbst, sondern reißt andere mit.

Was der heilige Franz von Sales einmal zu seinen Schwestern vom Orden der Heimsuchung Mariens, den er 1610 gründete, sagte, gilt in abgewandelter Form selbstverständlich für alle Menschen: „Ich bitte euch, was für ein kläglicher Eifer, was für eine kärgliche Liebe zu Gott wäre doch das, wenn wir gerade nur das tun wollten, was uns befohlen ist, und nicht mehr? Gewiss würde der nicht verdammt, der die Gebote Gottes hält und nichts darüber hinaus tut. Damit würde er jedoch beweisen, dass er sich an die Gebote Gottes nicht aus Liebe zu Gott hält, sondern aus Liebe zu sich selbst, damit er nicht verdammt werde. Das ist gerade so, als wenn sich einer rühmen wollte, kein Räuber zu sein. Nun, bist du kein Räuber, so wirst du wohl nicht gehängt, das ist aber auch alles. – Ihr haltet euch an die Gebote Gottes, die euch auferlegt sind: gut, man wird euch also nicht aus dem Kloster entlassen, aber auch bestimmt nicht für eifrige Dienerinnen Gottes, sondern für Mietlinge halten, wenn ihr nicht mehr tut“ (DASal 2,162).

Sehr gut deutlich wird an diesem Zitat, dass – wie bei allen Tugenden – die Liebe auch beim Eifer das Fundament und den Antrieb bildet. „Die Liebe Christi drängt uns“ (2 Kor 5,14), schreibt der Apostel Paulus, dessen Eifer ihn antrieb, hinaus in die Welt zu gehen, um das Evangelium Jesu Christi zu verkünden.

Übertriebener Eifer

Aufgrund dessen, dass der Eifer immer nach dem Mehr verlangt, muss jedoch bei dieser Tugend ganz besonders darauf Acht gegeben werden, nicht der Gefahr der Übertreibung zu unterliegen. Aus einem eifrigen Menschen kann nämlich sehr schnell ein Eiferer werden, der – wenn er sich zu sehr einer Sache hingibt und vielleicht nicht gleich erreicht, was er anstrebt – zornig werden kann und mit Gewalt versucht, sein Mehr zu erreichen.

„Es gibt Menschen“, so schreibt Franz von Sales, „die glauben, man könne nicht viel Eifer haben, wenn man nicht in großen Zorn gerät. Sie meinen, nichts in Ordnung bringen zu können, ohne dass sie alles zerschlagen. In Wahrheit aber ist es so, dass sich der wahre Eifer fast nie des Zornes bedient“ (Theotimus IV,5; DASal 3,213). Er nennt ein Beispiel aus der Bibel, nämlich die „Donnersöhne“ Johannes und Jakobus, die in ihrem übertriebenen Eifer Jesus fragten, nachdem sie in einem Dorf der Samariter abgewiesen worden waren: „Herr, sollen wir befehlen, dass Feuer vom Himmel fällt und sie vernichtet?“ (Lk 9,54). Franz von Sales warnt in diesem Zusammenhang: „Eifer wird sehr oft für Zorn und Zorn für Eifer gehalten“ (DASal 2,187). Er rät daher eindringlich: „Verrichte deine Arbeit ohne … hitzigen Eifer ... denn jede aufgeregte Hast trübt Vernunft und Urteil; damit hindert sie uns, eine Sache gut zu machen, auf die wir solch blinden Eifer verwenden“ (Philothea III,10; DASal 1,134).

Hitziger, zorniger oder blinder Eifer sind Gefahren, vor denen wir uns hüten sollen. Eine weitere Gefahr ist die Eifersucht, die – wie der Philosoph Friedrich Schleiermacher (1768-1834) sagte – „mit Eifer sucht, was Leiden schafft." Franz von Sales nennt als Beispiel Marta, die Jesus sehr eifrig umsorgt und viel mehr tut, als von ihr verlangt ist. In ihrem Eifer erkannte sie jedoch nicht, dass ihr aufopferungsvolles Engagement still und heimlich in Eifersucht umschlug. Deshalb wies sie Jesus, als sich Marta über ihre „faule" Schwester Maria beschwerte, darauf hin, dass nicht sie, sondern Maria „das Bessere gewählt" (Lk 10,42) habe.

„Marta ist uns ein Beispiel für die Unbescheidenheit des Wollens", folgert Franz von Sales, „denn sie überstürzt sich, beansprucht die ganze Dienerschaft, rennt hin und her vor lauter Eifer, für den Herrn ja alles recht schön und tadellos zu machen. Sie kann sich in der Bereitung der Speisen gar nicht genug tun, so reichlich und gut möchte sie den Herrn bewirten … Und doch gehört nicht so viel dazu: Sich eng an den Herrn halten und wie Maria zu seinen Füßen sitzen, ihn um seine Liebe bitten, das ist mehr wert, als lange darüber nachzustudieren, wie und womit wir seine Liebe gewinnen könnten" (DASal 2,124).

Bei allem Eifer empfiehlt es sich also, vor allem in dieser Tugend nicht auf die Bescheidenheit und Geduld zu vergessen und sich an die Definition zu erinnern, die der französische Mathematiker und Philosoph Blaise Pascal (1623-1662) über die Tugend des Eifers gefunden hat: „Eifer ist Begeisterung, gemildert durch Vernunft."

Fragen zum Nachdenken

- *Wofür setze ich mich mit Eifer ein?*
- *Sollte ich manches Mal mehr tun, als nur das Notwendige?*
- *Bin ich von meinem Glauben begeistert?*

Einfachheit – die Tugend der Leichtigkeit des Seins

Dass Einfachheit eine Tugend ist, mag erstaunen. Um einfach zu sein, braucht es doch keiner besonderen Fähigkeiten. Außerdem hat dieses Wort leicht den Geruch der Einfältigkeit an sich. Der Einfache besitzt scheinbar wenig Intelligenz, wenig Kreatives und wenig Fantasie. Dennoch ist die Einfachheit eine Tugend. Der heilige Franz von Sales liebte sie und empfahl sie den Menschen mit Nachdruck. Für ihn ist diese Tugend sogar vielen anderen Tugenden vorzuziehen. Ein kompliziertes Wesen, Schlauheit und Doppelzüngigkeit lehnte der Heilige ab. Der Einfachheit, Geradheit und Schlichtheit gehörte seine ganze Liebe, weil er davon überzeugt war, dass dies der beste Weg ist, um zur Vollkommenheit zu gelangen.

Alles verkomplizieren

„Es ist einfach, obwohl es kompliziert ist. Es ist leicht, aber das ist schwer.“ So singt der österreichische Liedermacher Georg Danzer (1946-2007) in seinem Lied „Es ist leicht ...“ (erschienen 2004 auf der CD „persönlich“). Er spricht darin die besondere „Fähigkeit“ des Menschen an, alles zu verkomplizieren, obwohl eigentlich alles ganz einfach wäre, was es wiederum sehr schwer macht und so weiter ... Dem Menschen scheint das Komplizierte zu gefallen, genauso wie das Gekünstelte, Gezierte, Übertriebene, Verwirrende, Verschlungene, Doppelzüngige. Gerade das aber macht es so schwierig, einfach zu leben. „Warum einfach, wenn es kompliziert auch gehen muss,“ lautet ein Sprichwort.

Im Zusammenhang mit der Frage, wie ein Mensch am besten den Weg zu Gott findet, bringt Franz von Sales ein Beispiel, das die Tugend der Einfachheit und besonders ihren einzigartigen Wert sehr gut beschreibt:

„Die Vollkommenheit unserer Seele“ so der Heilige, „besteht in der Vereinigung mit Gott, die wir nicht erreichen mit Viel-Wissen, wohl aber mit Viel-Tun. Gehen wir daher mit recht großer Einfachheit an diese heilige Aufgabe heran. Wer sich nämlich fortwährend nach dem kürzesten Weg in die Stadt erkundigt, dem kann es widerfahren, dass er später hinkommt als andere, die auf der Straße geblieben sind, weil der eine sagt: Sie gehen falsch, Sie machen einen Umweg; der andere: Sie müssen zurückgehen und dann in den und den Weg einbiegen. Man kehrt dann um und geht daher wieder zurück, und so kommt man nicht vorwärts, wenn man viel fragt. Wer nach dem Weg zum Himmel gefragt wird, hat eigentlich ganz recht, wenn er so antwortet wie jener, der gesagt hat: Wenn Sie dahin gehen wollen, dann müssen Sie immer geradeaus gehen, immer einen Fuß vor den andern setzen, dann kommen Sie schon hin, wohin Sie wollen“ (DASal 2,133).

So einfach geht es: immer geradeaus, immer einen Fuß vor den anderen setzen und nicht ständig überlegen, ob man das jetzt machen soll oder nicht, ob man auf dem richtigen Weg ist oder lieber einen anderen wählen soll. Weil es aber so einfach ist, ist es so schwierig, diese Einfachheit zu leben, da der Mensch offenbar ständig dazu neigt, es sich schwerer zu machen.

Unsinniger Aufputz

Die Tugend Einfachheit hat nicht nur in der Gottesbeziehung ihren Wert. Sie beginnt bei sich selbst und den anderen. In der „Philothea – Anleitung zum frommen Leben“ (III. Teil, 24. Kapitel; DASal 1,169) schreibt Franz von Sales, dass die „schlichte Einfachheit“ in der Gesellschaft das beste Verhalten ist, denn „jene, deren Gehaben stets geziert und abgezirkelt ist,“ sind „eingebildete Leute“, die nur stören.

Franz von Sales zieht daraus den Schluss: „Hüte dich vor allem Gezierten und Eitlen, vor jedem auffallenden und unsinnigen Aufputz. Soviel du kannst, halte dich stets an Einfachheit und Bescheidenheit“ (Philothea III,25; DASal 1,171).

Offenbar hat Franz von Sales den Leuten wirklich genau auf die Finger geschaut, was ihre Versuche betrifft, der Tugend der Einfachheit so gut es geht zu entgehen. Und das scheint heute nicht anders zu sein als vor vierhundert Jahren. Ein sehr humorvolles Beispiel zeigt das deutlich, wo Franz von Sales einer Mutter schreibt, deren Tochter dazu neigte, sich pausenlos zu pudern und zu putzen. Dieser Mutter antwortete Franz von Sales:

„Soll sie nur ruhig ihren Kopf pudern, pudern doch auch die anmutigen Fasane ihre Federn, damit darin keine Flöhe aufkommen" (DASal 6,266).

Besser jedoch wäre es, den Weg inmitten der schönen Tugend der Einfachheit zu gehen. „Einfachheit", so seine Überzeugung, „ist immer und in allem vorzuziehen" (DASal 2,321).

Gerade in diesem Zusammenhang können wir ganz leicht erkennen, wie wenig sich unsere Gesellschaft um die Einfachheit kümmert. Schmuck und Aufputz, Prunk und modisches Gepränge geben normalerweise den Ton an. Wer in unserer Welt der medialen Kommunikation etwas erreichen will, der muss mehr bieten als bloße Einfachheit. Das wirkt sich wiederum auf die Welt selbst aus, die alles nachmachen will, was im Fernsehen zur Schau gestellt und beworben wird.

Ständig unter Stress

Unsere Zeit liebt eben das Einfache nicht so besonders. Das Aufgeputzte und Pompöse erregt mehr Aufmerksamkeit und erhält mehr Beifall. Die Tugend der Einfachheit findet man eher selten, und wenn, dann fällt sie eben nicht auf.

Vielleicht liegt gerade darin der Grund, warum die Menschen heute ständig irgendwie überfordert erscheinen, ständig unter Stress leiden und vieles, was heute gemacht wird, so schnell wieder verpufft, wie es zuvor für Aufregung gesorgt hat. Denn das ist ebenso ein Merkmal der Tugend der Einfachheit. Sie ist nicht nur sehr leicht (– und daher schwer), sondern sie hat auch mehr Bestand als das Aufgebauschte und Gezierte.

Es ist also durchaus eine Frage der Lebensqualität, wenn wir uns für die Tugend der Einfachheit entscheiden. Es geht um die Frage, was ich mit meinem Leben erreichen will: Will ich ein Star sein, der überall ankommt und dann, wenn er's nicht mehr bringt, einfach fallen gelassen wird ... oder erwarte ich mir vom Leben Anderes, Bleibenderes. Das allerdings kann ich sehr schwer ohne die Leichtigkeit der Einfachheit erreichen.

Der sicherste Weg

Franz von Sales hat die Einfachheit geliebt, weil sie für ihn der sicherste Weg durch das Leben bedeutete. Seine Ratschläge, die er gab, gelten noch heute:

„Gehen Sie in aller Einfachheit Ihren Weg; verwenden Sie eine besondere Aufmerksamkeit nur auf wichtige Dinge; zerpflücken Sie nicht so sehr Kleinigkeiten! Ihr Herz sei fest entschlossen!" (DASal 5,390), schreibt er seiner Seelenfreundin Johanna Franziska von Chantal (1572-1641). Weiters empfiehlt er ihr: „Ihre Reden sollen knapp, gütig, heilig und bescheiden sein, in aller Ruhe gesprochen. All Ihr Tun soll darin bestehen, ... unseren Herrn handeln zu lassen. Sein Wille geschehe! Und Sie sollen in dieser so einfachen Einfachheit bleiben, ohne sich zu rühren" (DASal 5,401).

Einer anderen Frau, einer gewissen Frau von Soulfour, gab Franz von Sales den Rat: „Ich empfehle Ihnen die heilige Einfachheit. Schauen Sie auf den Weg vor sich und nicht auf die in weiter Ferne drohenden Gefahren, wie Sie mir geschrieben haben. Es scheinen Ihnen ganze Armeen zu sein; es sind doch nur zugestutzte Weiden. Während Sie auf sie schauen, könnten Sie leicht einen Fehltritt tun" (DASal 6,41).

Das also bedeutet die Tugend der Einfachheit: Schritt für Schritt, geradeaus, ohne den Blick zu weit nach vorne oder nach rückwärts zu richten, und ohne durch großes Geplapper und Getue auf sich aufmerksam machen. Gott sieht auf das Herz, bei ihm brauchen wir nicht vieler Worte.

„Es ist leicht, aber das ist schwer ..."

Fragen zum Nachdenken

- *Ist für mich Einfachheit eine Tugend?*
- *Wie könnte ich mein Leben einfacher gestalten?*
- *Ist für mich Prunk und Gezierde wichtig?*

Ertragen (oder Duldsamkeit) – die Tugend, an der niemand vorbei kommt

Es gibt eine Tugend, an der wahrscheinlich kein Mensch vorbei kommt, ob er nun will oder nicht, da kein Mensch vollkommen ist. Diese Tugend ist das „Ertragen" oder die „Duldsamkeit". Worum geht es bei dieser Tugend?

Der Mensch und seine Schwächen

Ein berühmtes und nachdenkenswertes Wort des heiligen Franz von Sales lautet: „Unsere Vollkommenheit besteht zum großen Teil darin, dass wir einander in unseren Unvollkommenheiten ertragen" (DASal 7,26). Das heißt: Jeder Mensch hat eben seine Schwächen und Fehler und manche davon sind gar nicht oder nicht so leicht auszumerzen, selbst wenn wir das noch so intensiv wollen und versuchen. So manches im Leben ist einfach nicht zu ändern, selbst wenn wir uns noch so anstrengen. Es bleibt uns nichts anderes übrig, als gewisse Tatsachen einfach hinzunehmen. Das ist jedoch eine gar nicht so leichte Aufgabe, vor der wir uns liebend gerne drücken würden, wenn wir könnten.

Der heilige Franz von Sales meint daher: „Lieben Sie die heilige Tugend der Duldsamkeit, denn nur so, sagt der heilige Paulus (Gal 6,2), werdet ihr das Gesetz Jesu Christi erfüllen" (DASal 6,34). Denn Jesus sagt: „Wer mein Jünger sein will, der nehme täglich sein Kreuz auf sich, und folge mir nach" (Mt 16,24).

Diese täglichen Kreuze sind nicht in erster Linie schwere Schicksalsschläge, wie wir vielleicht meinen könnten. Es geht nicht um das Ertragen von großem Leid und Schmerz oder gar von Katastrophen oder ähnlichem, sondern um die alltäglichen kleinen Sorgen und Unannehmlichkeiten, die uns in uns selbst und bei anderen jeden Tag begegnen können.

Die täglichen Sorgen

Das beginnt beim Aufstehen am Morgen, wenn ich noch liebend gerne eine Weile im Bett verbringen würde, obwohl ich zur Arbeit muss oder die Kinder zu versorgen habe. Es endet in der Nacht, in der ich schlecht oder gar nicht schlafen kann, weil mir irgendetwas durch den Kopf geht, das mir den Schlaf raubt.

Dazwischen ist der ganz normale Alltag. Da gibt es Aufgaben, die erledigt werden müssen, obwohl wir gar keine Lust dazu haben. Da läutet das Telefon zum ungünstigsten Zeitpunkt und jemand möchte, dass ich ihm zuhöre, obwohl ich gar keine Zeit dazu habe. Da gibt es Menschen, denen wir begegnen müssen, obwohl wir sie gerade jetzt eigentlich am liebsten gar nicht sehen möchten. Da gibt es Fehler, die man an sich feststellt, gegen die man immer und immer wieder ankämpft, die einen aber trotzdem immer wieder einholen. Und da gibt es diese kleinen Gebrechen in Körper und Seele, die einen piesacken und ärgern, die zwar nicht lebensbedrohlich, aber doch unangenehm sind.

Manchen Menschen fällt es schwer das Älterwerden anzunehmen, die Tatsache also, dass man nicht mehr so fit ist wie noch vor wenigen Jahren, dass man plötzlich bei Dingen auf Hilfe angewiesen ist, die man früher problemlos alleine bewältigt hat. Andere wiederum sind mit ihrem Äußeren nicht zufrieden, oder mit ihrer Lebenssituation, so wie sie ist. Sie meinen, dass es die anderen besser getroffen haben. Diese „Anderen" haben die bessere Figur, das bessere Aussehen, die bessere Kondition, den besseren Beruf, die besseren Kinder, den besseren Partner, das bessere Glück und so weiter. Das ständige Ankämpfen gegen all diese kleinen Dinge kann irgendwann tatsächlich zur Katastrophe führen.

Methode zum Glücklichwerden

Der österreichische Psychotherapeut Paul Wazlawik (1921-2007) nennt dies die erfolgreichste Methode, um unglücklich zu werden: Ich nehme mir bei jeder Kleinigkeit vor, dass es der andere immer besser hat als ich. Zunächst fühlt man sich nur irgendwie unzufrieden, dann unglücklich und schließlich kann diese Methode zu einer ausgewachsenen Depression führen, wenn man nicht früh genug lernt, jene Tugend des Ertragens oder der Duldsamkeit mit sich und seinen Unvollkommenheiten zu üben. Die Tugend des Ertragens macht nicht unglücklich, sie kann jemandem nicht nur zu mehr Zufriedenheit, sondern sogar zu ungeahnten Kräften verhelfen. In etwa so wie ein Sportler, der seine Muskeln trainiert und stählt, in dem er sie eben großen Anstrengungen aussetzt.

So erzählt es die Geschichte von der Palme, der ein böser Mensch in noch ganz jungen Jahren einen Stein auf die Krone setzte. Zuerst versuchte die Palme den Stein abzuwerfen, was ihr jedoch nicht gelang. Dann war sie eine Zeit lang völlig deprimiert und wollte am liebsten zu Grunde gehen. Dann aber lernte sie den Stein anzunehmen und zu ertragen. Schließlich nach vielen, vielen Jahren kam der böse Mensch wieder an die Stelle, an der die damals noch junge kleine Palme stand. Er stellte mit Erstaunen fest, dass sie zur größten Palme der ganzen Umgebung geworden war, weil sie durch das Ertragen des Steines gezwungen war, ihre Wurzeln tiefer in die Erde zu bohren als die anderen Palmen.

Die Kreuze des Alltags

Der Rat des heiligen Franz von Sales, täglich das Ertragen der Unvollkommenheiten zu üben, ist daher ein sehr weiser und guter: „Gefällt es Gott, uns zur Vollkommenheit der Engel zu erheben, dann werden wir auch gute Engel sein. Vorläufig aber üben wir uns … im Ertragen unserer Fehler“ (Philothea III,2; DASal 1,112). Das heißt: Vorläufig üben wir uns darin, uns so anzunehmen wie wir sind, mit unseren Stärken genauso wie mit unseren Schwächen. Und wir tun dies, indem wir jene „Kreuze“ des Alltags annehmen, die uns begegnen.

Franz von Sales ist davon überzeugt, dass Gott kein böser Mann ist, der uns bewusst irgendwelche Steine in den Weg legt, um uns zu quälen, sondern dass er sehr wohl darauf achtet, dass unsere

Kreuze weder einen Millimeter zu lang, noch ein Gramm zu schwer sind. Er hält es mit jener Legende, in der sich ein Mensch bei Gott beschwert, dass sein Kreuz, das er zu tragen hätte, viel zu schwer sei, und die anderen immer die leichteren Kreuze zu tragen hätten. Also führte ihn Gott in einen Raum, in dem eine große Anzahl von Kreuzen stand. Gott erlaubte dem Menschen, sich sein Kreuz selbst auszusuchen. Der Mensch ging die einzelnen Kreuze durch. Das eine empfand er als zu groß, das andere als zu klein. Schließlich entschied er sich für ein Kreuz, das ihm genau angemessen erschien, nicht zu leicht, aber auch nicht zu schwer. Er zeigte es Gott und meinte, damit wäre er zufrieden. Und Gott lächelte, weil sich der Mensch genau das Kreuz aussuchte, das er bisher auch schon getragen hatte.

Der Blick auf das Kreuz

Es ist ein Unfug zu meinen, die anderen hätten es immer besser. Empfehlenswerter ist die Tugend des Ertragens, also sich selbst so anzunehmen, wie man ist, und das Beste daraus zu machen. Als Hilfe für das Ertragen verweist Franz von Sales auf das Beispiel Jesu: „Denke oft daran, dass der Heiland uns durch Leiden und Dulden erlöst hat; auch wir können unser Heil nur wirken durch … geduldiges Ertragen der Schwierigkeiten, Widerwärtigkeiten und Unannehmlichkeiten" (Philothea III,3; DASal 1,113). Der Blick auf das Kreuz, auf Leiden und Sterben Jesu mag uns zeigen, dass selbst schwere Kreuze und schlimmste Leiden durchaus ihren Sinn haben und in irgendeiner Form zur Auferstehung führen können. Der Blick auf das Kreuz mag uns helfen, unsere eigenen Kreuze leichter zu ertragen und die Tugend der Duldsamkeit zu üben.

Fragen zum Nachdenken

- *Welche Unannehmlichkeiten des Alltags stören mich?*
- *Bin ich bereit, meine täglichen Kreuze anzunehmen?*
- *Hilft mir der Blick auf das Kreuz Jesu?*

Freiheit –
die Tugend, die Liebe erst möglich macht

„Freiheit ist das Einzige, was zählt". Dieses Lied des deutschen Sängers Marius Müller-Westernhagen wurde Ende der 1980-er Jahre zur Hymne all derer, die den Fall der Berliner Mauer und den Untergang der kommunistischen Diktatur bejubelten. Freiheit gehört seit der UNO-Menschenrechtserklärung, die am 10. Dezember 1948 verkündet wurde, zu den Grundrechten des Menschen. Jeder Mensch hat das Recht auf Religionsfreiheit, Versammlungsfreiheit, Meinungsfreiheit, Pressefreiheit und Gewissensfreiheit und darf dafür nicht bestraft werden. Die politische Realität zeigt nur allzu oft, dass diese Grundrechte mit Füßen getreten werden und Millionen Menschen unter Unfreiheit leiden. Freiheit aber ist nicht nur ein politisches Grundrecht des Menschen, sondern auch ein theologisches. Sehr eindrucksvoll macht dies der heilige Franz von Sales deutlich.

Der kostbarste Teil des Menschen

„Die Freiheit ist der kostbarste Teil des Menschen", meint der heilige Franz von Sales, sie ist „das Leben unseres Herzens" (DASal 9,362). Wie kommt er darauf? Er lebte ja noch nicht in einer Zeit, in der Freiheit so groß geschrieben war wie heute. Die französische Revolution (1789-1799) und ihr Ruf nach „Freiheit, Gleichheit, Brüderlichkeit" hat noch nicht stattgefunden, ebenso wenig wie die Menschenrechtsdeklaration der Vereinten Nationen. Es gab noch keine modernen Demokratien, in der vom Volk gewählte Verfassungen die Rechte der Bürgerinnen und Bürger schützen. Sowohl Kirche als auch Staat waren strikt hierarchisch geordnet. Der König befiehlt, die Untertanen gehorchen. Wer sich die Freiheit nimmt, einen Befehl zu missachten, hat die Konsequenzen zu tragen, was nicht selten die Hinrichtung bedeutete. Franz von Sales selbst hat sich stets an diese hierarchischen Strukturen gehalten. Ein charakteristisches Beispiel ist sein Verhalten gegenüber dem Papst. Als Franz von Sales 1597 in Rom gegenüber Papst Clemens VIII. (1536-1605) eine Aussage des Konzils von Trient zitierte, entgegnete der Papst, dass er aber jetzt anderer Meinung sei als das Konzil. Darauf meinte Franz von Sales, dass eben nun die Meinung des Papstes richtig sei, denn der Papst steht über dem Konzil.

Der freie Wille

Warum behauptet Franz von Sales trotzdem, dass die Freiheit der kostbarste Teil des Menschen ist, obwohl er sich mühelos den Obrigkeiten von Staat und Kirche unterordnete?

Franz von Sales war kein Politiker, sondern Theologe. Als solcher stellte er fest, dass Gott jedem Menschen einen freien Willen geschenkt hat. Nicht, weil Gott der Vorreiter der französischen Revolution sein wollte, sondern rein aus Liebe zu den Menschen. Liebe aber ist nur in Freiheit möglich. Ein erzwungenes „Ich liebe dich" ist nichts wert. Es sind bloße Worte, ohne Gewicht. Erst wenn ein Mensch aus freiem Entschluss zu einem anderen Menschen Ja sagt, kommt Liebe zur wahren Entfaltung.

Daher lautet die erste Frage, die ein Brautpaar bei der kirchlichen Hochzeit mit Ja beantworten muss: „Bist du hierher gekommen, um aus freiem Entschluss den Bund der Ehe zu schließen?" Die Feststellung der Freiheit gehört beim vorbereitenden Ehegespräch zu einem der wichtigsten Elemente. Druck, Drängen oder Zwang stellen ein unbedingtes Ehehindernis dar. Liebe, das Fundament des Ehesakramentes, ist eben nur in gegenseitiger Freiheit möglich.

Liebe in Freiheit

Gott möchte, dass wir Menschen ihn lieben, und zwar in Freiheit. Gott will nicht, dass wir ihn achten und ehren, weil er der Allmächtige ist, dem alle Macht gegeben ist im Himmel und auf Erden (Mt 28,18). Er möchte, dass wir ihn lieben, weil er uns liebt. Wir Menschen sind dazu berufen, auf diese Liebe Gottes Antwort zu geben. Das können wir aber nur in aller Freiheit. Deshalb, so Franz von Sales, ist diese Freiheit der kostbarste Teil des Menschen, weil es nur in Freiheit möglich ist, Gott mit ebensolcher Liebe zu lieben, wie er uns Menschen liebt.

Deshalb nimmt Gott sogar in Kauf, von uns Menschen und unserem freien Willen abgelehnt zu werden. Als Jesus Christus in seine Heimatstadt Nazaret kam, lehrte er in der Synagoge. Die Menschen staunten sogar über diese Lehre. Doch dann fragten sie sich: Woher hat er das alles? Wir kennen ihn doch, er ist doch der Zimmermann, der Sohn Josefs und Marias. Er hat uns also gar nichts zu sagen. Wir lehnen ihn ab (vgl. Mk 6,1-6). Die Menschen von Nazaret nutzten ihre Freiheit dazu, Jesus – obwohl er sie in Staunen versetzte – abzulehnen. Wir wollen nichts von dir wissen, verschwinde! Dann folgt die Konsequenz dieser Ablehnung: Jesus konnte dort keine Wunder tun. Gott kann dort, wo er abgelehnt wird, wo nicht in Freiheit Ja zu ihm gesagt wird, keine Wunder vollbringen. Seine Liebe kann nicht zur vollen Entfaltung kommen, weil Liebe nur in Freiheit möglich ist.

Gott wirbt um uns

Franz von Sales beschreibt diese freie Beziehung zwischen Gott und Mensch mit wunderschönen Worten in seinem theologischen Hauptwerk „Theotimus – Abhandlung über die Gottesliebe“:

„Gott zieht uns nicht mit eisernen Fesseln an sich wie Stiere oder Büffel, sondern er wirbt um uns, er lockt uns liebevoll an sich durch zarte und heilige Einsprechungen. Das sind Bande Adams und der Menschlichkeit, sie entsprechen der Beschaffenheit des menschlichen Herzens, das von Natur aus frei ist ... Sieh, wie der himmlische Vater uns an sich zieht. Wenn er uns belehrt, lässt er uns Freude daran empfinden; er tut uns keinen Zwang an. Er wirft in unsere Herzen frohe und freudige geistliche Empfindungen, sozusagen als heilige Lockmittel, durch die er uns liebevoll anzieht, die Schönheit seiner Lehre aufzunehmen und zu verkosten. So wird … unsere Freiheit durch die Gnade keineswegs vergewaltigt oder zu etwas gezwungen. Wie allmächtig auch die Kraft der barmherzigen Hand Gottes ist, die die Seele mit so vielen Einsprechungen, Anregungen und Lockungen rührt, umhüllt und fesselt, der menschliche Wille bleibt doch stets vollkommen frei, ohne einem äußeren oder inneren Zwang zu unterliegen. Die Gnade erfasst ja unsere Herzen so sachte und zieht sie so liebevoll an sich, dass sie in keiner Weise die Freiheit des Willens trübt. Sie berührt machtvoll, zugleich aber so zart das, was unseren Geist bewegt, dass unsere Freiheit keinen Zwang erleidet. Die Gnade besitzt Kräfte, nicht um von unseren Herzen etwas zu erzwingen, sondern um sie liebevoll anzulocken. Ihr wohnt heilige Gewalt inne, uns nicht zu vergewaltigen, sondern unsere Freiheit zu einer liebenden zu gestalten. Sie wirkt kraftvoll, aber zugleich so milde, dass unser Wille unter ihrer so machtvollen Tätigkeit nicht erdrückt wird. Sie drängt uns, unterdrückt aber nicht unser freies Handeln, so dass wir, bei all ihrem kraftvollen Wirken, ihren Regungen zustimmen oder widerstehen können, wie es uns gefällt“ (Theotimus II,12; DASal 3,129-130).

Die Tugend der Freiheit besteht darin, aus freiem Willen unser Ja zu diesem liebevollen Werben Gottes zu sagen.

Fragen zum Nachdenken

- *Fühle ich mich Gott gegenüber frei?*
- *Welche Zwänge beherrschen mich?*
- *Welche Antwort gebe ich auf die Liebe Gottes?*

Fröhlichkeit und Humor – die Tugend, die trotzdem lacht

Der belgische Ordenspriester Phil Bosmans ist ein Meister der positiven Lebens- und Glaubenseinstellung. In seinen zahlreichen Büchern, allesamt Bestseller mit Millionenauflage und in viele Sprachen übersetzt, macht er den Menschen Mut, das Leben, sich selbst, den Alltag, den Glauben, den Beruf, einfach alles – trotz vieler Schwierigkeiten – als gut und wertvoll zu betrachten, weil Gott der Urheber und Schöpfer von allem ist. Die Tugend des Humors und der Fröhlichkeit spielt dabei eine große Rolle. „Humor trägt die Menschen durch die Wüsten des Lebens," schreibt er in einem seiner Texte. „Wenn alles so traurig ist, dass keiner mehr lachen kann, und alles so aussichtslos, dass es nichts mehr zu lachen gibt, kann Humor immer noch ein Lächeln hervorzaubern."

Phil Bosmans liebt daher die Clowns als „wahre Lebenskünstler". Nur der Clown „kann lachen, wenn er weint. Und wenn er weint, lachen die Menschen. Sie lachen Tränen. Mit seinem Humor ist er ein wunderbarer Therapeut."

Eine christliche Tugend?

Dass das Lachen und der Humor, oder mit einem anderen Wort die Fröhlichkeit, eine christliche Tugend ist, war in der Geschichte des Christentums nicht immer unbestritten. Der Roman von Umberto Eco „Der Name der Rose" (München, 1982) machte einem Millionenpublikum deutlich, dass diese Lebenshaltungen vor allem im Mittelalter aus dem christlichen Tugendkatalog verbannt waren. Lachen verführt zum Bösen, daher darf nicht gelacht werden, daher müssen alle Bücher und Schriften, die positiv über das Lachen schreiben, so gut es geht vernichtet werden. In Ecos Krimi wird diese Verbannung des Humors auf die Spitze getrieben, indem alle, die sich damit nicht einverstanden erklärten, entweder vergiftet oder auf dem Scheiterhaufen verbrannt wurden. Gott sei Dank hat sich diese Einstellung gewandelt. Humor ist wieder eine Tugend geworden, spätestens seit dem berühmten Gebet des englischen Lordkanzlers und heiligen Märtyrers Thomas Morus (1478-1535): „Schenke mir Sinn für den Humor, gib mir die Gnade einen Scherz zu verstehen, damit ich ein wenig Glück im Leben erfahren und es anderen weitergeben kann." Doch ganz so einfach war die Rehabilitierung des Humors trotzdem nicht.

Selbst der heilige Franz von Sales bekam mit seinem Hinweis, dass Fröhlichkeit, Tanz, Spiel, Humor, Geselligkeit und liebevolle Neckereien zum Wesen eines guten Christen gehören, noch Schwierigkeiten. Heute ist das fast nicht mehr nachzuvollziehen, dass sein Buch „Philothea" gerade deshalb öffentlich auf der Kanzel als Teufelswerk gebrandmarkt wurde, weil er darin schreibt, dass Fröhlichkeit etwas Gutes ist.

Wörtlich lauten seine biblisch wohl begründeten Aussagen unter anderem: „Im Allgemeinen soll bei unseren Gesprächen eine maßvolle Fröhlichkeit vorherrschen ... ‚Freut euch mit denen, die sich freuen' (Röm 12,15). Und noch einmal sage ich euch mit dem Apostel: ‚Freut euch allezeit im Herrn und eure Bescheidenheit sei allen Menschen kund' (Phil 4,4-5)" (Philothea III,24; DASal 1,169). Oder: „Wortspiele und Neckereien, die man einander bei fröhlicher, anständiger Unterhaltung zuwirft, gehören zur Tugend, die bei den Griechen Eutrapelia, bei uns Geselligkeit heißt. Man neckt einander fröhlich und spaßt miteinander in harmloser Weise über die kleinen Fehler und Menschlichkeiten, die jeder aufweist" (Philothea III,27; DASal 1,174).

Abgrenzung zum Spott

Franz von Sales wurde für solche Sätze zumindest anfangs von einigen unverbesserlichen Misanthropen heftig kritisiert, obwohl er sehr wohl vor der Gefahr der übertriebenen Fröhlichkeit und des Spottes warnte: „Man muss nur Acht geben, dass man nicht von unschuldiger Neckerei zum Spott übergeht. Der Spott reizt nur durch die Geringschätzung des anderen zum Lachen, bei fröhlicher Neckerei aber lachen wir über die herzlich frohen Worte, die mit unbeschwertem Freimut in freundschaftlicher Offenheit gesagt werden“ (Philothea III,27; DASal 1,174). Oder: „Damit aber deine Freude ‚im Herrn‘ sei, muss der Gegenstand deiner Freude nicht nur erlaubt, sondern auch anständig sein. ... Jemand zu Fall zu bringen, ihm das Gesicht zu schwärzen, einen anderen zu stechen, einem armen Narren wehtun, das sind dumme und ungezogene Scherze“ (Philothea III,24; DASal 1,169).

Es gibt also einen Unterschied zwischen der Tugend des Humors und der Fröhlichkeit und der Untugend des Spottes. Und diesen Unterschied soll man sehr ernst nehmen. Denn: „Spott ist eine der schlechtesten Geistesanlagen. Gott hasst dieses Laster aufs tiefste und hat es vormals schwer bestraft. Nichts ist der Liebe und noch mehr der Frömmigkeit so entgegengesetzt wie die Verachtung des Nächsten. Auslachen und Verspotten geht nie ohne Verachtung ab, daher ist es auch schwere Sünde. Die Lehrer der Frömmigkeit sagen mit Recht, dass der Spott die schlimmste Kränkung ist, die man durch Worte zufügen kann, weil bei anderen kränkenden Worten doch eine gewisse Achtung vorhanden sein kann, beim Spotten aber nur Verachtung“ (Philothea III,27; DASal 1,174).

Echte Fröhlichkeit

Wenn Humor und Fröhlichkeit dazu dienen, dass andere ausgelacht, verspottet oder gekränkt werden, dann können wir sie selbstverständlich nicht mehr als Tugenden bezeichnen. Echte Fröhlichkeit sorgt für eine gute Stimmung, in der sich ALLE wohl fühlen, die ALLEN gut und KEINEM weh tut. Das ist das wesentliche Unterscheidungskriterium zwischen dem guten Humor und dem bösen Spott: die Achtung, die Würde und das Wohlbefinden des Anderen. Alles, was auf Kosten des Anderen geschieht, ist eine Verunglimpfung der Tugend des Humors und entartet zum Spott. Wahrer Humor trägt dazu bei, dass man das Leben wieder als lebenswert und mit Freude sieht.

Franz von Sales mochte die Zeit des Faschings und des Karnevals nicht, weil er beobachtete, dass in dieser Zeit der Ausgelassenheit genau dieses Unterscheidungskriterium allzu wenig beachtet wurde. Jedoch liebte er Heiterkeit und fröhliche Ausgelassenheit, wenn die Grenze zum Spott nicht überschritten wurde.

So lesen wir folgende Sätze aus einem seiner Briefe an die heilige Johanna Franziska von Chantal (1572-1641):

„Ich komme gerade vom Katechismusunterricht, wo wir heute mit unseren Kindern ein wenig übermütig waren und damit die Anwesenden zum Lachen brachten, indem wir uns über Masken und Bälle lustig machten. Denn ich war recht gut aufgelegt und eine große Zuhörerschaft ermutigte mich durch ihren Beifall, auch weiterhin Kind mit den Kindern zu sein. Man sagt, das stünde mir gut an, und das glaube ich auch“ (DASal 5,139).

Wer die Tugend des Humors und der Fröhlichkeit pflegt, sollte sich also stets vom Spott abgrenzen, er sollte darauf achten, dass aus Spaß nicht plötzlich Ernst wird. Achte ich diese Grenze, dann wird diese Tugend zu einer der wertvollsten, die der Mensch üben kann. „Das Schönste auf der Welt ist ein lachendes Gesicht,“ sagt ein Sprichwort. Fröhlichkeit und Humor können Wunder wirken und Menschen, die sich in einem finsteren Loch gefangen fühlen, eine neue Perspektive und neuen Lebensmut schenken. Oder mit den Worten Phil Bosmans: „Lachen und Humor befreien dich von übertriebenen Sorgen und von dem Trott, in dem du an manchen Tagen erstickst. Lachen und Humor schaffen in deinem Herzen neuen Raum für die Menschen um dich herum.“

Fragen zum Nachdenken

- *Wie erlebe ich fröhliche Menschen?*
- *Wie kann ich dazu beitragen, durch Humor und Fröhlichkeit Gutes zu tun?*
- *Neige ich dazu, andere zu verspotten?*

Gastfreundschaft – die Tugend, die Gott bei sich aufnimmt

Der russische Dichter Leo Tolstoi (1828-1910) erzählt vom Schuster Martin. Dieser träumte eines Tages, dass ihn Gott besuchen komme. Sofort steht er auf und putzt das ganze Haus, um seinen hohen Gast entsprechend empfangen und bewirten zu können. Ganz aufgeregt schaut er durch sein kleines Fenster auf die Straße, um Gott ja nicht zu übersehen. Da sieht er einen Mann, dessen Schuhe kaputt sind. Er lädt ihn zu sich ein und repariert seine Schuhe. Gleich darauf sieht er eine Mutter mit ihrem Kind, die frierend über die Straße gehen. Er bittet sie, sich bei ihm aufzuwärmen und eine Suppe zu essen. Schließlich sieht er einen Jungen, der aus Hunger einen Apfel stiehlt. Er bezahlt den Apfel aus seiner eigenen Tasche. Als es Abend wird, macht sich in Schuster Martin Enttäuschung breit, weil der Herr nicht gekommen war. Da hört er eine Stimme: „Schuster Martin, ich war doch heute schon ein paar Mal bei dir zu Gast und ich hatte mich stets sehr wohl gefühlt."

Wir nehmen Christus auf

Diese Erzählung zeigt den Grund, warum im Christentum Gastfreundschaft eine Tugend ist: in jedem Gast nehmen wir Christus auf, der gesagt hat:

„Ich war fremd und obdachlos und ihr habt mich aufgenommen ... Was ihr für einen meiner geringsten Brüder getan habt, das habt ihr mir getan" (Mt 25,35.40).

Wir können daraus ersehen, dass sich die Tugend der Gastfreundschaft nicht darin erschöpft, gastfreundlich zu Freunden, Bekannten und Verwandten zu sein, diese Tugend schließt gerade die Fremden und Bedürftigen mit ein. Dadurch vor allem wird sie zu einem Werk der Barmherzigkeit und Nächstenliebe. In seinem Wort über die rechten Gäste (Lk 14,12-14) sagt Jesus:

„Wenn du mittags oder abends ein Essen gibst, so lade nicht deine Freunde oder deine Brüder, deine Verwandten oder reiche Nachbarn ein; ... Nein, wenn du ein Essen gibst, dann lade Arme, Krüppel, Lahme und Blinde ein. Du wirst selig sein, denn sie können es dir nicht vergelten; es wird dir vergolten werden bei der Auferstehung der Gerechten."

Ein hohes Gut

Die Gastfreundschaft ist jener freundliche Umgang, den ein Besucher durch Beherbergung, Bewirtung und Unterhaltung empfängt. In vielen Kulturen und Religionen ist oder war sie ein so hohes Gut, dass die Verletzung des Gastrechtes sogar mit strengsten Strafen belegt wurde oder wird. Der Gastgeber ist oft nicht nur verpflichtet, den Gast aufzunehmen und mit dem Nötigsten zu versorgen, sondern ihn im Notfall sogar vor Feinden zu verteidigen und gar zu rächen.

Neben dem Christentum ist die Gastfreundschaft auch im Judentum und im Islam etwas Heiliges. Dahinter steckt nicht nur der Glaube, dass in jedem Gast Gott selbst anwesend ist – ein Gedanke, der sich übrigens auch in Homers „Odyssee" (8. Jh. v. Chr.) finden lässt. Es geht um die ganz praktische Alltagserfahrung der Welt der Nomaden in der Wüste. Dort gehörte Gastfreundschaft zum Gebot des Überlebens. Für das Volk Gottes kommt hinzu, dass das Gebot der Gastfreundschaft besonders gegenüber Fremden zu wahren ist, weil sie selbst „Fremde in Ägypten" waren. Im Buch Levitikus 19,34 lesen wir als Gebot: „Der Fremde, der sich bei euch aufhält, soll euch wie ein Einheimischer gelten und du sollst ihn lieben wie dich selbst; denn ihr seid selbst Fremde in Ägypten gewesen."

Bis heute ist es im Judentum Brauch, dass bei jüdischen Festen immer ein zusätzliches Gedeck auf den Tisch gestellt wird … denn es könnte ja sein, dass ein unerwarteter Gast kommt, der sich als der erwartete Messias erweist.

Biblische Gastfreundschaft

In der Bibel ist die Verweigerung oder Verletzung der Gastfreundschaft eine Schande (Gen 19,5-7; Ri 19,22-23). Als beispielhafte Gastgeber gelten Abraham und seine Frau Sara (Gen 18,1-8). Mitten am Tag kommen drei fremde Männer zu ihnen nach Mamre. Ohne sie zu kennen und ohne zu wissen, was sie wollen, lädt Abraham sie ein. Sie können sich die Füße waschen, erhalten etwas zu essen und zu trinken. Abraham lässt sogar ein „zartes, prächtiges Kälbchen" schlachten und zubereiten. Dann erst erfährt Abraham den Grund, der diese drei Männer zu ihm führte: seine Frau Sara werde schwanger werden und ihm seinen Sohn Isaak gebären. An dieser Erzählung erkennen wir, was aus biblischer Sicht zur Gastfreundschaft gehört: die Aufnahme des Fremden, das Waschen der Füße, die Bewirtung, Schutz und Begleitung beim Abschied.

Jesus preist die Tugend der Gastfreundschaft im Gleichnis vom „barmherzigen Samariter", der einen Fremden von der Straße aufliest und für ihn sorgt (Lk 10,25-27), und im Gleichnis vom bittenden Freund, der um Mitternacht plötzlich Besuch erhält und nichts zu essen anbieten kann (Lk 11,5-8).

Der Apostel Paulus schreibt in Röm 41,13: „Gewährt jederzeit Gastfreundschaft." Und in Hebr 13,2 heißt es: „Vergesst die Gastfreundschaft nicht; denn durch sie haben einige, ohne es zu ahnen, Engel beherbergt."

Besonders empfehlenswert

Die Kunst der Gastfreundschaft besteht darin, sich bewusst zu machen, dass ich Gott in jedem Menschen begegne. Zur besonderen Tugend wird sie, wenn sie nicht nur bei Bekannten und Freunden, sondern bei Fremden angewandt wird.

Für den heiligen Franz von Sales zählt die Gastfreundschaft zu den besonders empfehlenswerten kleinen Tugenden, weil sie oft und leicht geübt werden kann. „Nichts ist der göttlichen Majestät wohlgefälliger als die … kleinsten Tugenden, wie etwa die Gastfreundschaft,“ schreibt er in einem Brief. Sie „machen uns vollkommener als die größten Tugenden“ (DASal 6,383).

Auch für Franz von Sales beginnt die eigentliche Tugend der Gastfreundschaft im Verhalten gegenüber Fremden. Dabei gibt es eine Steigerung, wie er in seinem Buch „Theotimus – Abhandlung über die Gottesliebe“ schreibt: „Die Gastfreundschaft üben ist, wenn sie nicht dringendste Not erfordert, ein Rat. Fremde aufnehmen ist die erste Stufe davon. Aber auf die Straße gehen, um sie einzuladen, wie es Abraham getan hat (Gen 18,2), ist schon eine höhere Stufe. Und eine noch höhere ist es, wenn man in gefahrvollen Gegenden seinen Wohnsitz aufschlägt, um die Wanderer aus Gefahren zu retten, ihnen zu helfen und ihnen zu dienen“ (Theotimus VIII,9; DASal 4,100-101).

In der Ordensgemeinschaft der Schwestern der Heimsuchung Mariens, die er 1610 zusammen mit der heiligen Johanna Franziska von Chantal (1572-1641) gründete, ist die Gastfreundschaft eine eigene Aufgabe. Besonders Frauen, Witwen und Verheiratete, sollen die Möglichkeit haben, eine Zeit lang in den Klöstern zu leben, wenn sie „ein neues Leben in Christus beginnen wollen.“ Franz von Sales nimmt also das vorweg, was man heute modern als „Kloster auf Zeit“ oder „Urlaub im Kloster“ formuliert. Für Franz von Sales ist dies ein Gebot der Gastfreundschaft, denn – so schreibt er in einem Brief – „man kann nicht hinreichend schildern, wie reiche Früchte diese geistliche Gastfreundschaft von einigen Tagen bringt“ (DASal 8,234).

Fragen zum Nachdenken

- *Bin ich gastfreundlich?*
- *Gilt meine Gastfreundschaft auch gegenüber Fremden?*
- *Glaube ich, dass in jedem Menschen Gott gegenwärtig ist?*

Geduld – die Tugend, die uns schwer fällt

Als einer meiner Mitbrüder, der seit vielen Jahren als Priester in Indien lebt und arbeitet, wieder nach Deutschland kam, fragte ich ihn, was er denn bisher in Indien gelernt habe. Spontan meinte er: „Geduld!“ – Ich fragte nach dem Grund. Er antwortete: Die Inder haben einen völlig anderen Zeitbegriff als wir hier in Europa. Wenn sie „sofort“ sagen, dann meinen sie „morgen“. Sagen sie „morgen“, dann meinen sie „nächste Woche“ und wenn sie „nächste Woche“ sagen, dann meinen sie: „Vielleicht irgendwann einmal“. Ich kann mir vorstellen, dass das für jemanden, der es gewohnt ist, mit genauen Terminen zu arbeiten, und für den Zeit ein sehr kostbares Gut ist, ziemliche Probleme verursachen kann. Wir Europäer sind ja in diesem Punkt ganz besonders gefährdet. Geduld ist jedenfalls etwas, das uns schwer fällt. Ein afrikanisches Sprichwort weiß jedenfalls: „Der Afrikaner hat die Zeit erfunden, der Europäer die Uhr“.

Wir haben keine Zeit

Dazu ein ganz konkretes Beispiel: Einmal setzten sich zwei Menschen in einem Gasthaus an einen Tisch ganz in meine Nähe. Mir fiel sofort ihre Unruhe auf. Kaum hatten sie Platz genommen, riefen sie schon nach dem Kellner. Ohne die Speisekarte anzuschauen, fragten sie nur: „Was geht schnell, wir haben keine Zeit!“ Der Kellner schien auf diese Frage gar nicht vorbereitet zu sein und konnte nicht auf Anhieb eine Antwort geben. „Wir wollen etwas, das sofort serviert werden kann,“ betonte einer der Gäste schon etwas verärgert. Der Kellner nannte eine Speise. „Ja, bringen Sie das zwei Mal, aber schnell“, war die Reaktion. Dann begann das große Warten. Es waren sicher noch keine drei Minuten vergangen, da wurde schon auf die Uhr geschaut. „Wo bleibt denn nur das Essen so lange! Wir haben doch extra gesagt, dass es schnell gehen muss. Was ist das hier für eine unfreundliche Bedienung? Dieses Gasthaus sieht uns nicht mehr!“ Als der Kellner die Getränke brachte, wurde darauf gedrängt, doch das Essen schleunigst zu bringen. Der Kellner verschwand mit den Worten: „Kommt sofort!“ – Nach zehn Minuten war jedoch die Geduld der Gäste zu Ende. Protestierend standen sie auf und verließen das Gastzimmer.

Vor allem die Menschen in Europa haben keine Zeit mehr. Ungeduldig rasen sie von einer Aktion zur anderen. Alles muss funktionieren und zwar möglichst sofort. Die Geduld bleibt auf der Strecke. Das Erlebnis aus dem Gasthaus ist nur ein kleines Beispiel dafür, dass die Geduld für viele ein Fremdwort geworden ist. Weder mit den anderen, noch mit uns selbst haben wir Geduld. Und mit dem Fehlen der Geduld verschwindet auch etwas sehr Wesentliches, nämlich die Liebe, denn – so lautet ein italienisches Sprichwort: „Die Liebe hat zwei Töchter, die Sanftmut und die Geduld.“

Geduld und Liebe gehören zusammen. Das ist auch die Lehre des heiligen Franz von Sales. Der Ungeduldige ist lieblos und Lieblosigkeit beginnt mit der Ungeduld. Dem Bischof von Genf ist daher diese Tugend ganz besonders wichtig. Er möchte den Menschen den Weg der Liebe weisen. Seine Methode für diesen Weg ist der „Weg der kleinen Schritte“. Die Menschen, die Franz von Sales begleitete, wollten immer möglichst rasch vollkommen werden. Beharrlich mahnte er diese jedoch zur Geduld. Hast und Eile vergrößern nur die Gefahr, dass man auf dem Weg zur Liebe stolpert, das geduldige Vorangehen im Vertrauen auf Gottes Führung bringt uns jedoch sicher ans Ziel ... und ist nach Franz von Sales auch mehr wert. Jedenfalls meinte er einmal, dass die Kirschen zwar die schnellsten Früchte hervorbringen, die aber ebenso schnell faulig werden können. Die Palme jedoch, die Königin unter den Bäumen, braucht für die ersten Früchte bis zu hundert Jahre (vgl. DASal 7,325).

Gott weiß um unsere Langsamkeit

Gott belohnt den Geduldigen, der Schritt für Schritt seinen Weg geht. Gott weiß um unsere Langsamkeit und fordert nicht, dass wir schneller werden, sondern Schritt für Schritt weitergehen. Gott hat Geduld mit uns Menschen. Es kommt ihm nicht auf unsere Geschwindigkeit an, sondern darauf, dass wir uns für ihn entscheiden, dass wir den Weg seiner Nachfolge gehen und nicht aufgeben oder mutlos werden, wenn auf diesem Weg nicht immer sofort alles funktioniert.

Franz von Sales schreibt daher:

„Sie müssen wissen, dass die Tugend der Geduld uns den höchsten Grad an Vollkommenheit gewährleistet (Jak 1,4), und wenn wir mit den anderen Geduld haben müssen, so müssen wir sie auch mit uns selbst haben. Die sich nach reiner Gottesliebe sehnen, bedürfen nicht so sehr der Geduld mit den anderen als mit sich selbst. Wir müssen unsere eigene Unvollkommenheit erdulden, um vollkommen zu werden; ich sage, wir müssen sie mit Geduld ertragen, nicht aber sie lieben und hegen; die Demut wird an solchem Erdulden stark“ (DASal 6,39).

Jesus Christus erzählt uns im Evangelium ein schönes Gleichnis, das uns diese Tugend Geduld sehr gut veranschaulicht. Es ist das Gleichnis von der selbstwachsenden Saat (Mk 4,26-29):

„Jesus sagte: Mit dem Reich Gottes ist es so, wie wenn ein Mann Samen auf seinen Acker sät; dann schläft er und steht wieder auf, es wird Nacht und wird Tag, der Samen keimt und wächst, und der Mann weiß nicht, wie. Die Erde bringt von selbst ihre Frucht, zuerst den Halm, dann die Ähre, dann das volle Korn in der Ähre. Sobald aber die Frucht reif ist, legt er die Sichel an; denn die Zeit der Ernte ist da.“

Worauf kommt es in diesem Gleichnis an? Das Wichtigste ist, dass der Sämann auf seinen Acker geht und sät. Für das Wachsen der Saat braucht er sich keine Gedanken zu machen. Der Sämann darf sich sogar niederlegen und schlafen. Die Zeit nimmt seinen Lauf. Es wird Nacht und Tag. Der Sämann schläft und steht wieder auf. Nichts bringt ihn aus der Ruhe. Die Saat wächst von selbst und zwar ebenso Schritt für Schritt und in aller Geduld: zuerst wächst der Halm, dann die Ähre und dann das volle Korn in der Ähre. Erst wenn die Frucht wirklich reif ist, ist die Zeit der Ernte da. Jesus sagt also nichts von Geschäftigkeit und Hektik. Er fordert nicht zur rastlosen Aktivität auf, sondern zur Geduld.

„Alles hat seine Zeit", weiß auch der biblische Weisheitslehrer Kohelet. „Es gibt eine Zeit des Säens, eine Zeit des Wachsens und schließlich eine Zeit des Erntens" (vgl. Koh 3,1-8).

Der Sämann hat nur den Anfang zu machen. Er muss den Samen in die Erde legen. Dann hat er die Aufgabe, in aller Geduld zu warten.

Geduld lernen

Um diese Geduld zu lernen, braucht es natürlich ein ganz besonders tiefes Vertrauen in unseren Schöpfer, der wachsen lässt. Einer Frau rät Franz von Sales:

„Vor allem, meine Tochter, verlieren Sie nicht den Mut, haben Sie Geduld, lernen Sie warten! … Ich zweifle nicht daran, dass Gott Sie in seiner Hand hält. Wenn er Sie straucheln lässt, so geschieht das nur, damit er Sie erkennen lasse, dass Sie gänzlich fallen würden, wenn er Sie nicht hielte, und damit Sie immer stärker seine Hand festhalten" (DASal 6,135-136).

Es ist also notwendig, unsere Beziehung zu Gott wirklich zu pflegen, vor allem durch Gebet, Gottesdienst, dem Lesen der Bibel. Dort erfahre ich, dass Gott sich der Menschen annimmt und sie nicht im Stich lässt. Im ständigen Umgang mit Gott wird mir deutlich, dass vieles auch dann gut und richtig ist, wenn es mir selbst nicht schnell genug oder sogar ganz und gar gegen den Strich geht. Mir werden meine Ziele klarer, die Gott für mich vorgesehen hat, Ziele allerdings, die ich nicht von Heute auf Morgen erreichen werde, sondern zu denen ich unterwegs bin, Schritt für Schritt, mit Geduld und Ausdauer, so wie die selbstwachsende Saat, die ihre Zeit braucht, um reif zu werden.

Der Christ, der sich ganz in der Gegenwart Gottes geborgen weiß, hat also sehr viel Geduld, mit sich selbst, mit den Mitmenschen und natürlich auch mit Gott, dessen Wille nicht immer zu verstehen ist.

Fragen zum Nachdenken

- *Nehme ich mir Zeit, um über meinen Glauben nachzudenken?*
- *Wie geduldig oder ungeduldig verfolge ich in meiner täglichen Arbeit meine Ziele?*
- *Wie steht es mit meinem Vertrauen, dass Gott wachsen lässt, was ich gesät habe?*

Gelassenheit – die Tugend, die das Leben etwas leichter macht

Bei der Tugend der Gelassenheit fällt mir immer gleich der selige Papst Johannes XXIII. (1881-1963) ein. Als Angelo Roncalli 1958 zum Papst gewählt worden war, konnte er nicht mehr gut schlafen. Die Last des Papstamtes, die Verantwortung als Oberhaupt der Katholischen Kirche drückte und quälte ihn. Er machte sich Sorgen darüber, ob er dieser höchsten Aufgabe, die Gott ihm da übertragen hat, gerecht werden kann. Nun wird erzählt, dass der Papst eine Stimme hörte, die ihm sagte: „Giovanni – Johannes – nimm dich nicht so wichtig!“ Ab diesem Zeitpunkt hatte Papst Johannes XXIII. keine schlaflosen Nächte mehr. Der Papst hatte begriffen, dass die Tugend der Gelassenheit das Leben etwas leichter macht.

Innere Ruhe

Gelassenheit hat mit innerer Ruhe und Ausgeglichenheit zu tun, mit dem Loslassen von der eigenen Ich-Bezogenheit und dem Vertrauen darauf, dass nicht alles allein von mir abhängt, sondern dass es da jemanden gibt, der den Überblick hat und in dessen Händen ich geborgen bin, nämlich Gott. Daher können mich die Sorgen und Probleme, die mir täglich begegnen, die großen genauso wie die kleinen, nicht aus der Ruhe bringen oder gar aus der Bahn werfen.

Gelassenheit schenkt mir die Gewissheit, dass ich nicht alle Probleme auf einmal lösen muss. Gelassenheit macht mir bewusst, dass das eigentlich Wichtige der heutige Tag ist, die Gegenwart, in der ich lebe, und dass manches, was mir heute Sorgen bereitet, schon wieder ganz anders aussehen kann, wenn ich eine Nacht darüber geschlafen habe.

Die Tugend der Gelassenheit ist daher wahrlich ein sehr anstrebenswertes und großes Geschenk, weil sie mir tatsächlich hilft, mein

Leben etwas leichter und sorgenfreier zu gestalten, und nicht nur mein Leben, sondern auch das Leben der anderen.

Macht euch keine Sorgen

„Macht euch also keine Sorgen," sagt Jesus in der Bergpredigt, „und fragt nicht: Was sollen wir essen? Was sollen wir trinken? Was sollen wir anziehen? Denn um all das geht es den Heiden. Euer himmlischer Vater weiß, dass ihr das alles braucht. Euch aber muss es zuerst um sein Reich und um seine Gerechtigkeit gehen; dann wird euch alles andere dazugegeben. Sorgt euch also nicht um morgen; denn der morgige Tag wird für sich selbst sorgen. Jeder Tag hat genug eigene Plage" (Mt 6,31-34).

Der erste Schritt, um gelassener zu werden, besteht also darin, sich jeden Tag neu bewusst zu machen, dass unser himmlischer Vater weiß, was wir brauchen, und dass er auch dafür sorgen wird. Manche Probleme werden sich wahrscheinlich von alleine lösen, manche brauchen mich derzeit nicht zu kümmern, weil sie ohnehin unlösbar sind, die wenigen Aufgaben, die lösbar sind, werde ich heute – mit Gottes Hilfe, frischem Mut und in aller Gelassenheit – anpacken.

Der heilige Franz von Sales empfiehlt daher, vor allem das Morgengebet dazu zu verwenden, sich in der Gelassenheit zu üben: „Bereiten Sie Ihre Seele gleich am Morgen zur Stille vor; und tragen Sie während des Tages Sorge, sie oft zu dieser Stille zu rufen und sie wieder in Ihre Hand zu bekommen. Sollten Sie sich über etwas ärgern, entsetzen Sie sich nicht und machen Sie sich deshalb keinerlei Sorge ... versuchen Sie, Ihren Geist wieder zu einer gelassenen Haltung zurückzuführen" (DASal 6,135).

In einem anderen Brief schreibt Franz von Sales, dass Gott uns beisteht, wenn wir in aller Ruhe und Gelassenheit einfach das tun, was heute ansteht: „Wenn wir gelassen und beständig tun, was an uns liegt, wird der liebe Gott für das Übrige sorgen und Sie mit seinem heiligen Beistand trösten" (DASal 7,288).

Nur für heute

An diesen Worten und Ratschlägen des heiligen Franz von Sales können wir sehr gut erkennen, dass Gelassenheit nicht mit Bequemlichkeit oder gar Gleichgültigkeit verwechselt werden darf. Gelassenheit hat nicht zum Ziel, sich einen Lenz zu machen, untätig die Hände in den Schoß zu legen, die Füße baumeln zu lassen und nichts zu tun. „Jeder Tag hat seine eigene Plage", erinnert uns Jesus in der Bergpredigt, und genau diese „Plage" ist meine Aufgabe, die zu tun von mir heute erwartet wird. Dem heutigen Tag will ich mich stellen und ihn so gut als möglich leben. Am Abend dann lege ich diesen Tag gelassen in das Erbarmen Gottes zurück in der Hoffnung, dass er das Unvollendete vollendet, das ich begonnen habe. Wie Paulus können wir bei unserem Abendgebet täglich sagen: „Ich vertraue darauf, dass Gott, der das gute Werk begonnen hat, es auch vollenden wird" (Phil 1,6).

Das empfiehlt auch Franz von Sales: „In diesem Sinne müssen wir auch das Heilandswort: ‚Sorget nicht ängstlich für den morgigen Tag' (Mt 6,34) verstehen … Fragt euch also jemand: ‚Was wollt ihr morgen tun?', dann sollt ihr antworten: ‚Heute tu ich das, was mir für heute aufgetragen ist; was ich morgen tun werde, weiß ich nicht, weil mir nicht bekannt ist, welchen Auftrag ich morgen erhalten werde.' Wer so handelt, kann sich über nichts ärgern; denn wo diese echte Gelassenheit herrscht, kann es keine Unzufriedenheit und keine Vergrämtheit geben" (DASal 2,110). Tröstlich ist, dass Franz von Sales noch hinzufügt, dass diese Haltung echter Gelassenheit selbst nicht von heute auf morgen erlernbar ist. „Freilich," so sagt er, „in fünf Jahren lernt man dies nicht, man braucht schon seine zehn Jahre dazu" (DASal 2,110).

„Nur für heute" – also „Heute tu ich das, was mir für heute aufgetragen ist" – das war auch das Konzept der Gelassenheit, das sich der selige Papst Johannes XXIII. täglich vorgenommen hat. Nur für heute will ich das und das tun … der morgige Tag wird dann für sich selbst sorgen.

Nichts verlangen, nichts abschlagen

Neben dem „Nur für heute" als Übung der Gelassenheit kennt Franz von Sales noch eine weitere empfehlenswerte „Parole", die uns hilft, gelassener zu werden, nämlich „Nichts verlangen – nichts abschlagen". Auch diese Parole, so meint er, ist sehr nützlich, um für die Seele Ruhe zu finden:

„Es liegt mir außerordentlich viel daran, euch diese ungemein wertvolle Parole ins Herz hineinzugraben: *Nichts verlangen – nichts abschlagen!* Nehmet an, was man euch gibt, und verlangt nicht, was man euch nicht gibt. Handelt ihr so, dann ‚werdet ihr Ruhe finden für eure Seele' (Mt 11,29) … festigt euer Herz in dieser heiligen Gelassenheit, nehmt alles an, was man euch geben wird, und verlangt nicht nach dem, was man euch nicht geben will. Mit einem Wort, lasst alles Wünschen, übergebt vielmehr euch und all eure Angelegenheiten ganz und gar der göttlichen Vorsehung. Lasst sie mit euch schalten und walten, wie sie will, so wie die Kinder sich ganz dem Belieben ihrer Amme überlassen. Mag euch die Vorsehung auf den rechten oder linken Arm nehmen, lasst sie tun, was ihr beliebt; Kindern ist dies ja auch ganz gleichgültig. Mag sie euch hinlegen oder aufheben, lasst sie nach ihrem Gutdünken handeln. Sie ist eine gute Mutter und weiß besser als ihr selbst, was euch frommt" (DASal 2,90-91).

Sich ganz Gott überlassen

Das Vertrauen in Gott und seine Vorsehung ist letztlich die Grundlage schlechthin, die uns gelassen leben lässt. Sich ganz Gott überlassen schenkt Ruhe, Sicherheit und Gelassenheit. Diesen Rat können wir bei Franz von Sales in seinen Seelenführungsbriefen immer wieder lesen. An die heilige Johanna Franziska von Chantal (1572-1641) etwa schreibt er:

„Überlassen Sie all dies Gott, indem Sie in Ihrer Hingabe an Gott verbleiben und sich selbst seiner Führung anheimgeben. Lassen Sie ihn nur tun, was ihm gefällt, indem Sie einfach und gelassen sich in seinen heiligen Willen fügen ... Fügen Sie sich in Gottes Willen und wenden Sie sich dann Akten der Liebe zu; geben Sie sich einfach Gott hin und überlassen Sie ihm alles ... gehen Sie Ihres Weges schlicht, vertrauensvoll, unbekümmert und ehrlich" (DASal 5,398-399). Und in einem anderen Brief: „Es ist besser, alles zu tun, was möglich ist, und alles mit Gelassenheit und Ruhe aufzunehmen. Das ist dann die hohe Vollkommenheit und fördert die Erbauung" (DASal 5,403).

„Gehen Sie gelassen und mutig ihren Weg" (DASal 6,115) – diesen Wunsch des heiligen Franz von Sales gebe ich an Sie weiter. Möge Ihnen die Gelassenheit helfen, ihr Leben etwas leichter zu machen – wenigstens für heute.

Fragen zum Nachdenken

- *Habe ich viele Sorgen?*
- *Wie gelassen gehe ich mit meinen Sorgen und Problemen um?*
- *Vertraue ich, dass Gott mir heute beisteht?*

Gleichmut – eine gefährliche Tugend

Der heilige Gleichmut ist eine sehr gefährliche Tugend. In der deutschen Sprache ist daher in diesem Wort der Begriff MUT enthalten. Im lateinischen Ausdruck *„aequanimitas"* wird das leider nicht so deutlich, obwohl in diesem Wort der Begriff *„anima"* versteckt ist, also die Seele, die ja nach antiker Tradition der Sitz des Mutes und der Tapferkeit ist. Warum aber verlangt diese Tugend von uns Mut und Tapferkeit?

Der Wille Gottes

Zunächst, weil es dabei um nichts Geringeres als um den Willen Gottes geht, der ja nur allzu oft unfassbar und unbegreiflich ist. Franz von Sales schreibt im „Theotimus – Abhandlung über die Gottesliebe":

„Niemals dürfen wir unserem Verstand erlauben, in ehrfurchtsloser Neugierde die Flamme göttlicher Ratschlüsse zu umflattern. Gleich kleinen Schmetterlingen würden wir unsere Flügel verbrennen und im Feuer dieser heiligen Flamme zugrunde gehen. Unerforschlich sind ja Gottes Ratschlüsse, oder wie der hl. Gregor von Nazianz sagt, unergründlich sind sie, das heißt, wir vermögen weder ihre Beweggründe zu erkennen, noch die Wege und Mittel zu erfassen, durch die Gott sie verwirklicht und vollendet" (Theotimus IV,8; DASal 3,225).

Der, der den heiligen Gleichmut richtig übt, weiß „dass die Beweggründe der göttlichen Vorsehung sehr armselig wären, würden wir kleine Geister sie verstehen" (Theotimus IV,8; DASal 3,225). Er rät daher: Gott ist so unendlich groß, dass wir ihn nie ganz verstehen können, lassen wir ihm daher seine Größe und Unbegreiflichkeit und stimmen wir ein in den Lobpreis Gottes mit den Worten:

„Alle Dinge sind von Gott als ihrem Schöpfer, alle Dinge sind durch ihn als ihrem Herrscher, alle Dinge sind in ihm als ihrem Beschützer. Ihm allein sei Ehre und Glorie von Ewigkeit zu Ewigkeit. Amen" (Theotimus IV, 8; DASal 3,226).

Der Gleichmut ist also aufgrund der Größe Gottes wahrlich eine Herausforderung. Denken wir über die Eigenschaften dieser Tugend näher nach und bedenken wir die Folgen für unser alltägliches Leben, dann wird dies noch deutlicher.

Alles, was auf dieser Welt und in meinem persönlichen Leben geschieht, beruht auf dem Willen Gottes und ist daher letztlich gut. Der Mensch nimmt alles in Gleichmut an, weil er darauf vertrauen darf, dass Gott nur das Beste für den Menschen will, weil Gott die Liebe ist.

Der deutsche Dichter Eduard Möricke (1804-1875) hat diese Haltung des Menschen gegenüber dem Willen Gottes einmal so beschrieben: „Herr, schicke was du willst, Liebe oder Leid. Ich nehme alles mit Freude an, denn ich weiß, dass es aus deinen Händen kommt." Wir merken hier sofort, dass die Tugend des Gleichmutes, die in diesen Zeilen beschrieben wird, nicht einfach zu verwirklichen ist. Wer von uns kann denn wirklich von Freude sprechen, wenn ihm Leid widerfährt, weil er voll und ganz vertraut, dass alles von Gott kommt. Diese gleichmütige Haltung könnten wir in salesianischer Weise kurz und prägnant so formulieren: Gottes Wille ist immer Gottes Liebe!

Die Gefahren

Gefährlich ist der Gleichmut aber nicht nur deshalb, weil es dabei ganz intensiv um die unerforschlichen und unergründlichen Ratschlüsse Gottes geht, dem man lieber seine Unbegreiflichkeit lässt, im Gleichmut steckt auch die Gefahr, ihn mit der Gleichgültigkeit zu verwechseln, so nach dem Motto: Es ist völlig egal, was auf dieser Welt geschieht, ich brauche mich darum nicht zu kümmern, Gott wird schon das Nötige tun. Diese Gleichgültigkeit verführt den Menschen dazu, gegenüber dem Leid die Hände in den Schoß zu legen und dafür auch noch eine göttliche Ausrede zu haben: Gott wird es schon fügen. Das aber hat mit Gleichmut nichts zu tun.

Eine weitere Gefahr liegt darin, den Gleichmut für eine ganz billige Vertröstung zu missbrauchen, die den Menschen in seiner Not und seinem Elend ruhig stellen möchte: Nimm alles auf dich, trag alles in heiligem Gleichmut, reg dich nicht auf, denn alles kommt von Gott. Gerade diese falsch verstandene Haltung des Gleichmutes hat der Kirche zurecht vom deutschen Philosophen Karl Marx (1818-1883) den Vorwurf eingebracht, dass sie „Opium des Volkes" sei, also ein Beruhigungsmittel, das den Menschen einschläfert und dort eine heile Welt vorgaukelt, wo es gar keine gibt, nur damit man nichts zu tun braucht, um an dieser Welt etwas zu verändern. Falsch verstandener Gleichmut verhindert somit, dass der Mensch etwas gegen Missstände in dieser Welt unternimmt. Auch diese Haltung der Oberflächlichkeit und Gefühllosigkeit entspricht selbstverständlich nicht dem, was die Tugend des Gleichmuts bedeutet.

In Gott geborgen

Die richtige Haltung des Gleichmutes ist vielmehr die feste Überzeugung, dass wir Menschen in Gottes liebender Hand geborgen sind. Der Gleichmut verhilft uns zu einer positiven Gottesbeziehung und zu einer bejahenden Haltung gegenüber uns selbst, unseren Mitmenschen und unserer Schöpfung. Und gerade deshalb dürfen wir gerade dem Leiden oder dem Bösen, das in dieser Welt geschieht, nicht tatenlos, gleichgültig oder oberflächlich gegenüberstehen, denn Gott will eben, dass seine Liebe überall auf dieser Welt Wirklichkeit wird. Es ist sicherlich nicht sein Wille, dass das Böse, Leid und Sünde auf dieser Welt größer und größer werden. Eine solche Einstellung wäre nicht nur Gotteslästerung, sie würde auch das ganze Heilswerk Gottes mit den Menschen in Frage stellen: Wozu wäre dann Jesus Mensch geworden? Wozu hätte er Kreuz und Leid auf sich genommen? Wozu wäre er gestorben und auferstanden? Das kann also sicherlich nicht mit dem heiligen Gleichmut bezweckt sein.

Eine Bibelstelle mag uns helfen, den heiligen Gleichmut besser zu verstehen. Es ist der Bericht über den Sturm auf dem See (Mt 8,23-27). Dieser lautet folgendermaßen:

„Jesus stieg in das Boot, und seine Jünger folgten ihm. Plötzlich brach auf dem See ein gewaltiger Sturm los, so dass das Boot von den Wellen überflutet wurde. Jesus aber schlief. Da traten die Jünger zu ihm und weckten ihn; sie riefen: Herr, rette uns, wir gehen zugrunde! Er sagte zu ihnen: Warum habt ihr solche Angst, ihr Kleingläubigen? Dann stand er auf, drohte den Winden und dem See, und es trat völlige Stille ein. Die Leute aber staunten und sagten: Was ist das für ein Mensch, dass ihm sogar die Winde und der See gehorchen?"

Die erste Reaktion der Jünger in dieser Perikope ist die bedingungslose Nachfolge. Das ist ein ganz wichtiger Hinweis, den man vielleicht beim ersten Lesen gar nicht so bemerkt. Jesus steigt in das Boot. Die Jünger fragen nicht nach dem Warum oder Wieso, sondern folgen ihm schlicht und einfach. Das heißt, dass die Jünger, denen später ihr Kleinglaube vorgeworfen wird, sehr wohl ein Grundvertrauen zu Jesus haben. Das ist wichtig, denn der Auslöser für ihre Vertrauenskrise ist ein gewaltiger Sturm. Jetzt, wo es wirklich auf das Vertrauen, auf den Glauben und die Treue in der Nachfolge ankommt, beginnen die Jünger zu schwanken. Anstatt ganz auf Jesus zu vertrauen, bekommen die Jünger Angst vor dem Sturm. Jesus selbst aber lässt sich durch nichts aus der Ruhe bringen. Er schläft tief und fest, ein Ausdruck des völligen Vertrauens, ein Bild des heiligen Gleichmutes: Der schlafende Jesus, er liegt seelenruhig im Boot, während es rundherum stürmt und die Wellen das Boot durcheinanderwerfen. Die Reaktion der Jünger in dieser Situation ist verständlich. Sie wecken Jesus und bitten ihn inständig um Hilfe: Herr, rette uns, wir gehen zugrunde! Und Jesus tritt dem Sturm entgegen bis völlige Stille eingekehrt ist. Er zeigt seinen Jüngern, dass derjenige, der auf ihn sein Vertrauen setzt, nichts zu fürchten hat.

Wer auf Gott vertraut, braucht keine Angst zu haben, er wird nicht zugrunde gehen. Genau diese Überzeugung heißt Gleichmut. Es ist das unerschütterliche Wissen, dass jener, der voll und ganz auf Gott vertraut und eins wird mit seinem Willen, einfach nicht untergehen kann, sondern geborgen ist in Gott. Der heilige Gleichmut gibt dann die nötige Kraft, gegen die Stürme des Lebens aufzustehen und zu kämpfen.

Franz von Sales bringt ein ähnliches Beispiel aus der Welt der Seefahrt, um uns den Gleichmut verständlich zu machen. Er schreibt: „Mag das Schiff diesen oder jenen Kurs nehmen, mag es nach Westen oder Osten, nach Süden oder Norden steuern, mag dieser oder jener Wind es treiben, die Kompassnadel wird doch stets nach Norden zeigen. Mag nicht nur um uns herum, sondern auch in uns alles drunter und drüber gehen, mag unsere Seele traurig oder vergnügt und fröhlich, verbittert und unruhig oder friedlich sein, immer soll unser Herz, unser Geist und der höhere Wille gleich der Kompassnadel unablässig auf die Gottesliebe als ihr einziges und höchstes Gut schauen und ausgerichtet sein. Dieser unwandelbare Entschluss, niemals Gott zu verlassen oder seine beglückende Liebe aufzugeben, dient der Seele als Gegengewicht, um sie in heiligem Gleichmut mitten im Wandel der wechselnden Lebensumstände und Ereignisse zu halten“ (Philothea IV,13; DASal 1,230).

Offen für Gott

Franz von Sales hat den Begriff des heiligen Gleichmuts nicht neu erfunden, sondern ihn von den großen Lehrerinnen und Lehrern des geistlichen Lebens wie Ignatius von Loyola (1491-1576) oder Teresa von Ávila (1515-1582) übernommen. Dabei geht er von der Glaubenswahrheit aus, dass der Mensch nach dem Bild und Gleichnis Gottes geschaffen ist (vgl. Gen 1,27) und daher von Natur aus die Anlage in sich trägt, Gott zu lieben. In jedem Menschen steckt eine tiefe Sehnsucht nach Gott, auch wenn sie oft verborgen oder verschüttet ist. Je mehr nun die Liebe den ganzen Menschen erfasst, desto mehr drängt sie zur vorbehaltlosen Hingabe an Gott. Von diesem Ansatz her wird Franz von Sales nicht müde, die Menschen immer wieder zu ermutigen, sich um die Erkenntnis des Willens Gottes zu bemühen und den erkannten Willen Gottes zu tun.

Gleichmut hat also nichts zu tun mit Gleichgültigkeit oder Schlamperei, die alles einfach laufen lässt, wie es eben läuft. Gleichmut bedeutet nicht stumpfe Passivität oder Resignation, die den Kopf in den Sand steckt und alles als unabänderliches Schicksal über sich ergehen lässt. Das genaue Gegenteil ist der Fall. Gleichmut erfordert höchste Aktivität: das ständige Offensein für den Anruf Gottes, die Bereitschaft, in jedem Augenblick anzunehmen, was Gott mir zumutet, sei es in den großen Fragen und Entscheidungen meines Lebens oder in den kleinen Dingen des Alltags. Das Motiv für diese totale Offenheit ist allein die Liebe zu Gott und seinem Willen.

Alle Mittel nützen

Ein gutes Beispiel, worin die Tugend des Gleichmutes deutlich wird, ist das Verhalten, das Franz von Sales jenen rät, die krank sind. Es geht nicht darum, dass derjenige, der krank wird, sich einfach ins Bett legt und darauf wartet, was geschieht. Der Kranke soll vielmehr alles daransetzen, um wieder gesund zu werden. Er soll vor allem genau tun, was der Arzt ihm befiehlt. Erst, wenn all sein Bemühen nichts hilft, soll er darin den Willen Gottes erkennen und sein Schicksal annehmen. Wörtlich schreibt Franz von Sales im „Theotimus – Abhandlung über die Gottesliebe“:

„Meine Mutter oder ich selbst (das bleibt sich ganz gleich) liegen krank zu Bett. Ich kann nicht wissen, ob Gott will, dass diese Krankheit zum Tode führt. Das kann ich bestimmt nicht wissen; aber ich weiß, dass er ganz ausdrücklich will, ich solle in Erwartung dessen, was sein Wohlgefallen bestimmt hat, die für die Genesung geeigneten Heilmittel anwenden. Ich werde es darum gewissenhaft tun, ohne etwas zu unterlassen, was ich dazu beitragen kann.

Liegt es aber im göttlichen Wohlgefallen, dass das Übel über die Heilmittel siegt und schließlich den Tod herbeiführt, werde ich, sobald ich durch den Verlauf der Dinge darüber Gewissheit habe, liebevoll mit der Spitze meines Geistes einwilligen, ungeachtet alles Widerstrebens der niederen Kräfte meiner Seele" (Theotimus IX,6; DASal 4,133).

Ein sehr schönes Gebet um die Gnade des heiligen Gleichmuts stammt vom deutsch-amerikanischen evangelischen Theologen, Philosophen und Politikwissenschaftler Reinhold Niebuhr (1892-1972). Wir sollten es immer wieder einmal beten, um die Tugend des Gleichmutes in uns wachsen zu lassen:

„Herr, schenke mir Gelassenheit, Dinge hinzunehmen, die ich nicht ändern kann, den Mut, Dinge zu ändern, die ich ändern kann, und die Weisheit, das eine vom anderen zu unterscheiden. Amen."

Fragen zum Nachdenken

- *Was bedeutet für mich der heilige Gleichmut?*
- *Vertraue ich Gott in allem, auch in den Stürmen meines Lebens?*
- *Wo verhalte ich mich gleichgültig?*

Guter Ruf – die Tugend, die die Tugenden beschützt

Wie schnell es geschehen kann, dass der gute Ruf eines Menschen in Frage gestellt wird, hat im September 2006 Papst Benedikt XVI. nach seinem Besuch in seiner Heimat Bayern am eigenen Leib erfahren. Der Besuch verlief gut. Die bayerische Bevölkerung empfing ihren Papst herzlich und mit Begeisterung. Hunderttausenden Menschen gab Benedikt XVI. neue Kraft für Leben und Glauben. Kaum jedoch war Papst Benedikt zurück in Rom, schlug eine Schlagzeile hohe Wellen. Der Papst hätte den Propheten Mohammed (ca. 570-632) und damit den muslimischen Glauben und die gesamte islamische Welt beleidigt.

Auslöser war ein Wort des byzantinischen Kaisers Manuel II. (1350-1425) aus dem Jahr 1391, das Papst Benedikt XVI. in der Aula der Universität Regensburg vor Vertretern aus dem Bereich der Wissenschaften zitierte. Es wurde später aus dem Zusammenhang gerissen und in den Medien völlig falsch interpretiert. Der gute Ruf des Papstes, der um den Dialog mit anderen Religionen bemüht war und ist, stand plötzlich auf dem Spiel. Der Papst sei ein Feind der Muslime, hieß es. Es gab Ausschreitungen und Proteste.

Die öffentliche Entschuldigung Benedikts und der Hinweis darauf, dass das, was der Kaiser vor über 600 Jahren sagte, nicht seine persönliche Meinung sei, sondern nur als Beispiel dafür diente, wie man NICHT über andere Religionen urteilen dürfe, konnte den guten Ruf des Papstes vor allem in der islamischen Welt nicht mehr voll und ganz wiederherstellen.

Gepaart mit Demut

Selbstverständlich trägt der Papst eine extrem höhere Verantwortung, um seinen guten Ruf zu bewahren, als dies beim einfachen

Menschen der Fall ist. Mit seinem Ruf hängt eben der Ruf der gesamten Katholischen Kirche zusammen. Der einfache Christ sollte jedoch auch nicht achtlos damit umgehen. Die Tugend des guten Rufes soll dabei stets gepaart sein mit der Tugend der Demut, wie dies der heilige Franz von Sales in seiner Tugendlehre betont.

Diese Demut erlaubt es nicht, dass wir Lob, Ruhm und Ehrungen suchen, „wohl aber stimmt sie der Mahnung des Weisen zu, auf unseren Ruf zu achten (Sir 41,12). Der gute Ruf beruht ja nicht auf hervorragenden Eigenschaften, sondern auf einer gewöhnlichen, schlichten Anständigkeit und Rechtschaffenheit" (Philothea III,7; DASal 1,126).

Franz von Sales bringt zur näheren Erklärung ein schönes Bild, das die Stellung des guten Rufes innerhalb der Tugenden beschreibt: „Die Blätter eines Baumes haben an sich keinen besonderen Wert; trotzdem tragen sie nicht nur zur Schönheit eines Baumes bei, sondern schützen auch die Früchte, solange diese noch zart sind. So ist auch der gute Ruf an sich nichts besonders Begehrenswertes, aber er ist doch sehr nützlich, nicht nur als Zierde unseres Lebens, sondern weil er auch unsere Tugenden schützt, besonders wenn sie noch zart und schwach sind" (Philothea III,7; DASal 1,126).

Die Tugend des guten Rufes dient also dazu, die anderen Tugenden unseres Lebens zu schützen. Sie hilft uns, vor den anderen wirklich das sein zu können und zu dürfen, was wir sind – nicht mehr und nicht weniger.

Verhalten gegen Rufschädigung

Franz von Sales meint jedoch auch, dass wir „nicht hitzig, übergenau und kleinlich auf unseren Ruf bedacht sein" sollten. „Beleidigungen und Verleumdungen übersehen und verachten, hilft meist mehr gegen sie als Ärger, Streit und Rache" (Philothea III,7; DASal 1,127).

Wie soll man sich demnach verhalten, wenn irgendjemand unseren guten Ruf ungerechterweise schädigt?

Franz von Sales gibt den Rat: „Tadelt man uns ungerechterweise, so setzen wir der Verleumdung in Ruhe die Wahrheit entgegen; bleibt man beim Tadel, so bleiben wir in Demut und vertrauen Gott mit unserer Seele auch unseren Ruf an; wir können ihn nicht besser sichern“ (Philothea III,7; DASal 1,128).

Das heißt: Zuerst soll ich also feststellen, ob die Angriffe gegen meinen guten Ruf wahr sind oder nicht. Sind die Anschuldigungen gerechtfertigt, dann soll ich mich entschuldigen und darauf achten, dass ich nicht erneut meinen guten Ruf durch mein Verhalten in Gefahr bringe. Sind sie jedoch falsch, dann soll ich ganz einfach die Anschuldigungen zurückweisen und die Wahrheit richtig stellen. Lässt sich der Ankläger damit nicht umstimmen, sollen wir auf Gott vertrauen, damit dieser unseren Ruf sichert.

Franz von Sales selbst hat diese Vorgehensweise am eigenen Leib erfahren. Eines Tages wurde von einer stadtbekannten Frau mit schlechtem Ruf ein Brief in die Öffentlichkeit gebracht, von dem sie behauptete, er sei vom Bischof von Annecy persönlich verfasst. Aus diesem Brief ging eindeutig hervor, dass der Bischof mit dieser Frau ein Verhältnis habe. Als Franz von Sales davon erfuhr, meinte er ganz ruhig und gelassen, dass dieser Brief eine Fälschung und kein einziges Wort davon wahr sei. Seine Berater wollten, dass er gegen diese Frau gerichtliche Schritte einleite, da sein guter Ruf zerstört wurde. Franz von Sales wollte davon nichts wissen und meinte, dass Gott schon dafür sorgen werde, dass die Wahrheit ans Licht käme. Wenige Wochen später lag ein hochangesehener Rechtsanwalt im Sterben. Kurz vor seinem Tod gestand er öffentlich, dass er der Fälscher des Briefes sei und damit Rache am Bischof und der Katholischen Kirche nehmen wollte. Er bedaure, was er angerichtet habe, und schwöre im Angesicht seines bevorstehenden Todes, dass der Bischof nie in irgendeiner Weise mit dieser Dame etwas zu tun hatte.

Franz von Sales gibt allerdings auch zu bedenken, dass es sehr wohl Verleumdungen gebe, gegen die man sich mit aller Kraft zur Wehr setzen müsse, um den guten Ruf wiederherzustellen, vor allem wenn es sich um schwerwiegende Vorwürfe handelt oder wenn

Personen angegriffen werden, die nicht nur ihren eigenen, sondern auch den Ruf anderer zu verteidigen haben.

Der gute Ruf der anderen

Zur Tugend des guten Rufes gehört mit dazu, dass ich nicht nur meinen eigenen Ruf bewahre, sondern auch den guten Ruf anderer nicht verletze. „Rufmord“, so sagt Franz von Sales, ist eine „Pest der Gesellschaft“ und tatsächlich „eine Art Mord … Wer dem Nächsten ungerechterweise den guten Ruf nimmt, hat nicht nur eine Sünde begangen, er ist auch zur Wiedergutmachung verpflichtet“ (Philothea III,29; DASal 1,179).

Freventliches Urteil, üble Nachrede und liebloses Reden sind der Tugend des guten Rufes absolut zuwider und völlig abzulehnen. „Ich beschwöre dich also,“ so Franz von Sales, „niemals weder offen noch heimlich von irgendjemandem lieblos zu reden. Hüte dich, deinen Mitmenschen fälschlich Verbrechen und Sünden anzudichten, heimlich nachzuspüren, bestehende zu vergrößern, gute Handlungen schlecht auszulegen und das Gute, das du an jemand kennst, in Abrede zu stellen, durch Bosheit zu verdrehen und durch Worte herabzusetzen … Lügen zum Nachteil des Nächsten ist doppelte Sünde“ (Philothea III,29; DASal 1,180).

Im Zeitalter der Massenmedien erhalten solche Sätze ein noch größeres Gewicht. Wenn uns bewusst ist, wie schnell heute irgendwelche negativen Äußerungen über andere Personen in Umlauf gebracht werden können, um so mehr müssen wir uns davor in Acht nehmen, Liebloses oder gar Falsches oder Halbwahres über andere zu äußern.

Das „Gerede“ und „Getratsche“ gehört seit jeher zu den Lieblingsbeschäftigungen des Menschen. Heute können diese Worte kinderleicht via SMS oder E-Mail über die ganze Welt verschickt werden. Umso verheerender können dann die Konsequenzen sein. Der Tugend des guten Rufes, der andere betrifft, kommt daher im alltäglichen Leben noch viel größere Bedeutung zu, als dem Bemühen, um den eigenen guten Ruf zu sorgen.

Fragen zum Nachdenken

- *Was tue ich, um meinen guten Ruf zu wahren?*
- *Gefährde ich durch liebloses Reden den guten Ruf anderer?*
- *Wie verhalte ich mich, wenn ich merke, dass andere meinen oder den guten Ruf anderer schädigen?*

Herzlichkeit – die Tugend der tausend Kleinigkeiten

Alles, was mit dem Herzen zu tun hat, wird derzeit neu entdeckt, also auch die Herzlichkeit. Technik und Vernunft sind eben nicht alles, auch Gefühl und Romantik gehören zum Menschen. Den Schnulzenroman, der zu Herzen geht und zu Tränen rührt, will zwar niemand gelesen haben, die Verkaufserfolge solcher Bücher sprechen aber eine andere Sprache. Das gilt ebenso für die Zuschauerzahlen bei Herz-Schmerz-Filmen. Es ist einfach beliebt, mit einer Packung Papiertaschentücher eine romantische Szene nach der anderen zu genießen, die Tränen fließen zu lassen und seufzend das Happy End zu erleben, auch wenn dieses noch so gekünstelt und weit hergeholt erscheint.

Eine tiefe Sehnsucht

Hinter diesem Phänomen, dass das, was zu Herzen geht, die Massen anspricht, steckt eine tiefe Sehnsucht, nämlich die Sehnsucht nach Herzlichkeit. Sie wird von Regenbogenpresse und Filmindustrie meisterhaft angebohrt, um Geld zu scheffeln. Diese Geschäftemacherei zeigt deutlich, dass Herzlichkeit gefragt ist. Wenn die englische Kronprinzessin Lady Diana Spencer (1961-1997) nach ihrem tragischen Tod in Paris den Beinamen „Königin der Herzen“ erhielt, dann wurde damit nicht nur zum Ausdruck gebracht, dass ihre Herzlichkeit, die sie ausstrahlte, den Menschen unter die Haut ging, genauso wie ihr tragisches Ende oder ihre noch tragischere Lebensgeschichte, sondern auch, dass sich Menschen „Königinnen und Könige der Herzen“ wünschen.

Das Herz ist eben nicht nur ein wichtiges und zentrales Körperorgan, das, wenn es zu schlagen aufhört, dem irdischen Leben ein Ende setzt. Mit Herz verbinden wir noch etwas viel Wesentlicheres, nämlich das Zentrum oder Symbol der menschlichen Seele.

Durch die Vernachlässigung dieser Wesensmitte wird nicht nur das irdische Leben zerstört, sondern auch das himmlische.

Der Mittelpunkt des Menschen

Der heilige Franz von Sales lebte in einer Zeit, in der die Medizin noch nicht so fortgeschritten war, dass sie schon genau wusste, wofür das Herz medizinisch-technisch da ist und wie es funktioniert. In seiner Umwelt war jedoch klar, dass das Herz etwas sehr Wesentliches ist, so wesentlich, dass es zum Mittelpunkt des Menschen gehört, nicht nur körperlich, sondern auch seelisch und religiös.

Der Herzensmystiker Franz von Sales war davon überzeugt, dass derjenige, der das Herz eines Menschen erobert hat, wirklich den ganzen Menschen gewonnen hat (vgl. Philothea III,23; DASal 1,164). Er hielt daher zum Beispiel in der Erziehung wenig oder gar nichts von Strafe und Schelte, seine Methode ging tiefer: Schau, dass du das Herz deines Gegenübers, sei es Kind, Schüler oder Erwachsener, gewinnst, und du hast alles gewonnen.

Es verwundert nicht, dass er diese Methode auch in seiner Theologie anwendet. Gott, so war er überzeugt, will das Herz des Menschen gewinnen, also: er will ihn ganz. Und wenn ich Gott gewinnen will, dann muss ich ihm in meinem Herzen Platz machen und nicht nur in meinem Verstand. Franz von Sales kannte natürlich die Bibelstelle, in der Jesus sagt: „Wo dein Schatz ist, dort ist auch dein Herz. Sammle dir also nicht Schätze für die Erde, wo alles verrottet, sammle dir Schätze für den Himmel“ (vgl Mt 6,20-21). Für ihn hieß das: Lass Gott in dein Herz hinein und alles ist gut. Da kann alles Mögliche in deinem Leben schief gehen, wenn Gott einen fixen Platz dort hat, wo dein Wesen ist, dann gibt es keinen Grund zur Unruhe. Seine Hauptfrage lautet: Lässt du Gott in deinem Herzen wohnen? Hast du seinen Namen in dein Herz geschrieben? Steht in deinem Herzen „Es lebe Jesus“ oder haben sich in dieses Herz ganz andere Wünsche eingenistet? Darauf legte er Wert, weil er überzeugt war, dass das, was man aus ganzem oder tiefstem Herzen fühlt und denkt, das Entscheidende ist.

Aus diesem Grund war Franz von Sales auch so angetan von der Herzdurchbohrung Jesu durch den Hauptmann nach seinem Tod am Kreuz. Hier wurde für ihn die ganze Herzlichkeit Gottes für den Menschen deutlich und spürbar: Gott liebt dich aus ganzem Herzen. Um dir das zu beweisen, ließ er den Hauptmann die Lanze nehmen und sein Wesen durchbohren, damit alle sehen können, dass Gott uns alles, sogar sein Herz geschenkt hat. In diesen Bildern, die Franz von Sales hier verwendet, ist nicht nur seine Herzensmystik grundgelegt, hier liegt auch der Ursprung der heute weltweit verbreiteten Herz-Jesu- und Herz-Marien-Verehrung, in der wir unseren Dank und unsere Freude über die Herzlichkeit Gottes und Marias zum Ausdruck bringen.

Liebe, die im Herzen wurzelt

Die Tugend der Herzlichkeit hilft mir, zu einem solchen Menschen mit Herz zu werden. Wie geht das? Franz von Sales nennt die Herzlichkeit das Wesen der Freundschaft. Es ist eine Freundschaft, die im Herzen wurzelt, weil die Liebe eben ihren Sitz im Herzen hat. Seine Schlussfolgerung daraus:

„Wir können die Mitmenschen nie zu viel lieben und somit auch in der Liebe nie die Grenzen der Vernunft überschreiten, sofern die Liebe wirklich im Herzen wurzelt. Der glorreiche heilige Bernhard sagt: ‚Das Maß der Liebe zu Gott ist Liebe ohne Maß.‘ Und weiter sagt er: Setze der Liebe keine Schranken, lasse sie ihre Äste breiten, so weit sie nur kann. Was für die Gottesliebe gilt, das gilt auch für die Nächstenliebe; doch muss die Gottesliebe den ersten Rang haben. Tut sie das, dann dürfen wir unseren Mitmenschen so viel Liebe schenken, als wir nur immer haben. Es darf uns nicht genug sein, sie nach göttlichem Gebot nur zu lieben wie uns selbst; wir müssen sie mehr lieben als uns selbst; das ist das Gebot der Vollkommenheit, so lehrt es uns das Evangelium: ‚So, wie ich euch geliebt habe, sollt auch ihr einander lieben,‘ (Joh 13,34; 15,12) sagt der Herr“ (DASal 2,66-67).

Herzlichkeit bedeutet also: Lieben ohne Grenzen, von Herz zu

Herz. Das ist das Ziel, das auch Gott uns ans Herz legt: So wie ich euch geliebt habe, genauso herzlich, so sollt auch ihr einander lieben (vgl. Joh 13,34). Oder das Hauptgebot: Gottes-, Nächsten- und Selbstliebe, „mit ganzem Herzen, mit ganzer Seele und mit all deinen Gedanken“ (Mt 22,37).

Der Weg dazu ist, dass ich im Umgang miteinander und mit Gott vor allem das Herz sprechen lasse und auf das Herz des Menschen sehe. Zeichen der Herzlichkeit, kleine Aufmerksamkeiten, ein gutes Wort, ein Gruß sind kleine Schritte, um zu dieser Liebe, die im Herzen wurzelt, zu kommen. Solche Kleinigkeiten können oft wahre Wunder bewirken. Ich habe mich gestritten und war im Recht, der andere im Unrecht. Unsere erste Reaktion ist natürlich Rache und Zorn. Es ginge aber auch anders, nämlich mit Herzlichkeit, mit einer kleinen Geste der Versöhnung. Es geht darum, dass wir dabei nicht bloß logisch handeln, aus Vernunftgründen, sondern herzlich. Wenn wir Blumen aus reiner Berechnung schenken, dann spüren wir das genauso, wie wenn wir diese Blumen völlig unlogisch, aber aus ganzem Herzen vorbeibringen. Herzlichkeit bringt nämlich wortlos die Botschaft zum Ausdruck: Ich mag dich, ich will dir nichts Böses, auch wenn ich jetzt vielleicht unheimlich sauer auf dich bin. Aber du sollst wissen, in meinem Herzen hast du deinen Platz. Und eines ist auch klar: Wer herzlich denkt und spürt, dem fallen tausend Kleinigkeiten ein, den anderen Menschen oder Gott immer wieder ins Herz zu schließen.

Das Ziel ist wichtig

Ein abschließendes Wort des heiligen Franz von Sales, für alle, die meinen, diese Tugend der Herzlichkeit sei zu hoch oder zu schwierig. Diesen legt er ans Herz:

„Es ist sehr schwer, ins Schwarze zu treffen, auch wenn man gut zielt und gut schießt. Aber das ist sicher, hinzielen müssen wir aufs Schwarze, auf den Kern der Tugend, die wir über alles lieben sollen, ob es sich um Demut, Herzlichkeit oder eine andere Tugend handelt. Treffen wir aber nicht gleich ins Schwarze, so sollen wir uns darüber nicht wundern und dürfen die Flinte nicht ins Korn werfen; wenn wir nur wenigstens die Scheibe treffen und der Schuss möglichst nahe beim Schwarzen sitzt. Selbst die Heiligen haben nicht alle Tugenden vollkommen getroffen“ (DASal 2,69).

Fragen zum Nachdenken

- *Wie herzlich gehe ich mit meinen Mitmenschen um?*
- *Wer hat in meinem Herzen einen fixen Platz?*
- *Welchen konkreten Schritt nehme ich mir vor, um herzlich zu den Menschen zu sein?*

Hingabe – die Tugend der wahren Selbstverwirklichung

Je mehr das Wort „Hingabe“ in den Schrank altmodischer Tugendbegriffe gewandert ist, desto moderner wurde der Begriff „Selbstverwirklichung“. Trotzdem drücken beide Begriffe letztlich eine einzige Tugend aus: die Hingabe ist nämlich die richtige Art der Selbstverwirklichung.

Mein Wesen entfalten

Was bedeutet Selbstverwirklichung? Diese Tugend versucht, seine eigenen Ziele, Sehnsüchte, Wünsche und Vorstellungen so gut es geht zu verwirklichen, um – wie es der irische Schriftsteller Oscar Wilde (1854-1900) einmal formulierte – „das eigene Wesen völlig zur Entfaltung zu bringen.“

Es geht also um mein Wesen, mein Selbst, mein Ich, das ich durch die Tugend der Selbstverwirklichung zur Blüte und Reife bringe. Positiv gesehen kann ich also für das Wort Selbstverwirklichung auch den Begriff „Selbstliebe“ verwenden, eines der Hauptgebote, das Jesus Christus uns lehrt (Mk 12,31). Negativ betrachtet schwingt allerdings auch eine große Gefahr mit, nämlich der Egoismus, der das eigene Ich in den Mittelpunkt stellt, dem sich alle und alles unterzuordnen haben. Um dieser Gefahr entgegenzuwirken, lautet das Hauptgebot Gottes nicht einfach: „Liebe dich selbst!“, sondern: „Du sollst deinen Nächsten lieben wie dich selbst.“ Jesus Christus meint damit: Selbstliebe ist etwas sehr Wichtiges. Sie ist genauso notwendig wie die Gottesliebe und die Nächstenliebe. Aber: Wahre Selbstliebe wird nur zusammen mit Nächstenliebe möglich. Der Andere, dessen Ziele, Sehnsüchte, Wünsche und Vorstellungen gehören wesentlich zur Selbstliebe dazu. Ohne den Anderen verkümmert Selbstliebe zu Egoismus. Für die Tugend der Selbstverwirklichung gilt: Sich selbst verwirklichen, sein eigenes

Wesen zur vollen Entfaltung bringen, ist nur möglich, wenn ich das Wesen der Anderen mitberücksichtige.

In der Bergpredigt fasst Jesus Christus diese wahre Selbstverwirklichung in der „Goldenen Regel“ zusammen: „Alles, was ihr also von anderen erwartet, das tut auch ihnen! Darin besteht das Gesetz und die Propheten“ (Mt 5,12).

Josef Schmidt, erfolgreicher bayerischer Unternehmensberater, hat diese „Goldene Regel“ zum „Credo“ seiner Unternehmensstrategie gemacht und formuliert in seinem Buch „Der souveräne Unternehmer zur Jahrtausendwende“ (Bayreuth, 1996): „Ich bin der Mittelpunkt meiner Welt, wohl wissend, dass das für jeden anderen Menschen auch gilt. Dem Menschen zu dienen, Mittelpunkt seiner Welt sein zu können, ist die Grundlage des persönlichen und wirtschaftlichen Erfolgs.“

Ein Leben der Hingabe

Diese Art wahrer Selbstverwirklichung trägt in der biblisch-christlichen Tradition einen besonderen Namen, nämlich Hingabe. Jesus Christus ist das große Vorbild dieser uralten Tugend, die uns zur wahren und echten Selbstverwirklichung führt. Es gibt zahlreiche klassische Jesus-Worte, die diese Tugend beschreiben: „Wer der Erste sein will, soll der Letzte von allen und der Diener aller sein“ (Mk 9,35). – „Wer sein Leben gewinnen will, der wird es verlieren, wer aber das Leben um meinetwillen verliert, der wird es gewinnen“ (Mt 10,39). – „Es gibt keine größere Liebe als die, wenn einer sein Leben gibt für seine Freunde“ (Joh 15,13).

Das Leben Jesu selbst war ein Leben der Hingabe. Der Christushymnus des Apostels Paulus aus seinem Brief an die Philipper beschreibt diesen jesuanischen Weg einzigartiger Selbstverwirklichung. Paulus stellt diesen Weg als Vorbild für unser eigenes Leben dar und beginnt ihn mit den Sätzen: „Schätze den anderen höher ein als dich selbst. Jeder achte nicht nur auf das eigene Wohl, sondern auch auf das der anderen. Seid untereinander so gesinnt, wie es dem Leben in Christus Jesus entspricht …“. Dieser Jesus war Gott. Er verzichtete jedoch darauf und wurde Mensch, ja noch mehr, er wurde „wie ein Sklave“. Aus Liebe zu den Menschen verzichtete Jesus auf sein eigenes Leben. Er gab sein Leben am Kreuz, damit die anderen leben können. „Daher“, so schließt Paulus, „hat Gott ihn über alle erhöht und ihm den Namen verliehen, der größer ist als alle Namen: Jesus Christus ist der Herr“ (vgl. Phil 2,3-11).

Im Sinne wahrer Selbstverwirklichung ist daher auch Jesu Aufforderung zur Kreuzesnachfolge richtig verstanden: „Wer mein Jünger sein will, der verleugne sich selbst, nehme täglich sein Kreuz auf sich und folge mir nach“ (Lk 9,23). Missverstanden wird dieser Satz, wenn ich meine, Jesus möchte, dass wir auf all unsere eigenen Sehnsüchte, Wünsche, Vorstellungen und Ziele verzichten. Jesus wolle nicht, dass wir uns selbst verwirklichen, sondern er wolle, dass wir uns selbst verleugnen. Er wolle nicht, dass wir leben, sondern dass wir von allen gekreuzigt werden. Aber genau das Gegenteil ist der Fall. Er sagt ja auch: „Ich bin gekommen, damit sie das Leben haben und es in Fülle haben“ (Joh 10,10). Jesus ist jedoch davon überzeugt und er hat diese Überzeugung bis zum Äußersten gelebt, dass wahre Selbstverwirklichung, wahres „Leben in Fülle“ nur durch Hingabe möglich ist. Daher gehören diese beiden Tugenden der Hingabe und der Selbstverwirklichung wesentlich zusammen, denn nur gemeinsam können sie als wahre Tugend gelebt werden, als ein Geschenk Gottes, das andere Menschen und uns selbst glücklich macht.

Eine falsch verstandene Hingabe etwa wäre die totale Selbstaufgabe. Mein Wesen ist völlig egal. Es ist egal, welche Wünsche und Ziele ich habe, es ist egal, ob es mir gut oder schlecht geht. Es ist egal, ob ich mich selbst liebe oder nicht. Gegen diese Untugend hilft die Tugend der Selbstverwirklichung. Gegen die Untugend des Egoismus hilft die Hingabe. So schreibt der verstorbene Bischof der Diözese Rottenburg-Stuttgart, Georg Moser (1923-1988), in seinem Buch „Auf dem Weg zu mir selbst“ (Freiburg, 1982): „Sich selbst verwirklichen ist etwas anderes als den eigenen Kopf durchzusetzen. Wer Selbstverwirklichung mit Egozentrik verwechselt, wer nur sein Ich im Sinn hat, der zielt gewaltig daneben … Selbstverwirklichung gibt es nicht auf Kosten der anderen; es gibt sie nur in der Offenheit für die anderen, letztlich nur in der Hingabe an Gott und die Menschen."

Hingabe an Gott und die Menschen

Genauso sieht es der heilige Franz von Sales, Bischof der Diözese Genf-Annecy. Zu seiner Zeit, also vor 400 Jahren, gab es den Begriff Selbstverwirklichung noch nicht. Er wurde erst von der Psychologie des 20. Jahrhunderts eingeführt, zum Beispiel durch Abraham Maslow (1908-1970), der Selbstverwirklichung zu den fünf wesentlichen Grundbedürfnissen des Menschen zählt. Das Wort Hingabe an Gott und die Menschen war Franz von Sales jedoch sehr wohl bekannt. Seine persönlichste Erfahrung der Hingabe hatte er bei seiner Bischofsweihe 1602. Er beschrieb diese Erfahrung zehn Jahre später mit folgenden Worten: „Gott hat mich mir selbst genommen, um mich ihm zu geben, und dann gab er mich an die Menschen zurück. Das heißt, er wandelte mich von dem, was ich für mich selbst war, zu dem um, was ich für andere sein sollte" (DASal 5,247). Durch diese Erfahrung der Hingabe gelangte Franz von Sales zur wahren Tugend der Selbstverwirklichung. Es wurde ihm der letzte Hang zum Egoismus entrissen. Von nun an fühlte er sich ganz an Gott und die Menschen verschenkt, für die er als Bischof da sein sollte. Aus dieser Erfahrung heraus legte er den Menschen immer wieder ans Herz, mehr an das Wohl der anderen zu denken, nicht damit das eigene Wohl gar nicht mehr zum Zug kommt, sondern damit man sich in seiner eigenen Haut noch wohler fühlt als vorher.

Die wichtigste Hingabe, die Franz von Sales nennt, ist die Hingabe an den Willen Gottes. In der Erfahrung seiner Bischofsweihe beschreibt er dies mit den Worten: „Gott nahm mich mir selbst". Für andere und für mich selbst da sein kann ich letztlich nur dann wirklich, wenn ich mich ganz dem Willen Gottes überlasse. Für Franz von Sales besteht wahre Selbstverwirklichung nicht nur in der Hingabe an die Menschen, sondern vor allem und zuerst in der Hingabe an den Willen Gottes. Nur die Gott liebende Seele wird in rechter Weise sich selbst und die anderen lieben. Seine Empfehlung ist daher: Wenn Sie wirklich glücklich werden wollen, wenn Sie sich wirklich selbst voll und ganz verwirklichen wollen, dann lieben Sie Gott aus ganzem Herzen, mit ganzer Seele und mit ganzer Kraft: „Ich sage Ihnen noch einmal, Sie werden glücklich sein, wenn Sie sich Gott ganz und ohne jeden Vorbehalt schenken" (DASal 12,293).

In dieser Hingabe an Gott und seinen Willen liegt die Wurzel aller wahren Hingabe und Selbstverwirklichung.

Fragen zum Nachdenken

- *Welche Wünsche, Ziele, Sehnsüchte habe ich?*
- *Geschieht meine Selbstverwirklichung auf Kosten anderer?*
- *Bin ich bereit, mich Gottes Willen hinzugeben?*

Hören –
die Tugend, die Gott und Mensch besser versteht

Hören ist eine Tugend – heute wahrscheinlich mehr denn je. Betrachtet man die unterschiedlichsten Kommunikationsprobleme und Missverständnisse, die den modernen Menschen manchmal direkt sprachlos machen, dann haben diese oft damit zu tun, dass die Menschen nicht mehr aufeinander hören und einander nicht richtig zuhören.

Die Tugend des Hörens hilft uns, nicht nur den Menschen, sondern auch Gott besser verstehen zu können.

Hören auf das Wort Gottes

Wir werden in unserer Welt mehr und mehr mit Bildern zugestopft. Werbung, Massenmedien, Veranstaltungen aller Art präsentieren uns eine Fülle an Bildern, die noch dazu möglichst rasch verändert werden müssen, damit der visuelle Effekt bleibende Wirkungen erzielt. Das Auge wird ständig überfordert, das Ohr bleibt auf der Strecke … beziehungsweise es muss manchmal schon sehr laut geschrieen werden, damit man überhaupt noch Gehör findet. Ohne visuelle Unterstützung ist es heute kaum mehr möglich, jemandem nachhaltige Botschaften zu übermitteln, die auch ankommen. Leidvoll können das vor allem die Prediger erleben, die ausschließlich durch das Wort die Botschaft der Bibel verkündigen wollen und dabei immer weniger auf hörbereite Ohren zählen können. Gehörlos sind also nicht nur jene, deren äußere oder innere Gehörorgane geschädigt sind, gehörlos sind viel mehr die, die hören, aber nicht verstehen (Mt 13,13), hören, aber nicht zuhören.

Schon Jesus Christus hatte vor allem mit jenen Menschen Probleme, die sein Wort hören, es aber nicht befolgen. Er fordert daher immer wieder dazu auf: „Wer Ohren hat zum Hören, der höre“

(Mk 4,9). Jene, die das Wort Gottes hören, ohne auch entsprechend zu handeln, gleichen einem Dornengestrüpp, wo der Same des Wortes verdorrt, ohne Frucht zu bringen (Mk 4,18). Gott Vater selbst sagt über seinen Sohn: „Das ist mein geliebter Sohn; auf ihn sollt ihr hören“ (Mk 9,7). Deshalb sind Jesu wahre Geschwister die, „die das Wort Gottes hören und danach handeln“ (Lk 8,21). Anderen macht Jesus den Vorwurf: „Warum versteht ihr nicht, was ich sage? Weil ihr nicht imstande seid, mein Wort zu hören“ (Joh 8,43). Er selbst sieht sich als der gute Hirte für die Schafe, die auf seine Stimme hören (vgl. Joh 10,3).

Patron des Hörens

Der heilige Franz von Sales war ein Meister der Kommunikation. Aus diesem Grund wurde er 1923 feierlich von Papst Pius XI. (1857-1939) zum Patron der Journalisten und Schriftsteller erklärt. Weniger bekannt ist, dass Franz von Sales seit dem 19. Jahrhundert auch der Patron der Gehörlosen ist, damals noch „Taubstumme“ genannt. Die offizielle vatikanische Ernennung erfolgte 1869 durch den seligen Papst Pius IX. (1792-1878).

Der Grund dafür war seine Begegnung mit dem gehörlosen Martin, den er auf einer seiner bischöflichen Visitationsreisen kennen lernte. Zur Zeit des heiligen Franz von Sales waren die Taubstummen sowohl für die Gesellschaft als auch für die Kirche völlig uninteressant. Die Gesellschaft betrachtete sie als geistig behindert, die Kirche hatte für sie auch keinen Bedarf, da man davon überzeugt war, dass der „Glaube vom Hören“ kommt (vgl. Röm 10,17-18). Wer also nicht hören kann, kann auch nicht glauben, und es ist daher sinnlos, sich mit Gehörlosen abzugeben. Franz von Sales sah das anders. Er erkannte in seiner sensiblen Art, mit der er mit Menschen umging, dass dieser taubstumme Martin auf seine Gesten durchaus sinnvoll reagierte. Er ordnete daher an, dass Martin in seinem Haus als Gärtner angestellt werden soll. Dann begann er mit ihm, mit Hilfe von eigens erdachten Gebärden zu kommunizieren. Mit der Zeit gelang dies so gut, dass Franz von Sales anfing, Martin von den Geheimnissen des Glaubens zu erzählen – und der gehörlose Martin wurde ein sehr guter Zuhörer. Schließlich konnte Franz von Sales ihm die Sakramente der Eucharistie, der Buße und der Firmung spenden.

Der 2006 heilig gesprochene Filippo Smaldone (1848-1923), ein italienischer Priester, der im 19. Jahrhundert seine ganze Kraft der Erziehung und Bildung von Gehörlosen widmete, entdeckte diese Geschichte und stellte seine Werke für Gehörlose unter das Patronat des heiligen Franz von Sales. Viele Gehörlosenschulen, -heime und -institutionen tragen auch im deutschen Sprachraum daher noch heute den Namen des heiligen Franz von Sales.

Heute könnte Franz von Sales inmitten der zahllosen kommunikativen Hörstörungen trotz bester technischer Mittel auch zum Patron des richtigen Hörens werden.

Unser Herz atmet durch das Ohr

Es gibt von Franz von Sales einige schöne Worte, die auf die Bedeutung des Hörens hinweisen. In seinem Buch „Philothea – Anleitung zum frommen Leben“ schreibt er etwa: „Ein guter Weg zu lernen ist das Studium, ein besserer das Hören“ (Philothea, Vorwort; DASal 1,28).

Einige Seiten später weist er darauf hin, dass das Ohr der direkte Weg zum Herzen ist und es daher vor „törichten Worten“ zu schützen sei: „Nach Alkmeon atmen die Ziegen durch die Ohren, nicht durch die Nase; Aristoteles bestreitet dies. Sicher ist jedenfalls, dass unser Herz durch das Ohr atmet; wie es seine Gedanken durch die Zunge ausatmet, so atmet es durch das Ohr die Gedanken anderer ein. Hüten wir also unsere Ohren sorgfältig vor dem Pesthauch törichter Worte, sonst wird er gar bald unser Herz vergiften“ (Philothea III,21; DASal 1,159).

In seinem Buch „Theotimus – Abhandlung über die Gottesliebe“ macht Franz von Sales deutlich, dass es beim Hören wichtig ist, mit Liebe zuzuhören: „Wo die Liebe herrscht, bedarf es nicht des Geräusches äußerer Worte, noch des Gebrauches der Sinne, um miteinander zu reden und einander zu hören“ (Theotimus VI,1; DASal 3,272). Ihm geht es also bei der Tugend des Hörens vor allem um das „hörende Herz“. „Ach, wie gut ist es doch,“ schreibt er in einem Brief, „die heiligen Worte zu hören, die Gott zu unseren Herzen spricht, wenn wir uns in die Nähe seines Herzens stellen!“ (DASal 6,377).

Diese Aussage erinnert nicht nur an die biblische Szene von Marta und Maria, in der Maria zu Füßen des Herrn sitzt und seinen Worten lauscht (vgl. Lk 10,38-42). Man denkt auch an die mahnenden Worte aus dem Matthäusevangelium an all jene, die die Tugend des Hörens verloren haben: „Denn das Herz dieses Volkes ist hart geworden und mit ihren Ohren hören sie nur schwer und ihre Augen halten sie geschlossen, damit sie mit ihren Augen nicht sehen und mit ihren Ohren nicht hören, damit sie mit ihrem Herzen nicht zur Einsicht kommen, damit sie sich nicht bekehren und ich sie nicht heile“ (Mt 13,15).

Hören lernen

Um die Tugend des Hörens zu lernen, braucht es paradoxerweise die Stille und das Schweigen. Es ist gut, einmal die Augen zu schließen, um sich ganz auf das konzentrieren zu können, was die Stille an Lautmalereien anbieten kann. Sehr schnell wird man erkennen, dass es absolute Stille gar nicht gibt. Sie ist erfüllt von leisen, zarten Tönen und Geräuschen, die erst in der Stille hörbar werden. Und man beginnt in dieser Stille auch viel deutlicher auf das zu hören, was nur das Herz hören kann: das Wesentliche nämlich. In Anlehnung an ein Wort des französischen Schriftstellers Antoine de Saint-Exupéry (1900-1944) könnte man sagen: Man hört nur mit dem Herzen gut. Das Wesentliche bleibt nicht nur dem Auge, sondern auch dem Ohr unsichtbar und unhörbar. Der deutsche Lyriker Peter Friebe meint: „Zarte Töne hört nur das Herz“.

Der weise König Salomo wünschte sich daher ein „hörendes Herz“: „Verleih deinem Knecht ein hörendes Herz, damit er dein Volk zu regieren und das Gute vom Bösen zu unterscheiden versteht" (1 Kön 28,9). Diesem Wunsch könnten wir uns anschließen. Die Tugend des Hörens lernen wir am besten, wenn wir selbst ganz still werden und den Worten Gottes und der Menschen lauschen.

Fragen zum Nachdenken

- *Kann ich gut zuhören?*
- *Wie geht es mir beim Hören des Wortes Gottes?*
- *Halte ich die Stille aus?*

Höflichkeit – die Tugend des guten Benehmens

Spätestens seit des doch relativ guten Verkaufserfolges des Buches „Manieren“ (Berlin, 2003) vom äthiopischen Prinzen Asfa-Wossen Asserate, es befand sich jedenfalls unter den Top Ten sämtlicher Bestsellerlisten, wurde wieder deutlich, dass der Mensch offenbar immer noch darauf bedacht ist, sich in Gesellschaft gut oder richtig zu benehmen. Zumindest das Interesse dafür scheint groß zu sein, zu wissen, worauf es im richtigen Umgang miteinander ankommt.

Adel verpflichtet

Die Tugend der Höflichkeit weist schon dem Namen nach darauf hin, dass es sich hier um eine adelige Tugend handelt. Bei Hofe gibt es eben bestimmte Verhaltensregeln, Sitten und Umgangsformen, die sich aus dem alltäglichen Rahmen abheben. Der Dame lässt man den Vortritt, man spricht dezent und würdevoll, verwendet gewisse Ausdrücke nicht, zu Tisch wird nicht gerülpst oder geschlürft, die Gabel gehört links, Messer und Löffel rechts, und so weiter. Wer die Tugend der Höflichkeit übt, der weiß sich eben auch außerhalb illustrer Gesellschaften so zu benehmen, als wäre er bei Hofe. Er benimmt sich also „höflich“, so als wäre er stets in adeliger, feiner Umgebung.

Der heilige Franz von Sales entstammte einem angesehenen savoyardischen Adelsgeschlecht. Er erhielt selbstverständlich die zu seiner Zeit übliche adelige, höfische Erziehung. Es ist daher nicht verwunderlich, dass Höflichkeit in seinem Katalog der kleinen Tugenden eine vorrangige Stelle einnahm. Stets war er jedoch darauf bedacht, dass diese Höflichkeit eine „ganz einfache“ ist, also keine gekünstelte oder gezierte, wie er dies am französischen Königshof in Paris erlebte. Wahre Höflichkeit hat für ihn immer etwas mit

Demut zu tun. In einem Brief, den er aus Paris an seinen Herzog in Savoyen schrieb, hebt er daher diese Eigenschaft demütiger, einfacher Höflichkeit besonders hervor:

„Im Übrigen vermag ich nicht zu beschreiben, mit welchem Anstand sich der Herr Kardinal [der Bruder des Herzogs] an diesem Hof bewegt und wie geschickt er den Rang des großen Prinzen, den ihm seine Geburt verleiht, mit dem des sehr würdigen Kardinals zu verbinden weiß, den sein Beruf ihn zu wahren verpflichtet, indem er sehr bewundernswert die ungezwungene und allgemeine Höflichkeit, die bei diesem Volk so erwünscht und geschätzt ist, mit der Bescheidenheit und Schicklichkeit vereinigt, die hier so kostbar ist wie auf der ganzen Welt" (DASal 8,292).

Die große Würde des Anderen

Franz von Sales will also eine einfache Höflichkeit, eine Höflichkeit, die mit Demut verbunden ist. Daran lässt sich sehr gut erkennen, worauf es ihm bei dieser Tugend vor allem ankam: Es geht bei der Höflichkeit nicht darum, allen zu zeigen, dass man sich in guter Gesellschaft zu benehmen weiß, dass man die Regeln kennt und damit also perfekt „hofieren" kann. Der wahrhaft höfliche Mensch macht in aller Einfachheit den Menschen, mit denen er Umgang pflegt, durch sein Verhalten deutlich, dass sie für ihn eine besondere Würde besitzen. Ich verhalte mich diesen Menschen gegenüber so, als wären sie große Persönlichkeiten von Adel, Rang und Namen.

Der wahrhaft höfliche Mensch verhält sich deshalb so, weil ihm klar ist, dass sein Gegenüber, egal um wen es sich dabei handelt, ein Ebenbild Gottes ist und daher eine große Würde besitzt. Der unhöfliche Mensch bringt zum Ausdruck, dass niemand besser ist als er und niemand ihm daher irgendwelche Vorschriften zu machen hat, wie er sich wo zu verhalten habe. „Ich bin mein eigener Herr," sagt der Unhöfliche, „und alle haben sich nach mir zu richten, denn alle haben geringer zu sein als ich."

Höflichkeit aber macht deutlich: „Du bist für mich wertvoll."

Höflichkeit ist somit eine ganz besondere Form der Nächstenliebe, die konsequenterweise nicht nur in der Öffentlichkeit, sondern vor allem innerhalb der eigenen vier Wände geübt werden sollte, dann also, wenn es niemand sieht.

Franz von Sales, der das Verhalten seiner Mitmenschen offenbar sehr gut kannte, weist in seiner „Philothea – Anleitung zum frommen Leben" besonders auf diesen Punkt hin: „Nicht nur duftenden Honig sollen wir haben, das heißt Höflichkeit und Liebenswürdigkeit im Verkehr mit Freunden, sondern auch süße Milch für die Hausleute und Nachbarn. In dieser Hinsicht verfehlen sich diejenigen schwer, die auf der Straße wie Engel sind, daheim aber Teufeln gleichen" (Philothea III,8; DASal 1,132).

Eine Anekdote zeigt, wie gut sich Franz von Sales selbst im höflichen Umgang verstand. 1603 besuchte er seinen Freund, den seligen Bischof Johannes Juvenal Ancina (1545-1604), in Carmagnole, in der Grafschaft Saluzzo. Als ihm Bischof Ancina am Portal der Kathedrale den Vortritt überlassen wollte und dies mit den Worten „Du bist das Salz" (Sal-es, lateinisch „sal" bedeutet „Salz" und „es" „du bist") begründete, erwiderte Franz schlagfertig: „Du aber bist noch viel mehr, du bist nämlich Salz und Licht" (lateinisch „sal et lux" ... Saluzzo ... bedeutet Salz und Licht).

Darum geht es Franz von Sales in der Tugend der Höflichkeit: dem Anderen deutlich machen: „Du bist noch mehr." In der Philothea formuliert er dies so: „Ich füge nur hinzu, dass wir manchmal aus Höflichkeit anderen den Vortritt anbieten müssen, obwohl wir wissen, dass sie ihn nicht annehmen werden. Das ist nicht Doppelzüngigkeit und falsche Demut; denn das Anbieten allein ist schon der Ansatz zu einer Ehrung, zu der wir uns wenigstens anschicken sollen, wenn wir sie schon nicht ganz erweisen können" (Philothea III,5; DASal 1,120).

Es gibt interessanterweise einen Fall, bei dem Franz von Sales „Unhöflichkeit" nicht nur erlaubt, sondern sogar für notwendig hält, und auch das hat mit der Würde des Menschen zu tun. Konkret schreibt er in der Philothea: „Hüten wir also unsere Ohren sorgfältig vor dem Pesthauch törichter Worte, sonst wird er gar bald unser Herz vergiften. In diesem einzigen Fall ist es erlaubt, unhöflich und grob zu sein“ (Philothea III,21; DASal 1,159).

Höflichkeit hört also genau dort auf, wo die Würde des Menschen durch ungebührliche Worte herabgesetzt wird. Die Verteidigung dieser Würde ist nach Franz von Sales der einzige Fall, bei dem man „unhöflich und grob“ reagieren darf.

Empfehlungen zur Höflichkeit

Abschließend noch zwei salesianische Empfehlungen zur Höflichkeit. Die eine schrieb Franz von Sales an einen unbekannten jungen Mann, der sich anschickte, am Königshof in Paris eine Anstellung zu finden. Diesem schrieb er: „Ich empfehle Ihnen freundliche und aufrichtige Höflichkeit, die keinen beleidigt und alle verpflichtet, die mehr Liebe als Ehre sucht, die niemals auf Kosten anderer Spott treibt oder verletzend wirkt, die niemanden zurückstößt und auch niemals zurückgestoßen wird“ (DASal 6,197).

Und der Präsidentin Le Blanc de Mions (+1616) empfahl er für deren gesellschaftlichen Umgang: „Möge die hochheilige und göttliche Demut in allem und überall leben und herrschen! Ihre Kleidung soll einfach, aber standesgemäß sein, so dass Sie nicht abschreckend wirken; Ihre Worte seien einfach, höflich und liebenswürdig; Ihre Bewegungen und Ihr Gespräch weder zu beengt und gezwungen, noch zu frei und lässig; Ihr Antlitz sei sauber und gepflegt; es möge mit einem Wort in allem die Güte und Bescheidenheit herrschen, wie es einer Tochter Gottes entspricht“ (DASal 6,265).

Fragen zum Nachdenken

- *Was verstehe ich unter Höflichkeit?*
- *Warum versuche ich höflich zu sein?*
- *Achte ich in meinem Verhalten darauf, dass der Andere wertvoll ist?*

Kindsein vor Gott – die Tugend von der wahren Größe

Mein Neffe war damals etwa vier Jahre alt. Eines Tages, ich glaube, es war sogar der Dreifaltigkeitssonntag, fragte er mich: „Onkel, was heißt das eigentlich: Dreifaltigkeit?“ In meinem Kopf schwirrten sofort eine Menge dogmatischer Formeln herum. Begriffe wie Wesen, Natur, Person formten sich. Doch gleichzeitig wurde mir bewusst, dass ich damit einem Vierjährigen nicht zu kommen brauche. Also: Wie sag ich‘s einem Kinde?

Die drei Hasen

Glücklicherweise erinnerte ich mich an das berühmte Hasenfenster des Domes von Paderborn im deutschen Bundesland Nordrhein-Westfalen. Da mein theologischer Disput mit meinem Neffen auch um die Osterzeit stattfand, war er ohnehin gerade mit dem Hasenbild vertraut. Ich nahm also ein Blatt Papier und zeichnete, so gut es eben ging, die drei Hasen auf, die so zueinander standen, dass eines der beiden Ohren gleichzeitig auch ein Ohr des anderen bildete. Das Ergebnis: Da sind drei Hasen, die haben alle zwei Ohren, aber insgesamt sind es eben nicht sechs Ohren, sondern nur drei. Da mein Neffe schon bis zehn zählen konnte, war das für ihn durchaus nachvollziehbar. Und er verstand mich tatsächlich. „Das ist toll“, sagte er und damit war für ihn das Problem Dreifaltigkeit gelöst – wenigstens für die nächsten paar Jahre.

Mein Neffe verblüffte mich später noch einmal. Eines Tages, mitten im Sommer, schenkte er mir einen selbstgebastelten Weihnachtsstern. Auf die Idee, dass er eventuell eine etwas unpassende Zeit für seinen Weihnachtsstern gewählt hatte, kam er nicht. Ich selbst hütete mich davor, meine erwachsene Vernunft sprechen zu lassen, sondern freute mich einfach riesig über das Geschenk.

Mich wundert es nicht, dass Gott manchmal mit uns Menschen

Schwierigkeiten hat. Da wollen wir immer alles ganz genau wissen. Wir erfinden Thesen und Theorien, streiten uns um Begriffe und Worthülsen, wollen Göttliches bis ins kleinste Detail hinein ergründen und dabei wäre alles so einfach: Glaub einfach daran, dass drei Hasen drei Ohren haben können und ein Weihnachtsstern auch im Sommer Freude machen kann.

Das Meer im Sandloch

Die berühmte Geschichte kennen wir: Der heilige Augustinus (354-430) beschäftigte sich gerade mit seiner Schrift „De Trinitatis" – „Über die Dreifaltigkeit" und kam damit einfach nicht weiter. Er ging zum Meer hinaus, um bei einem Strandspaziergang die Gedanken etwas zu ordnen. Da entdeckte er einen Jungen, der im Sand ein Loch gegraben hatte. Mit einer Schale lief er nun zum Meer, füllte Wasser ein, ging zurück zum Loch und schüttete das Wasser in seine Grube. Das tat er immer wieder. Augustinus kam dieses Verhalten eigenartig vor und so fragte er den Jungen, was er denn da mache. „Ich will das Meer in mein Sandloch umschütten!" antwortete dieser mit größter Selbstverständlichkeit. „Aber Junge", so der Heilige, „erkennst du denn nicht, dass das nicht geht?" Darauf der Junge: „Aber du versuchst doch auch das Geheimnis der Dreifaltigkeit in einem Buch zu beschreiben!" Da wusste Augustinus Bescheid.

Noch eine Geschichte: Der heilige Thomas von Aquin (1225-1274) gilt bis heute als der größte Kirchenlehrer der Christentumsgeschichte. Seine „Summa theologica", also das gesamte theologische Wissen seiner Zeit, umfasst in einer deutschen Ausgabe gar 36 Bände. Diese Summa beeinflusste das theologische Denken über Jahrhunderte ganz entscheidend. Keiner, der sich nur ein wenig mit der theologischen Wissenschaft auseinandersetzt, kommt an Thomas von Aquin vorbei. Am Ende seines Lebens sagte dieser große Gelehrte, und ich denke, allein dieses Wort hätte genügt, um ihn groß zu machen: „Es ist alles Stroh, was ich geschrieben habe."

Mir geht es nicht darum, die hohe Theologie in Misskredit zu bringen. Ganz im Gegenteil. Ich habe es in meinem Studium sehr genossen, unseren Glauben mit wissenschaftlicher Methodik und Akribie zu studieren. Mir hat das wirklich Spaß gemacht. Mir war jedoch auch eines klar, nämlich dass ich mit theologischem Wissen allein wahrscheinlich nicht in den Himmel kommen werde. Wir erinnern uns an Jesus: In jener Zeit „rief er ein Kind herbei, stellte es in ihre Mitte und sagte: Amen, das sage ich euch: Wenn ihr nicht umkehrt und wie die Kinder werdet, könnt ihr nicht in das Himmelreich kommen“ (Mt 18,2-3). Seit ich mit meinem Neffen über die Dreifaltigkeit diskutiert habe, verstehe ich diesen Satz noch besser.

Kindsein im Glauben

Das Weihnachtsfest, das wir jedes Jahr feiern und das uns regelmäßig wegen dessen Kommerzialisierung zum Wahnsinn treibt, hat sicherlich auch einen Sinn darin, dass wir uns das „Kindsein“ in unserem Glauben bewusst machen. Gott selbst, der erhabene, allmächtige, unbegreifliche, ist sich nicht zu schade, um seine Größe zu verlassen und in Gestalt eines hilflosen Neugeborenen das Licht der Welt zu erblicken. Sehr schön finde ich, wie der heilige Franz von Sales – ebenfalls ein großer Kirchenlehrer – auf dieses Wunder reagiert, nämlich mit Schweigen. In einem Brief schreibt er:

„Die hohen Festtage aber legen uns Schweigen auf, um so mehr, als sie selbst vom Geheimnis, das sie uns darstellen, widerhallen und göttlich sprechen. Ich weiß gar nicht, was ich von diesem göttlichen Kind sagen sollte, denn es spricht kein Wort; sein Herz, so voll von Liebe für unsere Herzen, gibt sich nur in Wimmern, Tränen und lieben Blicken kund. Mein Gott, welch große Dinge sagt mir dieses Schweigen! Es lehrt mich, das wahre innerliche Gebet zu pflegen; es lehrt mich die liebevolle Glut eines Herzens, das von Empfindungen erfasst ist, die diese lieben Gedanken nähren, und das deren Innigkeit zu verlieren fürchtet, wenn es sie ausspricht“ (DASal 7,199).

Kein dogmatisches Analysieren also über die Verbindung von Gottheit und Menschheit in der einen Person Jesus Christus. Kein vernunftgeleitetes Nachdenken über die Historizität dessen, was sich damals in Betlehem tatsächlich ereignet hat oder nicht. Einfach staunendes Schweigen und innerliches Gebet.

Es ist auch der heilige Franz von Sales, der das „Kindsein“ zu einem beliebten Bild für die Gottesbeziehung in die christliche Spiritualität eingebracht hat. Hier nur das Beispiel, wo er die Gottesbeziehung mit einem Kind vergleicht, das an der Brust seiner Mutter Nahrung findet:

„Solange ein Kind noch ganz klein ist, ist es ganz Einfachheit, es hat nur eine einzige Erkenntnis: die Mutter; nur ein Verlangen: die Brust der Mutter. An diese Brust gelegt und gebettet, ist es wunschlos. Die vollkommen einfache Seele hat auch nur eine Liebe: Gott. Und diese Liebe hat wiederum nur ein Verlangen: Ruhen an der Brust des himmlischen Vaters, dort als wahrhaft liebendes Kind wohnen, dem guten Vater alles Sorgen um das eigene Wohl überlassen“ (DASal 2,183-184).

An der Hand des Vaters

Ein anderes Bild des „Kindseins“ verweist uns darauf, wie wir mit Gott an der Seite durch das Leben gehen sollen. Franz von Sales rät in dem Buch „Philothea – Anleitung zum frommen Leben“:

„Mache es wie die kleinen Kinder: Mit der einen Hand halten sie sich am Vater fest, mit der anderen pflücken sie Erdbeeren und Brombeeren am Wegrain. So sammle und gebrauche auch du die irdischen Güter mit der einen Hand, mit der anderen halte dich an der Hand des himmlischen Vaters fest. Schau immer wieder zu ihm auf, ob ihm dein Tun und dein Wandel recht ist. Hüte dich vor allem, seine Hand loszulassen und dich seiner Obhut zu entziehen, in der Meinung, du könntest dann mehr zusammenraffen. Hält er dich nicht mehr, dann wirst du keinen Schritt tun, ohne hinzufallen“ (Philothea III,10; DASal 1,135).

Es sind sehr schöne Bilder, die uns allesamt deutlich machen, wie einfach Glauben sein kann. Wir brauchen uns wahrlich nur die staunenden Augen der Kinder anzuschauen und wissen, wie es geht. „Ich preise dich, Vater, Herr des Himmels und der Erde", betete daher auch Jesus, „weil du all das den Weisen und Klugen verborgen, den Unmündigen aber offenbart hast" (Mt 11,25). Aus diesem Grund wahrscheinlich müssen die Weisen und Klugen dieser Welt forschen und forschen und dicke Bücher wälzen, den Kindern aber genügt, um zum gleichen Ergebnis zu kommen, eine einfache Drei-Hasen-Zeichnung.

Dass dieser „kleine theologische Weg" eines staunenden Kindes auch kirchlich anerkannt ist, beweist die heilige Thérèse von Lisieux (1873-1897). Aufgrund ihrer berühmten Autobiographie „Geschichte einer Seele" (erstmals erschienen 1898), in dem sie ihren ganz persönlichen „kleinen Weg" zu Gott beschreibt, wurde sie 1997 zur Kirchenlehrerin erhoben. Wenn man bedenkt, dass „Thérèse vom Kinde Jesu", wie sie sich als Karmelitin nannte, nur vierundzwanzig Jahre alt wurde, dann hat sich wirklich wieder einmal bewahrheitet, was schon im Psalm 8 zu lesen ist: „Aus dem Mund der Kinder und Säuglinge schaffst du dir Lob, deinen Gegnern zum Trotz; deine Feinde und Widersacher müssen verstummen." Nur am Rande sei erwähnt, dass die heilige Thérèse eine Tante hatte, die Heimsuchungsschwester war, also jenem Orden angehörte, den Franz von Sales und Johanna Franziska von Chantal (1572-1641) gründeten. Vielleicht entdeckte sie ja dort erstmals ihren „kleinen Weg", da ja auch in der salesianischen Spiritualität die „kleinen Tugenden" und das „Schritt für Schritt" auf dem Weg der Frömmigkeit eine wesentliche Rolle spielen.

Kindliches Staunen

Noch einmal zurück zu meinem Neffen. Mittlerweile ist er schon um einiges älter geworden, kann schreiben und rechnen und wird sich auch von meinen Hasen-Zeichnungen nicht mehr so schnell beeindrucken lassen. Ich wünsche mir aber, dass er trotz seines Erwachsenwerdens sein Staunen bewahrt, jenes kindliche Staunen von damals, das uns die Herrlichkeit Gottes in all seiner Pracht am besten und auch einfachsten entdecken lässt.

Fragen zum Nachdenken

- *Kann ich über Gottes Größe staunen?*
- *Vertraue ich Gott wie ein Kind?*
- *Was halte ich vom „kleinen Weg“ der Frömmigkeit?*

Nachgiebigkeit – die Tugend, die vor Katastrophen schützt

Judo heißt wörtlich übersetzt „der sanfte Weg“. Vor Jahren hatte ich die Gelegenheit mit dem österreichischen Judo-Doppelolympiasieger Peter Seisenbacher zu sprechen. Dabei erzählte er mir von einer Legende, die beschreibt, wie es zu dieser Kampfsportart kam.

Eines Tages gab es in Japan ein orkanartiges Unwetter. Alles war zerbrochen und verwüstet, nur der Weidenstrauch war unversehrt. Das faszinierte die Menschen und sie begannen den Weidenstrauch zu beobachten. Als eines Tages wieder ein größerer Sturm kam, sahen sie, dass sich der Weidenstrauch nicht wie die anderen Bäume gegen den Sturm stemmte, sondern ihm nachgab, sich zurückbog und damit der zerstörenden Kraft des Sturmes entging. Die anderen Bäume aber verloren ihre Zweige und Blätter und viele knickten um.

Aus dieser Beobachtung heraus soll die Art und Weise des Judo-Kampfes entwickelt worden sein. Der Judoka stemmt sich dem Gegner nicht entgegen, sondern verhält sich wie der Weidenstrauch. Er gibt nach und bringt den Gegner damit zu Fall.

Ein Kind der Liebe

Die Tugend der Nachgiebigkeit lehrt uns im Grunde Ähnliches wie diese Legende vom Weidenstrauch. Es ist nicht immer das Beste unnachgiebig auf seinem Standpunkt zu bestehen und nicht mehr mit sich diskutieren zu lassen. Manchmal kommt man seinem Ziel näher, wenn man die Nachgiebigkeit übt. „Der Klügere gibt nach“, sagt daher auch ein altes Sprichwort.

Auch für den heiligen Franz von Sales war die „liebenswürdige Nachgiebigkeit dem Nächsten gegenüber … eine kostbare Tugend“ (DASal 2,146). In der Philothea nennt er sie „ein Kind der Liebe“

und meint, „sie kann sogar manchen Handlungen das Schlechte nehmen“ (Philothea III,34; DASal 1,189).

Vor allem wird die Nachgiebigkeit von Franz von Sales deshalb sehr empfohlen, weil sie dazu beiträgt, die Frömmigkeit anderen gegenüber liebenswert zu machen. In einem Brief empfiehlt er: „Sie sollen nicht nur fromm sein und die Frömmigkeit lieben, sondern sie auch jedermann liebenswert machen. Das tun Sie aber, wenn sie anderen nützlich und angenehm wird. Die Kranken werden Ihre Frömmigkeit lieben, wenn sie dadurch liebevollen Trost empfangen; Ihre Familie, wenn sie erkennt, dass Sie dadurch viel mehr auf ihr Wohl bedacht sind, milder in geschäftlichen Dingen, gütiger im Tadel und so weiter; Ihr Herr Gemahl, wenn er sieht, dass Sie mit wachsender Frömmigkeit umso herzlicher ihm gegenüber und zärtlicher in der Zuneigung zu ihm sind; Ihre Verwandten und Freunde schließlich, wenn sie erkennen, dass Sie ihren Wünschen, die jenen Gottes nicht zuwiderlaufen, mehr Offenheit, Unterstützung und Nachgiebigkeit entgegenbringen. Kurz, wir müssen unsere Frömmigkeit möglichst anziehend gestalten“ (DASal 6,81).

Damit also meine Mitmenschen merken, dass meine Frömmigkeit etwas Wohltuendes, Gutes und Wertvolles ist, soll ich hin und wieder einmal einfach nachgeben.

Zum eigenen Nutzen

Franz von Sales bringt ein schönes Beispiel, das deutlich macht, dass die Nachgiebigkeit aber nicht nur dem anderen, sondern sogar mir selbst zum großen Nutzen ist:

„Kürzlich habe ich im Leben des großen heiligen Anselm etwas gelesen, was ich euch erzählen muss; ... Dieser Heilige war als Prior und als Abt bei allen ungemein beliebt, weil er gegen alle, selbst gegen Fremde, so gefällig und nachgiebig war. Bat man ihn: ‚Nehmen Sie doch etwas heiße Suppe, das ist gut für Ihren Magen‘ – so aß er sie. Kam ein anderer und sagte: ‚Die Suppe tut Ihnen nicht gut, Sie dürfen sie nicht essen,‘ so ließ er sie sofort stehen. Er fügte sich in allem, was nicht offensichtlich gegen Gottes Willen war, dem Willen seiner Mitbrüder, die sicherlich oft genug ihren natürlichen und gewohnheitsmäßigen Neigungen folgten, und sogar dem Willen der Weltleute, die mit ihm machten, was sie wollten. Wenngleich nun alle den Heiligen überaus liebten, so waren doch nicht alle mit dieser großen Willfährigkeit und Nachgiebigkeit einverstanden. Schließlich wollten einige seiner Mitbrüder ihm Vorstellungen machen und ihm sagen, dass sie das nicht für recht hielten. Sie begannen also: ‚Vater, wir alle, die Ihrer Leitung unterstehen, lieben und schätzen Sie. Erlauben Sie uns jedoch, die wir Sie noch mehr als alle anderen lieben, Ihnen sagen zu dürfen, dass Sie viel zu gefällig und gefügig sind und aller Welt zu Willen. Wir möchten meinen, dass Sie mehr Würde wahren und vielmehr Ihre Untergebenen dazu bringen sollten, sich Ihrem Willen zu beugen, statt immer allen nachzugeben, wie Sie es tun.‘ Darauf antwortete der Heilige: ‚Wisst Ihr wohl, meine lieben Kinder, warum ich das tue? Ich denke an die Worte des Heilandes, der uns befohlen hat, den Nächsten so zu behandeln, wie wir behandelt zu werden wünschen (Mt 7,12; Lk 6,31), und deshalb kann ich nichts anderes tun. Ich möchte, dass der Herr meinen Willen tue, und so erfülle ich gerne den Willen meiner Mitbrüder und aller Mitmenschen, damit es Gott gefallen möge, zuweilen das zu tun, was ich gerne hätte‘“ (DASal 2,225-226).

Weil ich also will, dass Gott oder die anderen mit mir manchmal nachgiebig umgehen, schadet es nicht, wenn ich mit gutem Beispiel vorangehe. Wenn ich immer nur mit der Brechstange versuche, meinen Willen durchzusetzen, brauche ich mich nicht zu wundern, wenn ich bei den anderen – und vielleicht auch bei Gott – ständig auf Granit beiße.

Falsche Nachgiebigkeit

Auf eines muss allerdings auch hingewiesen werden: Wer die Worte des heiligen Franz von Sales zur Nachgiebigkeit genau liest, wird feststellen, dass diese Nachgiebigkeit nur dann gilt, wenn sie nicht dem Willen und den Geboten Gottes widerspricht. Nachgiebigkeit wäre falsch, wenn sie dazu führt, dass jedem alles erlaubt ist, was er will. Dieser Laissez-faire-Methode (zu deutsch „Lasst sie machen“), in der jeder alles darf, was er will, hätte Franz von Sales sicherlich nicht zugestimmt und auch davor gewarnt. Es gibt eben Situationen, in denen Nachgiebigkeit das falsche Signal wäre. Im Zweifelsfall aber ist Nachgiebigkeit immer der bessere Weg, weil er verhindert, dass im Konflikt- und Streitfall unüberwindbare Mauern aufgebaut und Brücken zueinander abgerissen werden.

Letztlich ist es also die Tugend der Nachgiebigkeit, die Katastrophen verhindern hilft, nicht nur beim Weidenstrauch, der einen Orkan überlebt, sondern bei uns selbst und in unserer Beziehung zu den Mitmenschen. Es wäre einmal wirklich interessant zu erforschen, wie viele Kriege bis heute verhindert hätten werden können, wenn einer der beiden Konfliktparteien einfach einmal nachgegeben hätte. Sie können ja in Ihrer eigenen Lebensgeschichte einmal nachforschen. Welcher Streit hätte nicht sein müssen, wenn ich nachgegeben hätte?

Mittel zur Nächstenliebe

Ob Franz von Sales die Nachgiebigkeit zum Mittel einer Friedenspolitik vorgeschlagen hätte, ist nicht bekannt, für die Nächstenliebe und die Einheit untereinander allerdings gibt es für ihn kein besseres Mittel und es ist auch das Mittel, das Gott empfiehlt. So sagt er:

„Gott hat mir befohlen, den Nächsten zu lieben; es ist aber ein großes Werk der Nächstenliebe, die Einigkeit untereinander zu erhalten, und dazu weiß ich mir kein besseres Mittel als große Güte und Nachgiebigkeit. Über alles, was wir tun, soll daher diese liebenswürdige und demütige Nachgiebigkeit gebreitet sein. Der Hauptgrund für mein Verhalten ist jedoch die Überzeugung, dass Gott mir seinen Willen durch den Willen meiner Mitbrüder zu verstehen gibt. Ich gehorche also Gott, sooft ich in irgendeiner Sache nachgebe. Übrigens, hat nicht der Herr gesagt: ‚Wenn ihr nicht werdet wie die Kinder, so werdet ihr nicht in das Himmelreich eingehen‘ (Mt 18,3)? Wundert euch also nicht, wenn ich lenksam und nachgiebig bin wie ein Kind; tue ich doch damit nur, was mir der Herr befohlen hat. Ob ich mich schlafen lege oder aufbleibe, ob ich Suppe esse oder nicht, ob ich dableibe oder dorthin gehe – das alles ist mehr oder minder nebensächlich; in solchen Dingen aber unnachgiebig sein, das wäre keine kleine Unvollkommenheit“ (DASal 2,226-227).

Schon als Student in Padua hat sich Franz von Sales deshalb die Nachgiebigkeit zur Lebensregel gemacht und sich vorgenommen, „nachgiebig ohne Widerspruch“ zu sein, „außer wenn es die Vernunft verlangt“ (DASal 12,161).

Und einer Frau schreibt er: „Lieben Sie die heilige Tugend der … Nachgiebigkeit, denn nur so, sagt der heilige Paulus (Gal 6,2), werdet ihr das Gesetz Jesu Christi erfüllen“ (DASal 6,34).

Nachgiebig auch Gott gegenüber

Die Tugend der Nachgiebigkeit hilft mir im Übrigen auch, mit den unergründlichen Ratschlüssen Gottes besser umgehen zu können, vor allem dann, wenn sie mir gegen den Strich gehen oder ich sie nicht verstehe. Wie der Weidenstrauch soll ich also auch mit den Plänen Gottes umgehen: „O wie glücklich sind solche Seelen, die kühn und starkmütig an die Unternehmungen gehen, die Gott ihnen eingibt, aber auch geschmeidig und sanft diese aufzugeben wissen, wenn Gott es so haben will!“ (Theotimus IX,6; DASal 4,135).

Fragen zum Nachdenken

- *Bin ich nachgiebig?*
- *Halte ich Nachgiebigkeit für eine gute Lösung bei Konflikten?*
- *Wo hat Nachgiebigkeit ihre Grenzen?*

Optimismus – die Tugend für die Zukunft

Der heilige Franz von Sales wird nicht müde, den Adressaten seiner zahlreichen Briefe Mut und Zuversicht zuzusprechen. Er bittet sie inständig, die Hoffnung nicht aufzugeben und der Tugend des Optimismus Raum zu lassen: „Nur Mut, meine Seele, nur Mut, Gott ist mit dir!“ (vgl. DASal 5,81). Ebenso fordert er seine Leserinnen und Leser zu einem frohen Leben im Glauben auf: „Leben Sie fröhlich in Gott!“ (vgl. DASal 5,121) – „Haben Sie Freude im Herzen!“ (vgl. DASal 5,401). Es gibt kaum einen Brief, der nicht mit einer solch ermutigenden Formel endet. Kein Wunder also, dass die unterschiedlichsten Biographen den Optimismus als Markenzeichen von Leben, Lehre und Werk des Genfer Bischofs bezeichnen.

Die große Krise

Wie kam Franz von Sales zu dieser positiven Grundhaltung? Erstaunlicherweise war dafür seine dunkelste Erfahrung ausschlaggebend, seine schwere Krise als Student in Paris Ende 1586 bis Anfang 1587. Damals hatte in Franz von Sales der Pessimismus die Oberhand. Franz war davon überzeugt, dass sein Leben gescheitert ist. Gott habe ihn verdammt. Nichts und niemand kann ihn mehr vor dieser Katastrophe bewahren.

Diese Lebenskrise war total. Sie traf nicht nur seine Seele, sondern wirkte sich auch auf seinen Körper aus. Er wurde krank. Mühsam schleppte er sich eines Tages in eine Kirche, um dort trotz allem zu beten. Bei diesem Gebet im Angesicht der Gottesmutter Maria fand er jene berühmten Worte, die sein Leben von einer Sekunde auf die andere veränderten:

„Was auch kommen mag, Herr, in dessen Hand alles gelegt ist und dessen Wege alle Gerechtigkeit und Wahrheit sind; was immer durch den ewigen Ratschluss der Vorherbestimmung und Verwerfung, dessen Urteile ein tiefer Abgrund sind, über mich beschlossen sein mag, der du stets ein gerechter Richter und barmherziger Vater bist: ich will dich wenigstens in diesem Leben lieben, mein Gott; ich werde immer auf deine Barmherzigkeit hoffen und werde stets dein Lob vermehren, was immer der Engel Satans mir unablässig Gegenteiliges einflüstern mag. Herr Jesus, du wirst immer meine Hoffnung und mein Heil im Land der Lebenden sein. Wenn ich verdientermaßen ein Verdammter unter Verdammten sein muss, die dein überaus gütiges Angesicht nicht schauen werden, dann gewähre mir wenigstens, dass ich nicht einer von denen sei, die deinem heiligen Namen fluchen" (DASal 11,328-329).

Mit diesen Worten ließ sich Franz von Sales in die Hände Gottes fallen. Er entdeckte, dass diese göttlichen Hände nicht verdammen, sondern Geborgenheit schenken. Wer sich in die Hände Gottes fallen lässt, fällt nicht in die Leere und Finsternis, sondern wird wunderbar getragen. Franz von Sales erfuhr jene göttliche Liebe, die froh und glücklich macht, die einem alle Angst nimmt, die optimistisch in die Zukunft blicken lässt, denn bei Gott wird alles gut.

Keine Angst

Wer sein Leben auf Gott baut, der braucht keine Angst mehr zu haben, mögen auch Stürme brausen und Wasserfluten auf einen herabstürzen. Denn sein Lebenshaus ist nicht auf Sand gebaut, sondern auf dem Felsen Gottes, den nichts zerstören kann. Wir kennen dieses Gleichnis aus dem Matthäusevangelium, das Jesus am Ende seiner Bergpredigt erzählt: „Wer diese meine Worte hört und danach handelt, ist wie ein kluger Mann, der sein Haus auf Fels baute. Als nun ein Wolkenbruch kam und die Wassermassen heranfluteten, als die Stürme tobten und an dem Haus rüttelten, da stürzte es nicht ein; denn es war auf Fels gebaut" (Mt 7,24-25).

Das unerschütterliche Vertrauen auf einen Gott der Liebe und Barmherzigkeit wies Franz von Sales den Weg zu seinem Optimismus, den er sein Leben lang nicht mehr verlor. Genau dieses unerschütterliche Gottvertrauen kann auch uns einen sicheren Weg in unsere Zukunft weisen. Wir sind mit unseren Sorgen und Nöten nicht allein. Da gibt es eben einen Gott, der uns nicht nur erschaffen hat, sondern der weiterhin auf uns schaut und unsere Wege begleitet. Wir sind unserem Gott nicht egal und er möchte, dass wir „das Leben haben und es in Fülle haben". So sagt es Jesus im Johannesevangelium (Joh 10,10). Nach diesem Wort beschreibt sich Jesus als guter Hirte, der seine Schafe kennt und für seine Schafe da ist, und der sogar das Leben für seine Schafe opfert, wenn es notwendig sein sollte (Joh 10,11-21). Trotz aller gegenteiliger Erfahrungen, die wir selbstverständlich im Laufe des Lebens machen müssen, trotz so mancher Ängste und Sorgen dürfen wir uns ganz und gar in Gott geborgen und von ihm getragen wissen. Wir dürfen davon überzeugt sein, dass Gott das Ziel unserer Zukunft ist.

Blauäugig?

Man kann dem heiligen Franz von Sales mit seinem unerschütterlichen Optimismus natürlich auch den Vorwurf der Blauäugigkeit machen. Der Optimismus des Heiligen sei blind für die raue Wirklichkeit. Sein bedingungsloses Vertrauen in das Handeln Gottes verleite dazu, vor den Problemen der Zeit die Augen zu verschließen und die Hände in den Schoß zu legen, weil Gott ohnehin alles gut machen werde.

Damit würde Franz von Sales jedoch ganz falsch verstanden. Solche Vorwürfe werden dem nicht gerecht, was salesianischer Optimismus wirklich bedeutet. Franz von Sales hat ja nach der Überwindung seiner Krise in Paris eben nicht die Hände in den Schoß gelegt. Im Gegenteil, sein Optimismus wurde für ihn geradezu der Motor, um seine persönlichen Probleme und die Probleme seiner Zeit mit Mut und Zuversicht anzupacken und sich von eventuellen Rückschlägen nicht mehr entmutigen zu lassen. Und solche Rückschläge gab es in seinem Leben wahrlich genug.

Die positive Lebens- und Glaubenseinstellung drängte den Heiligen dazu, seinen Mitmenschen unentwegt zuzurufen, dass sie vor den Problemen nicht resignieren sollen. Vielmehr sollen sie ihnen in die Augen schauen und mutig ans Werk gehen, weil doch Gott auf unserer Seite steht. „Eines ist also notwendig," schreibt er in der „Philothea – Anleitung zum frommen Leben", „den Mut nicht verlieren! … Es ist ein Glück für uns, dass wir in diesem Krieg immer Sieger sind, solange wir nur kämpfen wollen" (Philothea I,5; DASal 1,42). Solche Worte spricht kein blauäugiger, weltfremder Mensch, sondern ein Heiliger, der sich aufgemacht hat, die Zukunft zu bewältigen, im Bewusstsein, dass wir mit Gott auf unserer Seite nur Sieger sein können. Dieser Heilige ruft gerade den Pessimisten unserer Zeit zu: „Wenn Du einmal recht mutlos und verzagt bist, dann denke an den Propheten Jona, er kam sogar aus dem Bauch des Walfisches heraus!"

Innerer Friede

Roger Balducelli, ein Experte für salesianische Spiritualität, fasste die Bedeutung der Tugend des Optimismus bei Franz von Sales mit folgenden Worten zusammen: „Der salesianische Optimismus besagt, dass wir von Gott geliebt werden und unter dem Schutz Gottes stehen. Es kann uns daher letztlich nichts geschehen, was wirklich schlecht für uns ist. Das ist ein wichtiger Glaube. Würde ich nämlich diesen Glauben nicht haben, dann würde ich bei jeder schwierigen Situation in Verzweiflung versinken, denn dann hätte ich keine Möglichkeit zur Rettung, dann wäre ich das Opfer eines Schicksals. Nach Franz von Sales gibt es das jedoch nicht. Daher kann ich immer meinen inneren Frieden finden, auch wenn so viele Dinge in meinem Leben schief gehen. Ich glaube, dass das für die Menschen und ihre Arbeit sehr wichtig ist."

Fragen zum Nachdenken

- *Bin ich eher ein Optimist oder ein Pessimist?*
- *Glaube ich daran, dass Gott mein Leben begleitet?*
- *Welche Probleme soll ich heute anpacken?*

Reden –
die Tugend, die die Zunge zügelt

Offenbar war das Reden und Urteilen schon zu Zeiten des heiligen Franz von Sales ein ziemlich wichtiges Thema im Umgang der Menschen miteinander. Jedenfalls widmet der heilige Bischof diesem Thema in der „Philothea – Anleitung zum frommen Leben" gleich fünf verschiedene Kapitel (III. Teil, Kapitel 26-30; DASal 1,172-185).

In diesen Kapiteln kommen Worte vor, die uns auf die Aktualität und auch Wichtigkeit dieses Themas hinweisen: Gerede, Getratsche, Gerücht, Geplapper, freventliches Urteilen über andere – Rufmord, der Buchstabe tötet … die Zunge ist eine tödlichere Waffe als das Schwert. Ich möchte hier seine Ratschläge wiedergeben, die uns helfen können, zu überprüfen, wie wir als Christen mit unserer „Zunge" umgehen, und daraus die notwendigen Konsequenzen zu ziehen, damit unser Reden wirklich zu einer Tugend wird, zu einem göttlichen Geschenk, mit dem wir uns selbst und anderen zum Glück verhelfen.

Die Macht der Zunge

Schon der heilige Apostel Jakobus hat in seinem Brief vor der „Macht der Zunge" gewarnt. Seine nachdenkenswerten Äußerungen haben bis heute nichts an Kraft verloren: „Wer meint, er diene Gott, aber seine Zunge nicht im Zaum hält, der betrügt sich selbst und sein Gottesdienst ist wertlos" (Jak 2,26), schreibt er und fügt etwas später noch ausführlicher hinzu: „So ist auch die Zunge nur ein kleines Körperglied und rühmt sich doch großer Dinge. Und wie klein kann ein Feuer sein, das einen großen Wald in Brand steckt. Auch die Zunge ist ein Feuer, eine Welt voll Ungerechtigkeit. Die Zunge ist der Teil, der den ganzen Menschen verdirbt und das Rad des Lebens in Brand setzt; sie selbst aber ist von der

Hölle in Brand gesetzt. Denn jede Art von Tieren, auf dem Land und in der Luft, was am Boden kriecht und was im Meer schwimmt, lässt sich zähmen und ist vom Menschen auch gezähmt worden; doch die Zunge kann kein Mensch zähmen, dieses ruhelose Übel, voll von tödlichem Gift. Mit ihr preisen wir den Herrn und Vater und mit ihr verfluchen wir die Menschen, die als Abbild Gottes erschaffen sind. Aus ein und demselben Mund kommen Segen und Fluch. Meine Brüder, so darf es nicht sein" (Jak 3,5-10).

Franz von Sales gibt uns nun folgende Ratschläge, damit die Zunge uns zum Segen gereicht und nicht zum Fluch. Er beginnt dabei nicht beim Reden über andere, sondern beim Reden von Gott.

Von Gott reden

„Sprich von Gott in einer Weise, die Gottes würdig ist, das heißt ehrfürchtig und fromm, nicht großsprecherisch, selbstgefällig oder salbungsvoll, sondern sanft, liebevoll und demütig … Sprich also niemals von Gott aus reiner Gewohnheit oder um des Gespräches willen, sondern stets mit Aufmerksamkeit und Andacht. Ich sage dir das, weil ich an dir das dumme Getue der Betschwestern und Frömmler nicht sehen möchte, die bei jeder Gelegenheit ihre frommen Sprüche loslassen, ohne darüber im Geringsten nachzudenken" (Philothea III,26; DASal 1,172).

Das klingt schon ziemlich heftig, scheint aber aus seiner konkreten Erfahrung heraus geschrieben zu sein. Das Wort „Gott" haben wir sehr leicht auf unseren Lippen, aber wissen wir auch, was wir da aussprechen? Die frommen Juden verbieten sich bis heute, den Namen Gottes direkt auszusprechen, um damit ihre Ehrfurcht vor Gott zum Ausdruck zu bringen. Sie sagen dort, wo der Name Gottes steht, einfach „Adonai" – „Herr".

Anstand im Reden – Achtung vor den Mitmenschen

Das zweite, das uns Franz von Sales vermitteln will, betrifft den Anstand im Reden – und natürlich die Achtung vor den Mitmenschen, die in unseren Worten zum Ausdruck gebracht werden soll:

„Hüte dich sorgfältig, irgendein unanständiges Wort zu sagen; wenn du es auch nicht in böser Absicht sagst, deine Zuhörer können es so auffassen“ (Philothea III,27; DASal 1,173).

Ein unanständiges Wort … was ist das? Wenn Sie heute Zeitung lesen oder andere Medien betrachten, dann wundert man sich mittlerweile überhaupt nicht mehr über die Zunahme der so genannten „Fäkaliensprache“, die keinen Halt vor unflätigen und unappetitlichen Ausdrücken macht, die gegen alles und alle verwendet werden darf. Der Mensch scheint oft den Anstand im Reden verloren zu haben, vor allem, wenn es um das Reden über andere geht. Franz von Sales verweist hierzu auf den Spott:

„Spott ist eine der schlechtesten Geistesanlagen. Gott hasst dieses Laster aufs tiefste und hat es vormals schwer bestraft. Nichts ist der Liebe und noch mehr der Frömmigkeit so entgegengesetzt wie die Verachtung des Nächsten“ (Philothea III,27; DASal 1,174).

Wer einen anderen Menschen verspottet, verachtet diesen Menschen, der Gottes Ebenbild ist, ganz gleich, was dieser Mensch gesagt oder getan haben mag. Daher ist Spott eine der schlechtesten Geistesanlagen und ein von Gott aufs tiefste verhasstes Laster. Franz von Sales unterscheidet allerdings interessanterweise zwischen Spott und Neckereien:

„Wortspiele aber und Neckereien, die man einander bei fröhlicher, anständiger Unterhaltung zuwirft, gehören zur Tugend, die bei den Griechen Eutrapelia, bei uns Geselligkeit heißt. Man neckt einander fröhlich und spaßt miteinander in harmloser Weise über die kleinen Fehler und Menschlichkeiten, die jeder aufweist. Man muss nur Acht geben, dass man nicht von unschuldiger Neckerei zum Spott übergeht. Der Spott reizt nur durch die Geringschätzung des anderen zum Lachen, bei fröhlicher Neckerei aber lachen wir über die herzlich frohen Worte, die mit unbeschwertem Freimut in freundschaftlicher Offenheit gesagt werden“ (Philothea III,27; DASal 1,174).

Das Sprichwort „Wer sich liebt, der neckt sich“ kommt bei Franz von Sales zwar nicht vor, scheint aber die Erklärung für seine Aussagen über die „Eutrapelia“, die fröhliche Neckerei, zu sein. Die Liebe ist das entscheidende Maß, das die Grenze zwischen Neckerei und Spott zieht, sie ist daher auch das Maß, mit dem der Anstand im Reden gemessen wird.

Das freventliche Urteil

Bezüglich freventliches Urteil ist Franz von Sales sehr konsequent. Er meint: Urteilen dürfen wir überhaupt nicht, weil dies Jesus Christus selbst gesagt hat:

„‚Richte nicht, und du wirst nicht gerichtet werden‘, sagt der Heiland unserer Seele, ‚verurteile nicht, und du wirst nicht verurteilt werden‘ (Lk 6,37) ... Wie sehr missfällt Gott doch das freventliche Urteilen! Es ist freventlich: 1. weil kein Mensch Richter des anderen ist; wenn also jemand urteilt, maßt er sich die Richterwürde des Herrn an … Darf man also niemals über den Nächsten urteilen? Nein, gewiss nicht“ (Philothea III,28; DASal 1,175).

Nur Gott allein steht es zu, ein Urteil über andere zu fällen … und solchen, denen er dazu den Auftrag erteilte, also jene, die von Amts wegen zum Urteilen beauftragt sind. Franz von Sales weiß, wovon er spricht, war er doch als ausgebildeter Jurist und als Bischof oft genug Vorsitzender und Richter bei zahllosen Prozessen. „Im Zweifel immer im Sinne des Angeklagten“, war für ihn dabei das Mindeste. Er war eher sogar dafür, stets gütig und milde zu urteilen, selbst dann, wenn die Beweise eine Verurteilung notwendig machten.

Das lieblose Reden – die üble Nachrede

Eine andere Art Urteil ist für Franz von Sales das „lieblose Reden“ und die „üble Nachrede“. Diesen beiden widmet er sich besonders ausführlich, weil er offenbar merkte, dass diese Übel im ganz normalen Alltag sehr häufig auftreten. Er meint:

„Das freventliche Urteil bewirkt Unruhe, Verachtung der Mitmenschen, Hochmut, Selbstgefälligkeit und viele andere schädliche Folgen, unter denen die lieblose Nachrede eine der schlimmsten ist, eine wahre Pest der Gesellschaft. ... Wer die üble Nachrede aus der Welt schaffen könnte, hätte sie von einem großen Teil der Sünden und der Bosheit befreit" (Philothea III,29; DASal 1,179).

Noch einmal: Ein großer Teil der Sünden und der Bosheit stammen von der üblen Nachrede. So wundert es nicht, dass Franz von Sales fortfährt:

„Die üble Nachrede ist eine Art Mord. Wir haben drei Leben: das geistliche, das in der Gnade Gottes besteht, das körperliche, das seinen Sitz in der Seele hat, und das bürgerliche, das im guten Ruf liegt. Die Sünde nimmt uns das erste, der Tod das zweite, die üble Nachrede das dritte. Mit einer einzigen Verleumdung begeht der Ehrabschneider drei Morde: er tötet seine eigene Seele und die Seele seines Zuhörers, indem er das geistliche Leben beider vernichtet, außerdem das bürgerliche Leben dessen, über den er Schlechtes aussagt ... Ich beschwöre dich also, niemals weder offen noch heimlich von irgendjemand lieblos zu reden. Hüte dich, deinen Mitmenschen fälschlich Verbrechen und Sünden anzudichten, heimlichen nachzuspüren, bestehende zu vergrößern, gute Handlungen schlecht auszulegen und das Gute, das du an jemand kennst, in Abrede zu stellen, durch Bosheit zu verdrehen und durch Worte herabzusetzen" (Philothea III,29; DASal 1,179-180).

Natürlich ist es manchmal notwendig, Übles zur Sprache zu bringen, Fehler zu tadeln und beim Namen zu nennen. Aber, so sagt Franz von Sales, das soll immer mit großer Vorsicht geschehen, weil es sehr leicht passieren kann, dass die Grenze zum Rufmord überschritten wird. Er bringt dazu ein sehr einleuchtendes Bild:

„Meine Zunge ist, während ich vom Nächsten spreche, wie das Messer in der Hand des Chirurgen, der zwischen Nerven und Sehnen schneidet. Der von mir beabsichtigte Schnitt muss so haargenau geführt werden, dass ich nicht mehr und nicht weniger sage, als wirklich an der Sache ist. Außerdem muss ich beim Tadeln eines Fehlers soviel wie möglich die Person dessen schonen, der ihn begangen hat" (Philothea III,29; DASal 1,182).

Auch wenn ich andere lieblos reden höre, soll ich dagegen einschreiten, das gehört für Franz von Sales konsequenterweise dazu, genauso wie ich einschreiten soll, wenn ich sehe, wie jemand einem anderen Böses tun oder ihn gar töten will:

„Hörst du lieblos reden, so bezweifle die Anschuldigung, soweit du kannst; wenn nicht, entschuldige die Absicht des Beschuldigten; ist auch das unmöglich, dann zeige Mitleid mit ihm und suche das Gespräch auf etwas anderes abzulenken. Erinnere dich und die anderen daran, dass wir es nur der Gnade Gottes verdanken, wenn wir nicht auch gefallen sind. Suche den, der Liebloses spricht, auf sanfte Art umzustimmen; weißt du etwas Gutes über die Person, von der gesprochen wird, dann erzähle es" (Philothea III,27; DASal 1,183).

Deine Sprache soll ruhig, offen und gerade, schlicht, natürlich und aufrichtig sein

Wie soll man dann reden? Auch dazu gibt Franz von Sales einige Ratschläge in seinem letzten Kapitel über das Reden:

„Deine Sprache soll ruhig, offen und gerade, schlicht, natürlich und aufrichtig sein. Hüte dich vor jeder Doppelzüngigkeit, Geziertheit und Schlauheit. Wenn es auch nicht immer gut ist, unbedingt alles herauszusagen, was wahr ist, so ist es doch nie gestattet, die Unwahrheit zu sagen" (Philothea III,30; DASal 1,183).

Und schließlich:

„Die Weisen des Altertums empfehlen, wenig zu reden. Das heißt nicht, man soll nur wenige Worte sagen, sondern unnütze vermeiden. Beim Reden zählt man nicht die Worte, sondern wägt den Inhalt. Vor zwei Übertreibungen soll man sich in Acht nehmen: 1. den verschlossenen Strengen zu spielen, so dass man in Gesellschaft nicht an der Unterhaltung teilnehmen will; das sieht nach Misstrauen oder Verachtung aus; 2. unaufhörlich zu schwätzen und zu plaudern, so dass die anderen überhaupt nicht zu Worte kommen; dann wird man zu recht für seicht und oberflächlich gehalten" (Philothea III,30; DASal 1,184).

Ich meine, dass diese Kapitel der Philothea bis heute nichts an ihrer Aktualität verloren haben. Wir tun gut daran, sie wieder einmal zu lesen – und darüber nachzudenken.

Fragen zum Nachdenken

- *Wie rede ich von Gott?*
- *Wie rede ich über andere?*
- *Wie ist mein Reden überhaupt?*

Ruhe – die Tugend zur Stressbewältigung

Wenn du einmal viel Stress hast, so lautet eine Managerweisheit, dann nimm erst mal einen Tag Urlaub. Es gibt auch die christliche Version: Wenn du überhaupt keine Zeit zum Beten hast, dann bete doppelt so lange.

Die Erfahrung zeigt nämlich, dass Hast, Eile, Hektik und Stress dazu führen, dass ich für jene Arbeit, die ich unbedingt noch machen muss, viel länger brauche, als wenn ich sie in Ruhe gemacht hätte. Die Ruhe wird dadurch zu einer Tugend, die mir nicht nur hilft, meinen Stress zu bewältigen, sondern all meine Aufgaben auch ordentlich zu machen. „Verrichte deine Arbeit niemals hastig," rät daher auch der heilige Franz von Sales, „denn jede aufgeregte Hast trübt Vernunft und Urteil; damit hindert sie uns, eine Sache gut zu machen, auf die wir solch blinden Eifer verwenden" (vgl. Philothea III,10; DASal 1,134).

Keine Zeit

Franz von Sales hatte eigentlich nie Zeit, jedenfalls bekommt man diesen Eindruck, wenn man seine Briefe liest, vor allem die Briefe an Johanna Franziska von Chantal (1572-1641), in denen er sich immer wieder dafür entschuldigt, nicht genug Zeit zu haben, um ausführlich antworten zu können. Unzählige Briefe beinhalten die Aussage: „Ich habe nicht genug Zeit" (DASal 5,123) oder „Ich schreibe in Eile" (DASal 5,109). Einmal ruft er aus: „Welche Hetze, meine sehr teure Mutter! Gestern spät abends erhielt ich ihre Briefe; und heute, am Tag meiner Abreise, versuche ich inmitten tausenderlei Störungen zu antworten, wie es mir möglich sein wird." (DASal 5,285). Reisen macht es ihm manchmal nur möglich wenige Zeilen „gleichsam mit dem Fuß im Steigbügel" (DASal 5,231) zu verfassen. So kann es vorkommen, dass er „mehr als zwölf Mal zur Feder greifen“ musste, um Johanna Franziska von Chantal „diese beiden Blätter zu schreiben“ (DASal 5,132).

„Von Arbeit überhäuft“ (DASal 5,102), „in einer so großen Menge von Arbeiten und Beschäftigungen“ (DASal 5,132), „inmitten so dringender Geschäfte“ (DASal 5,233), „wegen tausenderlei Geschäften und Besuchen“ (DASal 5,253), „bei allem Kommen und Gehen von Besuchen“ (DASal 5,307), „bei der großen Hetzjagd, die wir hinter uns haben“ (DASal 5,324), „unter vielen Ablenkungen“ (DASal 5,255) mit „kaum einem Augenblick zum Luftholen“ (DASal 5,133) verfasst der Bischof von Genf Brief um Brief. Und immer wieder entschuldigt er sich, dass er manchen Brief nicht ausführlicher schreiben kann. Umso dankbarer ist Franz von Sales, wenn ihm einmal etwas Ruhe gegönnt wird: „Preisen sie Gott dafür, dass er mir diese zwei Tage etwas Zeit gibt“ (DASal 5,248).

Die Folgen dieses überstrapazierten Lebens in Rastlosigkeit und Stress konnten nicht ausbleiben. Sein Gesundheitszustand wurde im Laufe der Jahre mehr und mehr angegriffen. Ihm selbst war das bewusst, jedoch unterließ er es trotzdem, dagegen etwas zu tun, weil er eben nie Nein sagen konnte, und weil er allen alles werden wollte.

Dass uns Franz von Sales darin kein Vorbild ist, davon berichtet Louis Brisson (1815-1908), ein französischer Priester und der Gründer der Oblatinnen und Oblaten des hl. Franz von Sales. Er meinte einmal: „Nun muss ich aber mit dem hl. Stifter [Franz von Sales] noch ein wenig streiten. Er war sicher ein sehr braver Mann, aber er belastete und überlastete seinen Geist dermaßen, dass er ihn vorzeitig verschliss und schließlich an einer Gehirnblutung verstarb“ (Kapitelvortrag 1888,26). Und ich glaube, der heilige Franz von Sales würde uns heute ebnso raten, ihn in dieser Beziehung nicht nachzuahmen. Er selbst sehnte sich ja am Ende seines Lebens immer mehr nach Ruhe. In die Einsiedelei von St. Germain am Ufer des Sees von Annecy wollte er sich zurückziehen und dort Gott in aller Ruhe und Stille mit dem Rosenkranz und der Feder in der Hand dienen. Aber es blieb bei diesem Wunsch, da er bereits mit fünfundfünfzig Jahren starb.

Franz von Sales, der Patron der Schriftsteller und Journalisten sowie der Gehörlosen, könnte also heute auch durchaus der Patron aller ruhelosen und überlasteten Menschen unserer Tage sein, der Patron der modernen Stressgesellschaft, die sich nach Ruhe sehnt. Franz von Sales suchte nämlich auch nach Wegen, um dieser „Hast und Eile“ entgegenzuwirken: Ruhe finden in Gott, Gottvertrauen, nicht den Mut verlieren … Schritt für Schritt eins nach dem anderen machen.

Vor einigen Jahren veranstaltete ich in Österreich Besinnungstage mit einem eher ungewöhnlichen Titel: „Lebensmanagement“. Es ging dabei um die Themen „Ziele finden“, „Probleme lösen“ und „Zeit haben“. Irgendwann in diesen drei Tagen stellte ich den Teilnehmerinnen und Teilnehmern folgende Frage: „Wer war der erste Managementberater?“ ... Weil die Antwort niemand wusste, legte ich ihnen eine Bibelstelle (Ex 18,5-24) vor und alle waren sehr erstaunt darüber, welch hochmoderne Ratschläge zur Stressbewältigung in dieser Stelle zu finden sind. Die Ratschläge stammen übrigens von Jitro, dem Schwiegervater des Mose.

Das Volk in der Wüste

Nachdem Mose den Ägypter erschlagen hatte, floh er in die Wüste und kam nach Midian. Dort traf er auf den Priester Jitro und seine Familie. Er hütete dessen Ziegen- und Schafherde. Später heiratete er Jitros Tochter Zippora. Einige Jahre später begegnete Mose Gott Jahwe im brennenden Dornbusch und erhielt den Auftrag, nach Ägypten zurückzukehren und das Volk der Israeliten aus der Sklaverei zu befreien. So geschah es. Mose kehrte nach Ägypten zurück und befreite das Volk Gottes und zog mit den Israeliten durch das Rote Meer.

Von Anfang an gab es bei diesem gewagten und auch gewaltigen Unternehmen große Schwierigkeiten, nicht nur durch die ägyptischen Verfolger, sondern auch durch das Volk selbst. Es hatte Durst, Hunger, Angst. Die Sehnsucht nach den „Fleischtöpfen Ägyptens“ (Ex 16,3) ist sprichwörtlich geworden, ebenso wie das „Murren“ in der Wüste (Ex 16,7 u.a.). Mose wurde immer wieder genötigt, Abhilfe zu schaffen, Probleme zu lösen, Streit zu schlichten. Er war schließlich ihr Anführer. Auch bei den verschiedenen Familienstreitigkeiten wurde er als oberster Richter angerufen.

Irgendwann auf dieser Wanderung durch die Wüste stieß nun Jitro zum Gottesvolk. Die Freude über das Wiedersehen war groß und ein Fest wurde gefeiert. Jitro erkannte: „Jahwe ist größer als alle Götter" (Ex 18,11).

Am Tag nach dem Fest sah sich Jitro ein wenig im Lager um. Er wollte vor allem wissen, was sein Schwiegersohn so alles zu tun hat. Mose saß bereits seit dem frühen Morgen bei seinem Volk und sprach Recht in den unterschiedlichsten Anliegen und Streitsachen. Von morgens bis abends mussten die Leute anstehen, so viele Probleme gab es zu lösen. Für Mose war also der Stress ziemlich groß.

Abends dann nahm Jitro seinen Schwiegersohn ins Gebet: „Es ist nicht richtig, wie du das machst. So richtest du dich selbst zu Grunde und auch das Volk, das bei dir ist. Das ist zu schwer für dich; allein kannst du es nicht bewältigen" (Ex 18,17-18).

Kaum Zeit auszuruhen

Diese Situation kennen wir: Wir haben zu viel zu tun, es bleibt kaum Zeit auszuruhen, die Aufgaben wachsen uns über den Kopf. Es gibt nur noch Stress und Hektik. Manchmal führt das dann sogar zu Magengeschwüren oder Herzinfarkt – die typischen Stresskrankheiten der modernen Zivilisation, Anzeichen von Überlastung und Überforderung.

Dass eine solche Situation gar nicht so neu ist, wissen wir jetzt. „Wenn du so weiter machst, richtest du dich zu Grunde" – Diese Aussage ist schon mehrere tausend Jahre alt und stammt von Jitro, dem Schwiegervater des Mose. Ebenso seine Ratschläge, die aus einem Handbuch für das moderne Management entstammen könnten: Versuche nicht alles allein zu machen, gib Verantwortung ab, lass dir helfen. Wörtlich rät Jitro seinem Schwiegersohn: „Du aber sieh dich im ganzen Volk nach tüchtigen, gottesfürchtigen und zuverlässigen Männern um, die Bestechung ablehnen. Gib dem Volk Vorsteher für je tausend, hundert, fünfzig und zehn! Sie sollen dem Volk jederzeit als Richter zur Verfügung stehen. Alle wichtigen Fälle sollen sie vor dich bringen, die leichteren sollen sie selber entscheiden. Entlaste dich, und lass auch andere Verantwortung tragen!“ (Ex 18,21-22).

Die Folge eines solchen Handelns ist eine doppelt positive: Zum einen bringt ein solches Vorgehen eine Entlastung für den, der zuvor alles selbst machen musste. Sein Leben wird leichter, ruhiger, ausgeglichener. Zum anderen dient es auch der Umgebung, den Mitmenschen, weil ihnen viel schneller und besser geholfen werden kann. Außerdem ist der Umgang mit ausgeglichenen Menschen immer angenehmer, als mit solchen, die stets einen überlasteten und gestressten Eindruck machen. Jitro prophezeit dem Mose: „Wenn du das tust, bleibst du der Aufgabe gewachsen, und die Leute hier können alle zufrieden heimgehen“ (Ex 18,23).

Mose hörte auf die Ratschläge seines Schwiegervaters. Für die rechtlichen Angelegenheiten setzte er Richter ein. Sie sollen sich nun mit den meisten Streitfällen beschäftigen, nur noch die großen und wichtigen Fälle sollen vor Mose getragen werden. Später kamen auch noch die Leviten hinzu, die sich um die religiösen Belange des Volkes kümmerten ... und Mose blieb von Magengeschwüren verschont, starb auch nicht plötzlich an Herzinfarkt, sondern wurde hundertzwanzig Jahre alt (Dtn 34,7).

Ohne Unruhe und Hast

Am Beginn des 17. Jahrhunderts erhielt Jitro in seiner Managementberatung einen Nachfolger im heiligen Franz von Sales. In seiner „Philothea – Anleitung zum frommen Leben“ empfiehlt er, all unsere Aufgaben ohne Unruhe und Hast zu verrichten. Vor allem sollen wir uns durch die große Zahl kleiner Geschäfte nicht verwirren lassen, sondern sie Schritt für Schritt zu bewältigen versuchen. Franz von Sales schreibt wörtlich:

„Die Fliegen sind eine Plage nicht wegen ihrer Stärke, sondern wegen ihrer Menge; deswegen verwirren uns große Aufgaben weniger als eine große Zahl kleiner Geschäfte. Nimm sie alle in Ruhe hin, wie sie kommen. Bemühe dich, sie der Reihe nach zu erledigen, eins nach dem anderen. Wolltest du sie alle auf einmal ohne rechte Ordnung bewältigen, dann übernimmst du dich, ermüdest deinen Geist und wirst unter der Last erliegen, ohne etwas erreicht zu haben“ (Philothea III,10; DASal 1,135).

Ich denke, es ist nicht schlecht, über all diese Ratschläge zur Stressbewältigung einmal in aller Ruhe nachzudenken. Wie schon bei Mose dient dies nicht nur unserer eigenen Gesundheit und dem eigenen Wohlergehen, sondern macht auch unsere Umwelt und unsere Mitmenschen zufriedener. Die Teilnehmerinnen und Teilnehmer an den „Lebensmanagement“-Besinnungstagen waren jedenfalls alle sehr froh, dass sie sich für diese drei Tage der Stille, der Besinnung und des Nachdenkens Zeit genommen haben. Und diese Übung der „Tugend der Ruhe“ schadet, so denke ich, niemandem und entspricht auch dem Evangelium.

Im Markusevangelium (6,7-13.31-32) wird nämlich berichtet, wie Jesus zunächst seine zwölf Jünger zu sich rief und sie aussandte, „jeweils zwei zusammen.“ Und „die Zwölf machten sich auf den Weg und riefen die Menschen zur Umkehr auf. Sie trieben viele Dämonen aus und salbten viele Kranke mit Öl und heilten sie“ (V. 12-13).

Nach dieser Zeit der intensiven Tätigkeit kamen die Jünger zurück. Sie versammelten sich um Jesus und hatten eine Menge zu erzählen über all das, was sie getan und gelehrt hatten. Und wie reagiert dann Jesus darauf? Er sagte zu seinen Aposteln:

„Kommt mit an einen einsamen Ort, wo wir allein sind, und ruht ein wenig aus. Denn sie fanden nicht einmal Zeit zum Essen, so zahlreich waren die Leute, die kamen und gingen. Sie fuhren also mit dem Boot in eine einsame Gegend, um allein zu sein“ (V. 31-32).

In dieser Einsamkeit und Stille mit Jesus Christus konnten sie dann noch einmal genau alles mit Jesus besprechen – um eben weitere Schritte für die Zukunft zu entscheiden. Genau das sollte durch die Tugend der Ruhe geschehen: Ich gehe mit Jesus Christus an einen einsamen Ort, an dem ich ungestört bin. Dort ruhe ich mich ein wenig aus und bespreche in aller Ruhe und Stille mit Jesus Christus mein Leben.

Fragen zum Nachdenken

- *Neige ich zu Stress und Hektik?*
- *Was tue ich, um Ruhe zu finden?*
- *Nehme ich mir Zeit zum Beten?*

Sanftmut – die Tugend für den Alltag

Neben Demut und Bescheidenheit gehört für Franz von Sales die Sanftmut zu seinen persönlichen Lieblingstugenden: Sanftmut gegenüber den anderen und Sanftmut gegenüber sich selbst, und hin und wieder auch Sanftmut gegenüber Gott. Diese Sanftmut hilft mir vor allem, mit den Fehlern und Schwächen umzugehen, beziehungsweise mit all den göttlichen Dingen, die ich nicht oder noch nicht verstehe, und sie hilft mir, mit sanftem Mut wieder neu anzufangen.

Keine „rosarote Brille"

Für den heiligen Franz von Sales ist die Tugend der Sanftmut die logische Konsequenz aus der Demut. Weil ich durch die Demut weiß, wie ich bin, und weil ich weiß, dass Gott mich auch mit meinen Fehlern und Schwächen annimmt, ist es nur recht und billig, dass ich mit meinen Mitmenschen und mit mir selbst ebenso umgehe. Das ist das Übungsfeld der Sanftmut: das Zusammenleben mit anderen Menschen in der Familie, am Arbeitsplatz, in meiner Freizeit, das Ertragen der Fehler des Anderen und das Ertragen der eigenen Schwächen.

Sanftmut darf jedoch nicht missverstanden werden im Sinne einer falschen Weichlichkeit. Die Sanftmut ist nicht eine Art „rosarote Brille", durch die hindurch alle Sünden gar nicht mehr so schlimm erscheinen. Sie verwischt und verkleinert keineswegs eigene oder fremde Fehler. Im Gegenteil: Der Sanftmütige sieht sehr wohl, was er selbst oder andere falsch machen, er gerät dabei jedoch nicht in Zorn, sondern sieht hinter all den Fehlern den Menschen, der viel Geduld und Liebe braucht, um sich zu verbessern.

Kurz vor meiner Priesterweihe sprach ich mit einem älteren, nun schon verstorbenen Pfarrer darüber, wie man sich als Priester gegenüber seinen Mitchristen, die einem anvertraut sind, verhalten soll. Er antwortete mir in seiner humorvollen Art und Weise: „In der Predigt verhalte dich wie ein brüllender Löwe, im Beichtstuhl aber sei sanft wie ein Lamm."

Ich musste damals sofort an den heiligen Franz von Sales denken, dessen Devise lautete: Behandle die Sünde scharf, den Sünder aber milde. Wörtlich schrieb Franz von Sales: „Der Geist der Milde ist der wahre Geist Gottes. Glauben Sie mir, man muss wohl die Wahrheit sagen, aber ganz sanft. Man muss wohl über das Schlechte empört und fest entschlossen sein, sich niemals darauf einzulassen; dennoch muss man dem Nächsten gegenüber ganz mild bleiben" (DASal 5,391).

Und im Verhalten gegenüber den eigenen Sünden rät er uns: Wenn du auf deinem Weg einmal hingefallen bist, dann ärgere dich nicht allzu sehr darüber. Mach dir bewusst, dass du einen Fehler gemacht hast, aber sprich deiner Seele Mut zu: Komm, liebe Seele, steh wieder auf und geh deinen Weg weiter (vgl. Philothea III,9; DASal 1,133). Was also meine Schwächen und meine Fehler betrifft, so gibt mir die Sanftmut den Rat: Nimm sie ruhig an, akzeptiere sie. Du bist in deiner Eigenart nicht schlechter als deine Mitmenschen. An deinen Fehlern und an deinem Versagen sollst du nicht verzweifeln, aber auch nicht von ihnen wegschauen. Mutig sollst du dazu stehen und täglich versuchen, es besser zu machen – verbunden mit dem großen Vertrauen, dass du trotz allem in Gottes Hand geborgen bist.

Der barmherzige Vater

Das biblische Vorbild der Sanftmut ist das Gleichnis vom barmherzigen Vater (Lk 15,11-32). Der Sohn entschließt sich, sein Erbe zu fordern und den Vater zu verlassen. Es ist eine ganz klare Fehlentscheidung. Wie reagiert der Vater? Er reagiert mit Sanftmut. Er weist seinen Sohn darauf hin, dass er es für falsch hält, was dieser zu tun gedenkt. Er macht ihm aber auch klar, dass der Sohn trotz allem sein Sohn bleibt. Dem Sohn ist das zunächst egal. Er geht in die Fremde, verschleudert das gesamte Erbe und landet schließlich bei den Schweinen. Erst dort, am Tiefpunkt angelangt, erkennt er seinen Fehler und erinnert sich wieder an seinen Vater. Dessen Sanftmut erlaubt dem Sohn die Umkehr. Er entschließt sich, zum Vater zurückzukehren und neu anzufangen. Der Sanftmut des Vaters ist es zu verdanken, dass der Sohn diese Möglichkeit überhaupt in Erwägung zieht.

Ich kenne mittlerweile einige Menschen, die ihre Fehler eingesehen haben und umkehren wollen, es aber nicht können, weil sie keine Menschen kennen, die sie so wie der barmherzige Vater des Gleichnisses in ihre Arme schließen. Sie haben Angst umzukehren, weil sie sich nicht sicher sind, dass ihnen verziehen wird. Die Hartherzigkeit ihrer Mitmenschen versperrt ihnen die Möglichkeit, wieder neu anzufangen, nachdem sie aus ihren Fehlern gelernt haben. Das ist sicherlich nicht im Sinne Jesu, der uns das Gleichnis des barmherzigen Vaters erzählt und sich vor allem den Sündern und Ausgestoßenen zugewendet hat.

Der sanftmütige Christ handelt anders

Für einen Christen ist nicht die Hartherzigkeit und die Unversöhntheit das Ziel seines Handelns, sondern Sanftmut und Barmherzigkeit. Das bedeutet:

Ein sanftmütiger Christ schließt den Sünder, der umkehrt, genauso in die Arme, wie der barmherzige Vater. Ja, er tut noch mehr: Er geht jeden Tag hinaus auf den Hügel und hält Ausschau. Er zeigt seinen Mitmenschen, dass sie bei ihm immer willkommen sind, auch wenn sie irgendwann einmal einen schweren Fehler begangen haben.

Ein sanftmütiger Christ geht wie Jesus dem Sünder entgegen und nimmt Platz an seinem Tisch, so wie Jesus es beim Zöllner Zachäus getan hat (Lk 19,1-19).

Der sanftmütige Christ ist vor allem nicht nachtragend und schon gar nicht eifersüchtig auf seine Mitmenschen, die eine neue Chance erhalten haben. Im Gleichnis vom barmherzigen Vater handelt ja jener Bruder, der aus Eifersucht nicht am Fest der Umkehr des Bruders teilnimmt, völlig falsch.

Der sanftmütige Christ weiß jedoch sehr wohl, was falsch und richtig ist, und er wird die Grenzen von Gut und Böse nicht wegen falsch verstandener Toleranz verwischen. Die Sünde wird von ihm scharf angeprangert, der Sünder aber bekommt bei ihm immer eine neue Chance.

Im täglichen Zusammenleben

Im großen Gefüge der Weltpolitik haben wir kaum etwas mitzureden. Sicher, wir können gegen Gewalt demonstrieren und bei einer Wahl unsere Stimme für eine Partei abgeben, die den Krieg als Werkzeug politischen Handelns ablehnt. Viel mehr Gelegenheiten, die Sanftmut zu üben, gibt uns aber das ganz alltägliche Leben im Umgang mit jenen Menschen, mit denen wir zusammenleben. Und hier ist oft das Phänomen zu beobachten, dass man ferner stehenden Menschen gegenüber sehr wohl sehr tolerant sein kann, sich den nächsten Angehörigen gegenüber aber wegen der kleinsten Verfehlung wie ein brüllender Löwe verhält. Wie lieb und nett, höflich und tolerant kann doch ein Ehemann gegenüber anderen sein, seine Ehefrau aber leidet unter der Tyrannei ihres Gatten.

Gerade als Christen, die wir ein Leben im Geiste Jesu verwirklichen wollen, sollten wir wirklich jede Chance nützen, die uns geschenkt wird, um sanftmütig zu sein. Die erste Chance ist mein nächster Angehöriger, den ich immer bei mir habe. Und falls jemand meint, dass er mit einem Menschen in seiner Umgebung überhaupt nichts mehr zu tun haben will, weil dieser dermaßen böse und schlecht ist, dann sollte er sich vielleicht immer wieder einmal ein weiteres Wort Jesu in Erinnerung rufen, ein Wort, das ihn wahrscheinlich nicht nur die Sanftmut, sondern auch wiederum die Demut lehrt: „Warum siehst du den Splitter im Auge deines Bruders, aber den Balken in deinem eigenen Auge bemerkst du nicht?“ (Mt 7,3).

Der heilige Zorn

Noch ein Wort zum „heiligen Zorn“, der uns in diesem Zusammenhang mit der Sanftmut auch einfallen könnte. Franz von Sales kennt natürlich die berühmte Szene, in der Jesus Christus voll heiligem Zorn die Wechsler und Händler aus dem Tempel treibt, wo also Jesus selbst auf seine Sanftmut verzichtet und zum Mittel des Zorns greift (vgl. Joh 2,13-22).

Immer wieder hört man daher, dass es manchmal einfach notwendig ist, in Zorn zu geraten und ordentlich auf den Tisch zu hauen. Jesus hat es ja auch getan.

Franz von Sales meint, dass das durchaus einmal der Fall sein kann. Er warnt aber sehr davor zu glauben, man wäre bereits so heilig wie Jesus, dass man es schafft, die Kräfte des Zorns so zu zügeln, dass sie nicht mehr Schaden als Nutzen anrichten. Daher, so empfiehlt er, ist es für jene, die diese Vollkommenheit noch nicht haben – also praktisch für uns alle – viel besser, auf den Zorn ganz zu verzichten, als dieses Risiko einzugehen. „Es ist leichter, den Zorn zu vermeiden, als ihn zu regeln,“ schreibt er (Philothea III,12; DASal 1,140).

Ausführlicher widmet er sich diesem Thema im „Theotimus – Abhandlung über die Gottesliebe“: „Es ist sicher wahr, mein Freund Theotimus, dass mehrere große Diener Gottes wie Mose (Ex 32,19-29), Pinhas (Num 25,7-11), Elija (1 Kön 18,40; 2 Kön 1,10-12), Mattatias (1 Mak 2,24-26), sich des Zornes bei vielen wichtigen Gelegenheiten bedienten, um ihren Eifer zu betätigen. Aber bedenke bitte auch, dass das große Persönlichkeiten waren, die es verstanden, ihre Leidenschaften zu zügeln und ihren Zorn zu lenken, gleich jenem tapferen Hauptmann des Evangeliums (Mt 8,9), der zu seinen Soldaten sagte: ‚Geht!‘ und sie gingen; ‚Kommt!‘ und sie kamen. Wir aber, die wir fast alle kleine Leute sind, wir haben nicht so viel Macht über unsere Regungen. Unser Ross ist nicht so gut dressiert, dass wir es antreiben und dann auch wieder nach unserem Belieben zurückhalten können“ (Theotimus X,16; DASal 4,214).

Er selbst spricht da aus Erfahrung. Franz von Sales ist ja nicht als der sanftmütige Heilige auf die Welt gekommen, so wie wir ihn heute kennen und wie er vielen seiner Biografen genannt wird: der sanftmütige, liebenswürdige Heilige. Im Gegenteil, er hatte eigentlich ein savoyardisches, das heißt eher zorniges und aufbrausendes Temperament. Eines Tages aber beschloss er einfach, ab jetzt nicht mehr in Zorn zu geraten, egal was kommen mag.

Von der heiligen Johanna Franziska von Chantal (1572-1641) wissen wir aus ihrer Zeugenaussage zum Seligsprechungsprozess über den heiligen Franz von Sales, dass er „lieber aus zu großer Milde als aus zu großer Strenge fehlte". Und in einem Brief bekennt ihr der heilige Bischof: „Nichts besänftigt den Elefanten so sehr wie ein Lamm, und nichts dämpft die Gewalt der Kanone so sehr wie Wolle. Ich bin nie in Zorn geraten, so berechtigt er auch gewesen sein mag, ohne dass ich nachher eingesehen hätte, es wäre besser gewesen, ich wäre nicht zornig geworden" (DASal 5,374).

Vor allem in Bezug auf die Tugend Sanftmut war Franz von Sales wirklich ein Meister. Er konnte seinen Zorn einfach im Zaum halten. Uns gelingt das sicher nicht so einfach. Aber auch da gilt, was für alle Tugenden gilt, die wir einüben sollen: einfach mit dem ersten Schritt beginnen und immer wieder neu beginnen. Also zum Beispiel, wie es Franz von Sales einem aufbrausenden Offizier geraten hatte, der ihn fragte, was er tun solle, um vollkommen zu werden: „Machen sie einfach mal die Türen leise zu." Das heißt: Beginnen sie mit dem ersten Schritt.

Fragen zum Nachdenken

- *Wie geht es mir mit meinem Zorn?*
- *Wie geht es mir mit Menschen, die einen schweren Fehler gemacht haben?*
- *Wie kann ich am besten die Tugend Sanftmut leben?*

Schweigsamkeit – die Tugend für das rechte Wort zur rechten Zeit

„Es gibt schweigsame Menschen, die interessanter sind als die besten Redner.“ So meinte einmal der zweifache britische Premierminister Benjamin Disraeli (1804-1881). Seine Aussage beruht wahrscheinlich auf seiner langjährigen Erfahrung, dass in der Politik vieles einfach nur geredet und oftmals auch zerredet wird. Disraeli macht uns jedenfalls darauf aufmerksam, dass Schweigsamkeit eine Fähigkeit ist, die beizeiten besser und wichtiger ist als das Wort.

Schweigsamkeit wird zu einer Tugend, die zum Glück des Menschen beiträgt, wenn ich damit lerne, das rechte Wort zur rechten Zeit zu sagen, wenn sie mir hilft, meinen Wortschwall und Redefluss so zu regulieren, dass meine Worte nicht zerreden oder gar zerstören, sondern zur Bereicherung und zum Wohl meiner Mitmenschen beitragen.

Schweigen ist Gold

Es gibt eine ganze Reihe anderer Sprichwörter, die uns auf die Tugend der Schweigsamkeit hinweisen. Das bekannteste ist wohl: „Reden ist Silber, Schweigen ist Gold.“ Eine andere Aussage stammt vom Philosophen Boethius (475-525): „Hättest du geschwiegen, so wärest du ein Philosoph geblieben.“ Und im Alten Testament sagt uns der Prediger Kohelet: „Es gibt eine Zeit zum Schweigen und eine Zeit zum Reden“ (Koh 3,7). Der Weisheitslehrer Jesus Sirach findet die höchst bedenkenswerten Worte: „Mancher schweigt und gilt als weise, mancher wird trotz vielen Redens verachtet. Mancher schweigt, weil er keine Antwort weiß, mancher schweigt, weil er die rechte Zeit beachtet. Der Weise schweigt bis zur rechten Zeit, der Tor aber achtet nicht auf die rechte Zeit“ (Sir 20,5-7).

Aus all diesen Sätzen wird deutlich, dass Schweigsamkeit nicht von vorneherein und in jedem Fall die bessere Tugend ist. Es gibt eben auch eine „schlechte“ Schweigsamkeit, die eben gerade dann schweigt, wenn es eigentlich Zeit zum Reden ist.

Dass es manchmal notwendig ist, sein Wort zu erheben, vor allem dann, wenn ich damit Unrecht abwenden kann, oder wenn ich Stellung zu beziehen habe, darauf macht uns ebenso ein Sprichwort aufmerksam: „Wer schweigt, stimmt zu.“ Und in 2 Kön 7,9 heißt es: „Wenn wir schweigen und bis zum Morgengrauen warten, trifft uns Schuld.“

Schweigen zur rechten Zeit

Es kommt also auf das Wissen oder die Weisheit an, wann es besser ist zu reden und wann es besser ist zu schweigen. Der heilige Kirchenlehrer Franz von Sales schreibt daher in seinem Buch „Theotimus – Abhandlung über die Gottesliebe“: „Es ist keine Tugend, aus bloßer Neigung schweigsam zu sein, wohl aber, aus Vernunft zu schweigen“ (Theotimus XI,7; DASal 4,245). Nur weil‘s mir Spaß macht, nichts zu sagen, genügt also nicht, damit aus der Schweigsamkeit eine Tugend wird, es braucht dazu die Vernunft oder die Weisheit, die mir sagt: Jetzt ist es Zeit zum Reden und jetzt ist es Zeit zum Schweigen.

Der Alltag zeigt uns, dass diese Unterscheidung oft genug nicht stattfindet. Davon erzählt auch eine Anekdote aus dem Leben des heiligen Franz von Sales.

Jean Pierre Camus (1584-1652), Bischof von Belley und bester Freund des Heiligen, beklagte sich einmal beim heiligen Franz von Sales wortreich über eine schwere Beleidigung, die ihm zugefügt wurde. Daraufhin antwortete Franz von Sales: „Es ist nicht zu leugnen, dass man Ihnen in jeder Hinsicht sehr Unrecht tat. Bei der ganzen Sache ist nur ein einziger Punkt, der zu ihrem Nachteil ausfällt.“ „Und der wäre?“ fragte Camus verdutzt. Franz von Sales antwortete: „Dass es eigentlich nur von Ihnen abhing, der Weiseste zu sein und zu schweigen“ (Camus, 68).

Die Kraft der Stille

Die Tugend der Schweigsamkeit hilft mir, diese Unterscheidung zwischen der Zeit, in der es notwendig ist zu reden, und der Zeit, in der es weise ist zu schweigen, richtig treffen zu können. Grundsätzlich weist sie mich darauf hin, dass Schweigen und Stille etwas sehr Wichtiges und Kraftvolles sind, dass nur der das richtige Wort zur richtigen Zeit sagen wird, der aus dieser Kraft der Stille lebt. Jesus Christus hat dreißig Jahre lang geschwiegen – und drei Jahre lang gepredigt. Allein das mag zeigen, dass Zeiten der Stille mindestens genauso notwendig sind, wie Zeiten des Redens.

In den klassischen monastischen Klöstern spielt das Schweigen im Tagesablauf daher eine zentrale Rolle. Zeiten des Schweigens und der Stille kommen im Rhythmus des Tages viel häufiger vor als die Zeiten des Redens. Jede Nonne oder jeder Mönch wird darin gelehrt, wie diese Zeiten des Stillschweigens genutzt werden sollen. In diesen Zeiten soll man lernen, sich auf das Wesentliche zu konzentrieren, das in einem Kloster klarerweise Gott ist. In der „Kontemplation", im schweigenden Betrachten und Anschauen des großen Geheimnisses, das wir Gott nennen, wird das rechte Maß und Verhalten für die „Aktion", das Handeln in der Gegenwart Gottes, gelernt. Die Zeiten des Schweigens lehren mich die rechten Zeiten und das rechte Maß des Redens.

Franz von Sales spricht vom „Schweigen der Herzen" als Hauptübung mystischer Theologie. Diese „besteht darin, im Grunde des Herzens mit Gott zu reden und Gott reden zu hören. Und weil diese vertrauliche Unterredung durch sehr heimliche Regungen und Eingebungen vor sich geht, nennen wir sie das Zwiegespräch des Schweigens; das Auge spricht zum Auge, das Herz zum Herzen und niemand versteht, was gesprochen wird, außer die heiligen Liebenden, die miteinander reden" (Theotimus VI,1; DASal 3,274).

Wenn Sie also die Tugend der Schweigsamkeit erlernen wollen, dann braucht es dazu tägliche Zeiten der Stille und des Schweigens, die am besten damit verbracht werden, das „Zwiegespräch des Schweigens“ einzuüben, also „im Grunde des Herzens mit Gott zu reden“. Jesus Christus machte es ebenso: Er zog sich immer wieder in die Stille zurück, um zu beten, vor allem, wenn es um wichtige Entscheidungen gegangen ist, und sogar dann, als viele Menschen zu ihm kamen und seinen Rat oder Heilung wollten. Jesus wusste, dass er nun eine Zeit des Schweigens braucht, um dann wieder zur rechten Zeit handeln und predigen zu können.

Die Pflicht zu schweigen

In der Gesellschaft und natürlich auch im Christentum gibt es die Schweigepflicht. Das heißt: Es gibt Situationen, in denen es Unrecht ist, etwas zu sagen, das mir unter dem Siegel der Verschwiegenheit anvertraut wurde. Vor Gericht gibt es das Zeugnisverweigerungsrecht, das bestimmte Personen für sich in Anspruch nehmen dürfen, um den Angeklagten nicht zu belasten. Ein besonders gewichtiges Beispiel dieser Schweigepflicht stellt das Beichtgeheimnis dar, zu dem Priester und Bischöfe verpflichtet sind und deren Einhaltung so manchem von ihnen – wie etwa dem heiligen Johannes Nepomuk (1350-1393), dem Schutzpatron des Beichtgeheimnisses – das Leben gekostet hat. Um in solchen Situationen meine gebotene Pflicht zum Schweigen einhalten zu können, braucht es ebenso die alltägliche Tugend der Schweigsamkeit, die man am besten dadurch übt, dass man sich täglich ein wenig Schweigen und Stille verordnet, oder wie der heilige Franz von Sales rät:

„Bereiten Sie Ihre Seele gleich am Morgen zur Stille vor; und tragen Sie während des Tages Sorge, sie oft zu dieser Stille zu rufen und sie wieder in Ihre Hand zu bekommen“ (DASal 6,135).

Fragen zum Nachdenken

- *Fällt mir das Schweigen schwer?*
- *Neige ich dazu, mir Anvertrautes leichtfertig weiterzusagen?*
- *Wie kann ich in meinem Alltag Zeiten der Stille einbauen?*

Sehnsucht – die Tugend, mit der alles beginnt

„Alles beginnt mit der Sehnsucht.“ Stimmt diese Aussage der jüdischen Schriftstellerin Nelly Sachs (1891-1970), dann gilt sie nicht nur für das Leben, sondern insbesondere für den Glauben. Dann muss Gott schon bei der Schöpfung diese Tugend der Sehnsucht in jeden Menschen eingebettet haben, damit der Mensch sich aufmacht, um Gott zu suchen und zu finden, und wenn er ihn gefunden hat, sich erneut auf die Suche zu machen, bis alles Suchen und Finden zur Ruhe kommt in der Ewigkeit. Oder wie der heilige Augustinus (354-430) in seinen „Bekenntnissen“ formulierte: „Unruhig ist unser Herz, bis es Ruhe findet in Gott.“

Grundtugend des Menschen

Vieles spricht dafür, dass die Sehnsucht eine Grundtugend des Menschen ist, die Gott uns von Anfang an mitgegeben hat. Die Frage nach Gott gehört zu den Grundfragen aller Menschen. Seit es Menschen gibt, haben sich diese die Frage nach Gott gestellt und sind losgezogen, nicht nur in Gedanken, sondern im wahrsten Sinne des Wortes, um Gott zu finden. Die Sehnsucht nach Erkenntnis hat sie angetrieben. Egal, ob dies der Stammvater Abraham war, der aus seinem Land wegzog, oder moderne Wissenschaftler, die den Spuren der Natur folgen, um das Sein in Allem, die Ursache aller Wirkungen oder den Grund aller Gesetze zu erforschen. Es ist die Sehnsucht, die uns antreibt, und es ist die Sehnsucht, mit der Gott uns an sich zieht. Denn: Alles, im Leben wie im Glauben, beginnt mit der Sehnsucht.

Für den heiligen Franz von Sales ist die Sehnsucht der Urantrieb allen mystischen Verlangens zwischen Gott und den Menschen, wie er es in seiner „Abhandlung über die Gottesliebe“ beschreibt. Gott hat Sehnsucht nach den Menschen, die er liebt. Und daher pflanzt er in jeden Menschen eine Sehnsucht ein, ihn zu suchen und zu finden. Urbild dieser Sehnsucht ist die nächtliche Suche der Liebenden nach ihrem Geliebten, wie es im Hohelied des Alten Testamentes beschrieben wird:

„Des Nachts auf meinem Lager suchte ich ihn, den meine Seele liebt. Ich suchte ihn und fand ihn nicht. Aufstehen will ich, die Stadt durchstreifen, die Gassen und Plätze, ihn suchen, den meine Seele liebt. Ich suchte ihn und fand ihn nicht. Mich fanden die Wächter bei ihrer Runde durch die Stadt. Habt ihr ihn gesehen, den meine Seele liebt? Kaum war ich an ihnen vorüber, fand ich ihn, den meine Seele liebt. Ich packte ihn, ließ ihn nicht mehr los" (Hld 3,1-4).

In diesem Bild der Suchenden, die schließlich ihren Geliebten, so sie ihn fand, packte und nicht mehr losließ, sah Franz von Sales alles Sehnen der Seele nach Gott beschrieben. In seinen eigenen Worten beschreibt dies Franz von Sales so:

„Sehnsucht, die dem frohen Besitz vorausgeht, schärft und verfeinert die Empfindung, die damit verbunden ist. Je drängender und mächtiger das Verlangen danach ist, desto größer ist dann Freude und Seligkeit des Besitzes. O Jesus! Mein lieber Theotimus, welche Freude für das menschliche Herz, Gottes Antlitz schauen zu dürfen: Gottes Antlitz, Gegenstand unserer Sehnsucht, ja alleinigen Verlangens unserer Seelen!" (Theotimus III,10; DASal 3,188).

Die Suche nach Gott

Eine Geschichte erzählt von einem Gottsucher, der einen weisen Mann fragt, wie er Gott finden könnte. Der weise Mann antwortete nicht, sondern packte den Gottsucher, zerrte ihn zu einem Brunnen und drückte dessen Kopf unter Wasser, so als ob er ihn ertränken wolle. Als er ihn wieder losließ, rang der Gottsucher erst einmal gierig nach Luft. Daraufhin fragte der weise Mann: „Und? Was hast du gefühlt, als dein Kopf unter Wasser war?" Der Gottsucher antwortete: „Ich spürte eine unendliche Sehnsucht nach

Luft." Der Weise entgegnete: „Wenn dein Verlangen nach Gott ebenso stark ist, wie diese Sehnsucht nach Luft in jenem Augenblick, dann wirst du Gott finden."

„Gott ist so groß", meinte Teresa von Ávila (1515-1582), „dass er es wohl wert ist, von uns ein Leben lang gesucht zu werden." In einer solchen Aussage wird die große Sehnsucht spürbar, die diese spanische Mystikerin und Kirchenlehrerin geleitet haben muss. Gott ist so groß, dass all mein Sehnen nicht ausreicht, um ihn wie im Hohelied schon in diesem Leben packen und nicht mehr loslassen zu können. Daher muss ich ihn ein Leben lang stets von neuem suchen.

Franz von Sales denkt ähnlich. Erst nach unserem Tod wird die Tugend der Sehnsucht ihre Aufgabe erfüllt haben. Bis dahin aber bleibt das Verlangen nach Erkenntnis, vor allem nach Gotteserkenntnis bestehen. Und so soll es auch sein, damit unser Blick auf das gerichtet bleibt, was wirklich wesentlich ist: Gott und seine ewige Herrlichkeit.

Nützliche Neugierde

Natürlich ist es nicht jedem Menschen gegeben, von solch unendlicher Sehnsucht nach Gott ergriffen zu sein, wie dies Mystiker wie Franz von Sales oder Teresa von Ávila deutlich machen. Aber es genügt schon eine weniger vollendete Sehnsucht, die man gemeinhin Neugierde nennt, allerdings nicht Neugierde im negativen Sinne als Gier nach Neuem und Sensationellem, sondern positiv, als erster Antrieb, diesem Gott ein wenig näher zu kommen.

Es ist die Neugierde eines Zöllners Zachäus (Lk 19,1-10), der von Jesus gehört hatte und ihn sehen will. Er geht hinaus auf die Straße, erkennt, dass er zu klein ist, um die vielen Menschen, die sich um Jesus scharen, zu überragen. Die Neugierde treibt ihn an, auf einen Baum zu klettern, sich also anzustrengen, um seine Kleinheit um der Begegnung mit Jesus willen zu überwinden. Jesus belohnt diesen Akt der Neugierde. Er erkennt das Verlangen, das in Zachäus schlummert, und spricht ihn an: „Zachäus, komm schnell herunter, denn ich muss heute in deinem Haus zu Gast sein" (Lk 19,5).

Die Sehnsucht, wenn auch eine weniger vollendete, hat diese Begegnung ermöglicht. Damit sie dauerhaft bleibt, musste sich Zachäus jedoch wandeln. Der große Betrüger, der vielen Menschen das Geld aus den Taschen zog, musste umkehren. Aber auch diese Wandlung wurde möglich, weil in Zachäus die Sehnsucht nach Jesus brannte.

„Wie schaffe ich es, Gott zu lieben?" fragte sich der heilige Franz von Sales, und er antwortete: „Wer glühend nach der Liebe verlangt, wird bald glühend lieben" (Theotimus XII,2; DASal 4,298). Oder anders ausgedrückt: Wer Sehnsucht hat, Gott zu lieben, der liebt ihn bereits.

Wechselbeziehung

In dieser Aussage wird das Wechselverhältnis der Tugend Sehnsucht noch einmal deutlich. Gott sehnt sich nach dem Menschen und der Mensch sehnt sich nach Gott. Gottes Liebe zu den Menschen ist so stark, dass er selbst Mensch wird, nicht bloß, um ihn von den Sünden zu befreien, sondern rein aus Liebe. Und der Mensch antwortet auf diese Liebe Gottes mit dem Erwachen seiner eigenen Sehnsucht nach Gott als ein erstes Zeichen dafür, dass er Gott liebt und immer mehr lieben möchte.

Nur jenen, die nicht einmal Neugierde nach Gott verspüren, denen Gott und seine Botschaft völlig gleichgültig sind, deren Sehnsüchte sich suchtartig höchstens auf irdische Befriedigungen richten, nur jenen kann Gott nicht helfen. Es sind die Gleichgültigen, die sich um keinen Deut um das Werben Gottes kümmern. Sie haben die Tugend der Sehnsucht verloren, die ihnen bei der Schöpfung grundgelegt wurde. Sie wissen nichts davon, worüber der Schweizer Dichter Friedrich Dürrenmatt (1921-1990) einmal schrieb, dessen Glaube nicht groß, aber seine Sehnsucht nach der Erkenntnis Gottes umso größer war. Er schrieb: „Wir vermögen Gott nicht zu sehen, aber wir vermögen ihn immer zu suchen." Es bewahrheitet sich erneut, dass selbst im größten Atheisten, so er nicht gleichgültig ist, eine tiefe Sehnsucht nach dem Absoluten schlummert, weil Gott in einen jeden Menschen die Tugend der Sehnsucht eingepflanzt hat, mit der alles beginnt.

Fragen zum Nachdenken

- *Fühle ich in mir Sehnsucht nach Gott?*
- *Ist mir mein Glaube gleichgültig?*
- *Bin ich neugierig, mehr über Gott zu erfahren?*

Treue – die Tugend, die ein Versprechen hält

Dass Treue eine Tugend ist, also ein Geschenk Gottes an die Menschen, mit dem man sich und andere glücklich machen kann, wird jedem wahrscheinlich spätestens bei einer Hochzeitsfeier bewusst. Dort verspricht sich nämlich das Brautpaar gegenseitig die Treue: „Vor Gottes Angesicht nehme ich dich an. Ich verspreche dir die Treue in guten und bösen Tagen, in Gesundheit und Krankheit. Ich will dich lieben, achten und ehren bis der Tod uns scheidet ... Trage diesen Ring als Zeichen meiner Liebe und Treue."

Treue, so könnte man in aller Kürze definieren, ist die Bereitschaft, seine Taten seinen Versprechungen anzupassen, oder anders gesagt: Treu bin ich, wenn ich genau das mache, was ich versprochen habe, selbst oder gerade dann, wenn es mir schwer fällt.

Ein festes Zelt

Was Treue bewirkt, erzählt uns die Bibel. Im Buch Jesus Sirach lesen wir: „Ein treuer Freund ist wie ein festes Zelt; wer einen solchen findet, hat einen Schatz gefunden. Für einen treuen Freund gibt es keinen Preis, nichts wiegt seinen Wert auf. Das Leben ist geborgen bei einem treuen Freund, ihn findet, wer Gott fürchtet" (Sir 6,14-16).

Gelebte Treue ist ein Schatz von hohem Wert. Treue ist wie ein festes Zelt, das Geborgenheit und Sicherheit vermittelt. Für den heiligen Franz von Sales ist die Treue gerade deshalb eine so wertvolle Tugend, weil sie eine kleine Tugend ist, die Großes bewirkt. Gerade im Kleinen, in den alltäglichen Kleinigkeiten zeigt sich die Treue und erzielt dabei große Ergebnisse (vgl. Philothea III,35; DASal 1,190-191). So schildert es Jesus im Gleichnis vom anvertrauten Geld (Mt 25,14-30). Ein Mann, der auf Reisen geht, vertraut seinen Dienern sein Vermögen an und fragt nach seiner Rückkehr, was damit während seiner Abwesenheit geschehen ist. Zwei Diener waren treu. Auf sie konnte man sich verlassen. Ihnen wird gesagt: „Sehr gut, du bist ein tüchtiger und treuer Diener. Du bist im Kleinen ein treuer Verwalter gewesen, ich will dir eine große Aufgabe übertragen. Komm, nimm teil an der Freude deines Herrn!" (V. 21.23). Der dritte Diener jedoch geht leer aus, ihm wird sogar das wenige, das er hatte, noch weggenommen, weil er das ihm anvertraute Geld nicht treu verwaltet hatte.

Der treue Gott

Vorbild für die Tugend der Treue ist Gott selbst. Die Bibel wird nicht müde, auf die Treue Gottes hinzuweisen. „Treu ist Gott, durch den ihr berufen worden seid zur Gemeinschaft mit seinem Sohn Jesus Christus, unserem Herrn", schreibt der Apostel Paulus zu Beginn des 1. Briefes an die Korinther (1,9). Im Buch Deuteronomium wird die Treue zum Markenzeichen Gottes schlechthin: „Daran sollst du erkennen: Jahwe, dein Gott, ist der Gott; er ist der treue Gott; noch nach tausend Generationen achtet er auf den Bund und erweist denen seine Huld, die ihn lieben und auf seine Gebote achten" (Dtn 7,9).

Die Treue Gottes ist dabei in keiner Weise von der Treue des Volkes abhängig. Ganz im Gegenteil. Selbst dann, wenn das Volk Gottes in Untreue fällt, sich von Gott ab und anderen Götzen zuwendet, hält Gott an seiner Treue fest. Ein Beispiel dafür ist das Buch des Propheten Hosea, der die Treulosigkeit des Volkes anprangert, jedoch gleichzeitig darauf hinweist, dass Gott sein Volk trotzdem nicht verlässt. Der Prophet lässt Gott sprechen: „Mein Volk verharrt in der Treulosigkeit; sie rufen zu Baal, doch er hilft ihnen nicht auf" (Hos 11,7). Trotz dieses Treuebruches versichert Gott seine Treue: „Wie könnte ich dich preisgeben, Efraim, wie dich aufgeben, Israel?" (Hos 11,8).

Gott ist ein „unbeirrbar treuer Gott" (Dtn 32,4). Das ist die Grundbotschaft der gesamten Bibel. Der Mensch hat immer wieder seine Versprechen, die er Gott gegenüber gegeben hat, gebrochen. Gott aber hält unbeirrbar am Menschen fest, mit dem er seinen Bund geschlossen hat. Aus dieser Erfahrung heraus schreibt der heilige Franz von Sales in seinem theologischen Hauptwerk „Theotimus – Abhandlung über die Gottesliebe“: „O unendlich guter Gott! Du verlässt nur jene, die Dich verlassen. Niemals entziehst Du uns Deine Gaben, außer wir ziehen unsere Herzen von Dir zurück“ (Theotimus II,10; DASal 3,125). Und weiter: „Unser geliebter Bräutigam verlässt uns nie, außer wir zwingen ihn dazu durch unsere Untreue, das heißt durch die Zurücknahme unseres Treueschwures“ (Theotimus III,6; DASal 3,179). Nur dann, wenn der Mensch von Gott nichts mehr wissen will, wird Gott sich vom Menschen zurückziehen, weil er die Freiheit des Menschen achtet. Die menschliche Treue ist daher nichts anderes als die Verwirklichung der Liebe zu Gott, der treu ist, dessen Bild in der Treue des Menschen aufleuchtet.

Salesianische Treue

Für den heiligen Franz von Sales ist selbstverständlich, dass jeder Christ seine Treue zum „unbeirrbar treuen Gott“ immer wieder versprechen und erneuern soll. Der erste Treueschwur, den der Christ Gott gegenüber leistet, geschieht bei der Taufe. Franz von Sales empfiehlt in seinem Buch „Anleitung zum frommen Leben“ der Philothea, also der Gott liebenden Seele, folgendes Gebet, um die Treue zu Gott, die bei der Taufe versprochen wurde, oft zu erneuern: „Mein guter Jesus, seliger König der ewigen Herrlichkeit, Dir wende ich mich zu; ich umfange Dich mit der ganzen Kraft meiner Seele. Ich bete Dich von ganzem Herzen an, ich erwähle Dich heute für immer zu meinem König. Dir will ich unverletzliche Treue bewahren“ (Philothea I,18; DASal 1,60).

In seiner geistlichen Begleitung für Frauen und Männer wird Franz von Sales oft damit konfrontiert, dass es den Menschen schwer fällt, diese Treue zu bewahren. Ihnen schreibt er:

„Es ist keine Kunst, dem Fürsten in der Ruhe friedlicher Zeiten und in den Annehmlichkeiten des Hoflebens zu dienen; ihm dagegen in rauer Kriegszeit, bei Unruhen und Rückschlägen dienen, das ist echter Mut und echte Treue" (Philothea IV,14; DASal 1,239).

Treue ist also gerade dann gefordert, wenn es schwer fällt. Dies gilt gegenüber den Menschen genauso wie gegenüber Gott. Es tut einfach gut, sicher sein zu können, dass der andere tun wird, was er versprochen hat. Sehr enttäuschend jedoch ist es, wenn man erfahren muss, dass sich jemand an sein Versprechen nicht hält, weil es ihm zu anstrengend oder mühsam wurde. Wir können diese Enttäuschung erahnen, wenn wir bei Franz von Sales lesen: „Aber noch viel trauriger ist der Zustand einer Seele, die, undankbar gegen ihren Heiland, sich immer mehr von ihm abwendet und von der heiligen Liebe Stufe um Stufe durch Lauheit und Untreue hinabsinkt, bis sie endlich sich ganz von ihr entfernt hat, um in der schauerlichen Finsternis der Verlorenheit zu enden" (Theotimus IV,9; DASal 3,226).

Treu bis zum Ende

Es ist der große Wunsch des heiligen Franz von Sales, dass wir an der Treue festhalten und sie gerade dort üben, wo es schwer fällt. „Jede Tugend", so ist er überzeugt, „offenbart sich in der Treue, sie zu üben" (DASal 2,82). So sagt er auch seinen Zuhörerinnen und Zuhörern in einer Predigt: „Wirkt schließlich treu in diesem Leben und seid beharrlich bis zum Ende (Mt 10,22; 24,13), auf dass ihr in der ewigen Glückseligkeit den seligen Geistern zugezählt und mit ihnen vereinigt werden könnt, um die göttliche Majestät zu lieben und euch ihrer zu erfreuen in alle Ewigkeit. Das ist es, was ich euch von ganzem Herzen wünsche" (DASal 9,262).

Fragen zum Nachdenken

- *Wo erlebe ich mich treu, wo treulos?*
- *Bin ich einmal durch Untreue enttäuscht worden?*
- *Erlebe ich Gott als treuen Gott?*

Vertrauen – die Tugend, um die Gott uns bittet

Eine Legende erzählt, dass die Engel im Himmel täglich waschkörbeweise die Bitten der Menschen sammeln, sortieren und zu Gott bringen, der sich sorgfältig mit jeder einzelnen Bitte beschäftigt. Eines Tages begannen die Engel darüber zu diskutieren, ob denn dieser ganze Aufwand nötig sei und sich Gott wirklich mit jeder Bitte auseinandersetzen müsse. Zufällig hörte Gott davon. Er kam zu den Engeln und meinte: „Meine lieben Engel, im Grunde habt ihr ja recht, aber wir müssen mit unseren Menschen viel Geduld haben. Nur manches Mal, wenn ich so die vielen Bitten lese, wünsche ich mir, dass auch ich eine Bitte an die Menschen richten könnte. Ich hätte nur eine einzige Bitte, nämlich, dass mir die Menschen vertrauen.“ Seit dieser Zeit versuchen die Engel den Menschen so gut und so oft wie möglich diesen Wunsch Gottes zu vermitteln: „Gott bittet dich um dein Vertrauen!“

Das größte Geschenk

Nach dieser Legende ist das Vertrauen die einzige Bitte, die Gott an uns Menschen hat. Damit bringt sie ein wesentliches Element unseres Glaubens und unseres Lebens auf den Punkt. Vertrauen ist im Verhältnis der Menschen zu Gott wie im Verhältnis der Menschen zueinander etwas Grundlegendes – und das im wahrsten Sinne dieses Wortes: Diese Tugend legt den Grund, auf dem Leben und Handeln möglich ist. Denken wir nur an den ganz normalen Alltag. Wie viel Vertrauen schenken wir völlig unbewusst: in der Familie, im Beruf, in unserer Freizeit, im Straßenverkehr, bei der Technik? Was tun wir nicht alles, ohne es zuvor nachgeprüft, abgesichert oder nachgewiesen zu haben. Vertrauen schenkt Lebensqualität. Durch das Vertrauen wird mir eine Menge Arbeit erspart und Belastung abgenommen. Vertrauen zeigt mir, was ich anderen

Wert bin, die mir vertrauen, und welchen Wert für mich die anderen haben, denen ich vertraue.

Umgekehrt kann die Erfahrung von Vertrauensmissbrauch Leben zerstören. „Vertrauen ist gut, Kontrolle ist besser“ lautet daher ein bekanntes Sprichwort, das dem Vertrauen seinen hohen Wert abspricht und das Misstrauen über das Vertrauen stellt. Dennoch kann man die Tugend des Vertrauens nicht hoch genug schätzen. So schreibt der geistliche Schriftsteller Carlo Caretto (1910-1988) von der Ordensgemeinschaft der Kleinen Brüder Jesu: „Von allen Geschenken, die du jemandem geben könntest, ist das Vertrauen das größte. Auf Gott oder den Menschen vertrauen bedeutet Frieden, Freude, Heiterkeit, Sicherheit, Stärke. Nicht vertrauen bedeutet Einsamkeit, Traurigkeit, Angst.“

Vertrauen ist und bleibt – trotz so mancher Enttäuschungen – eine wichtige Tugend des Lebens, so wichtig, dass der Vertrauensbruch nicht nur lebensfeindlich ist, sondern tatsächlich tödlich sein kann. Jemandem Vertrauen schenken ist etwas sehr Großes. Vertrauen missbrauchen entzieht dem Menschen den Boden seiner Lebenssicherheit.

Weil Vertrauen so wertvoll ist, können wir voll und ganz darauf vertrauen, dass Gott uns dieses Grundgeschenk des Lebens mitgegeben hat. Die Aufgabe des Menschen besteht darin, diese Tugend in sich wachsen und reifen zu lassen.

Das Urvertrauen

In der Entwicklungspsychologie wird von „Urvertrauen“ gesprochen, ein Begriff den der deutsch-amerikanische Psychoanalytiker Erik Erikson (1902-1994) einführte. Er meinte, dass jeder Mensch in den ersten Lebensjahren ein Gefühl dafür entwickelt, wem oder was er vertrauen kann. Für die Entwicklung des Kindes und seine Beziehung zur Umwelt ist entscheidend, ob dieses Urvertrauen erfüllt oder missbraucht wird.

Der heilige Franz von Sales durfte dieses Urvertrauen nicht nur durch seine Eltern und seine Familie, sondern durch Gott selbst erfahren. Nach seiner Glaubenskrise, die er als 19-jähriger Student in Paris erlebte, war er felsenfest davon überzeugt, dass Gott ihn nie im Stich lassen wird, weil dieser Gott die Liebe ist, und Liebe ist der beste Beweis dafür, dass ich jemandem absolut vertrauen kann. Später wird Franz von Sales sagen: „Unmögliches gibt es für mich nicht, wird es auch nie geben, denn ich vertraue auf Gott, er vermag alles“ (DASal 2,79). Diese Einstellung erinnert an die Worte des Apostels Paulus, der an die Philipper schrieb: „Alles vermag ich durch ihn, der mir Kraft gibt“ (Phil 4,13).

Franz von Sales wählte als Lebensmotto, das später auch sein Bischofsspruch wurde, die Worte: „Non excidet“ – „er, sie, es wird nicht verloren oder untergehen.“ Es ist ein Motto unerschütterlichen Vertrauens: Ganz egal, was auch geschieht, ich vertraue darauf, dass Gott mich nicht unter- oder verlorengehen lässt.

Vertrauensmissbrauch

Natürlich war Franz von Sales bewusst, dass Menschen die Erfahrung enttäuschten Vertrauens machen. Solche Enttäuschungen führen zu Pessimismus, Lebensüberdruss und in extremer Form sogar zu Lebensmüdigkeit, die dem Leben selbst ein Ende machen will. Franz von Sales warnt daher in ungewöhnlich scharfer Form davor, das Vertrauen, das andere uns schenken, je zu missbrauchen: „Das Vertrauen ist das Leben der Seele; nimmst du ihr das Vertrauen, so jagst du sie in den Tod“ (DASal 2,42). Missbrauch des Vertrauens tötet, weil der Seele ihr sicheres Lebensfundament entrissen wird.

Franz von Sales weiß ebenso, dass Menschen immer wieder der Meinung sind, Gott selbst hätte ihr Vertrauen in ihn missbraucht und sie enttäuscht, weil er ihnen dieses oder jenes nicht erfüllte, beziehungsweise diese oder jene Enttäuschung, dieses oder jenes Leid zugefügt hätte. Dem widerspricht Franz von Sales vehement. Es ist unmöglich, dass Gott ein ihm geschenktes Vertrauen missbraucht. Wenn es überhaupt jemanden gibt, dem man bedingungslos und blind vertrauen kann, dann Gott ... gerade dann, wenn es im Leben drunter und drüber geht. So folgert Franz von Sales: „Sich Gott anvertrauen in den Annehmlichkeiten und im Frieden des Wohlbefindens, das kann beinahe jeder tun, sich ihm aber hinzugeben inmitten von Stürmen und Gewittern, das ist nur jenen eigen, die seine Kinder sind" (DASal 6,227).

Kindliches Gottvertrauen

Franz von Sales nennt jenes bedingungslose Vertrauen, das wir Gott entgegenbringen sollen, „kindliches Vertrauen" und wünscht sich damit vom Menschen das, worauf Jesus selbst hinweist: „Amen, das sage ich euch: Wenn ihr nicht umkehrt und wie die Kinder werdet, könnt ihr nicht in das Himmelreich kommen" (Mt 18,2). „Kindliches Vertrauen" in Gott ist der sicherste Weg durch das Leben. Gerade in „Stürmen und Gewittern", also gerade dann, wenn wir meinen, Gott lasse uns im Stich, sollen wir uns an Gott klammern, so wie sich Kinder an ihre Mütter oder Väter klammern, wenn sie Angst haben. Franz von Sales ist überzeugt: „Ja, Gott verlangt von uns schon ein ganz großes Vertrauen auf sein väterliches Sorgen, auf seine göttliche Vorsehung. Aber warum sollten wir ihm nicht vertrauen, da er doch keinen getäuscht hat? Es hat noch keiner sein Vertrauen auf Gott gesetzt, ohne dafür reiche Frucht zu empfangen" (DASal 2,104).

Im Psalm 62, der in der deutschen Einheitsübersetzung mit „Vertrauen auf Gottes Macht und Huld" betitelt ist, tritt ein Beter zu Tage, der dieses Vertrauen auf Gott sehr schön und für uns Christen richtungsweisend für das Wachsen der Tugend des Vertrauens zum Ausdruck bringt. Wir können diesen Psalm beten, wenn wir an der Macht Gottes zu zweifeln beginnen und ihm nicht mehr jenes Vertrauen schenken können, das er sich so sehr von den Menschen wünscht:

> „Bei Gott allein kommt meine Seele zur Ruhe,
> von ihm kommt mir Hilfe.
> Nur er ist mein Fels, meine Hilfe, meine Burg;

darum werde ich nicht wanken …
Bei Gott allein kommt meine Seele zur Ruhe;
denn von ihm kommt meine Hoffnung.
Bei Gott ist mein Heil, meine Ehre;
Gott ist mein schützender Fels, meine Zuflucht.
Vertrau ihm, Volk (Gottes), zu jeder Zeit!
Schüttet euer Herz vor ihm aus!
Denn Gott ist unsere Zuflucht“ (Ps 62,2-3.6-9).

Fragen zum Nachdenken

- *Wem bin ich bereit Vertrauen zu schenken?*
- *Lebt in mir ein Urvertrauen auf Gott?*
- *Welche Menschen schenken mir ihr Vertrauen und wie gehe ich damit um?*

Zufriedenheit – die Tugend, die mir Frieden zuspricht

Wie das Wort „Zufriedenheit“ schon zum Ausdruck bringt, so geht es bei dieser Tugend vor allem um den Frieden. Wobei sie weniger den Frieden in der Welt, mit meiner Umgebung oder mit Gott meint, sondern den Frieden in mir selbst. Die Tugend der Zufriedenheit spricht mir selbst den Frieden zu. Sie hilft, in mir den Frieden zu halten und immer wieder Frieden zu schließen, wenn in mir Kämpfe ausbrechen, wenn ich gegen meine eigenen Schwächen und Fehler, ja gegen mein Wesen an sich Krieg führe. Sei zufrieden – das heißt: Schließe Frieden mit dir selbst, denn nur so bist du in der Lage, in Frieden mit deiner Umwelt zu leben, ja am Frieden in der Welt deinen Beitrag zu leisten.

Frieden im Herzen

„Der Frieden beginnt im eigenen Haus“ – dieses mehr oder weniger bekannte Wort des deutschen Philosophen und Psychiaters Karl Jaspers (1883-1969) ist im Grunde nichts anderes als ein Plädoyer für die Zufriedenheit. Das eigene Haus, das ist nicht nur die Welt im Kleinen, die Familie, die nähere Umgebung. Das ist mein Herz. Das bin zunächst ich selbst, der in sich seine Kämpfe ficht und Schlachten schlägt. Nur der, der mit sich im Frieden ist, also zufrieden ist, tut sich leichter, in Frieden mit anderen zu leben. So schreibt auch einmal der deutsche Schriftsteller Reinhold Schneider (1903-1958): „Der Friede der Welt muss in unserem Herzen den Ursprung nehmen.“

Die Psychologie hat herausgefunden, dass der Mensch, der andere verletzt, im Grunde nur am anderen bekämpft, womit er in sich selbst nicht im Frieden ist. Zorn und Wut gegen andere sind eigentlich Ausdruck dafür, dass ich gegen mich selbst zornig und wütend bin. Ich führe eine Art Stellvertreterkrieg auf einem fremden Schlachtfeld, so wie es auch in der großen Welt mit trauriger Aktualität geschieht. Die mächtigen politischen Kräfte führen ihre Schlachten nicht im eigenen Land, sondern tragen ihre inneren Konflikte auf dem Rücken kleiner, ohnmächtiger Staaten irgendwo weit entfernt aus. Sie tun es oft genug im Namen von Frieden und Gerechtigkeit, den sie diesen kleinen Staaten bringen möchten, dennoch wäre der erste Schritt zum Frieden, der innere Friede, die eigene Zufriedenheit im eigenen Haus.

Mit mir Frieden machen

1994 machte ein Spielfilm Furore. Er hieß „Forrest Gump" (USA, 1994) und erhielt viele Filmpreise, unter anderem auch den Oscar als „Bester Film" des Jahres 1995. In diesem Streifen kommt die Figur des Leutnant Dan Taylor, dargestellt von Garry Sinise, vor. Er ist Soldat im Vietnamkrieg. Sein Traum ist, dass er wie seine Vorfahren Ruhm und Ehre für sein Land erkämpft. Eher will er auf dem Schlachtfeld sterben, als lebendig als Feigling zurückzukehren. Bei einem Angriff werden ihm beide Beine zerfetzt und Forrest Gump, die Hauptperson des Films, gespielt von Tom Hanks, will ihm das Leben retten. Leutnant Dan wehrt sich dagegen. Er will sterben und nicht als Krüppel weiterleben. Doch Forrest Gump kümmert sich nicht darum und bringt den hilflosen Dan sicher in ein Lazarett, wo ihm beide Beine amputiert werden. Von nun an ist Dan an den Rollstuhl gefesselt, für ihn eine absolute Tragödie, mit der er nicht fertig wird. Er pflegt nicht mehr sein Äußeres. Alles ist ihm egal, er beginnt gegen sich selbst und seine Behinderung anzukämpfen. Der einst strahlende Held auf dem Schlachtfeld macht sich selbst zum Schlachtfeld. Er will sich selbst zerstören. Dan verschlingt Unmengen an Alkohol und Drogen, um seinen Schmerz, seine Wut und seinen Zorn in sich zu betäuben.

In einer ergreifenden Szene, inmitten eines Orkans mit Blitz und Donner, schreit Dan all seinen Zorn gegen Gott hinaus. Seine eigene Schlacht, sein großer Kampf mit sich selbst hat begonnen. Nach dem Sturm begegnet Leutnant Dan wieder seinem Lebensretter Forrest Gump und meint nur: „Ich habe dir noch gar nicht dafür gedankt, dass du mir das Leben gerettet hast. Danke.“ Darauf entgegnet Forrest Gump: „Ich glaube, Leutnant Dan hat jetzt Frieden mit sich selbst gemacht.“

Genau dieser Satz kann ausdrücken, was die Tugend der Zufriedenheit meint: „Ich mache Frieden mit mir selbst“. Ich will nicht mehr Krieg gegen mich führen, ich will nicht mehr meine Probleme dadurch lösen, dass ich alles in mir und um mich herum kurz und klein schlage, sondern eben auf friedliche – zufriedene – Weise.

Leutnant Dan, der seine Zufriedenheit gefunden hat, beginnt mit friedlichen Methoden gegen seine Behinderung anzukämpfen. Schließlich gegen Ende des Films kann er mit seinen neuen Beinprothesen aufrecht gehen.

Die Tugend der Zufriedenheit schenkt mir den inneren Frieden und lässt mich aufrecht durchs Leben gehen, gerade dann, wenn ich nicht vollkommen bin.

Mut zur Zufriedenheit

Der heilige Franz von Sales macht Mut, uns die Tugend der Zufriedenheit anzueignen. „Wie traurig ist es,“ so sagt er, „Seelen zu sehen, – und leider gibt es deren viele, – die nach Vollkommenheit streben wollen, es aber für das Wichtigste halten, recht viele und vielerlei Wünsche zu hegen. So fahnden sie nach allen möglichen Mitteln, versuchen bald dies, bald das, sind immer unzufrieden und kommen nie zur Ruhe. Kaum haben sie einen Wunsch, so lassen sie ihn auch schon wieder fallen und greifen einen anderen auf“ (DASal 2,100).

Immer wieder etwas anderes anfangen und nichts zu Ende bringen, ist ein eindeutiges Zeichen für einen in sich unzufriedenen Menschen. Franz von Sales rät solchen Menschen als ersten Schritt: Still sein und Vertrauen auf Gott: „Kurz, vor lauter Reden über die Mittel zur Vollkommenheit vergessen sie ganz auf das wichtigste aller Mittel: Still sein und auf ihn sein ganzes Vertrauen werfen, der allein dem, was sie angebaut und gepflanzt haben, das Gedeihen geben kann“ (DASal 2,100).

„Still sein und auf ihn sein ganzes Vertrauen werfen“ – das ist für Franz von Sales das geeignetste Mittel zur Zufriedenheit, also diese inneren Schlachten gegen meine Unvollkommenheiten in mir zu befrieden.

Natürlich kann ich nicht von Heute auf Morgen meine Zufriedenheit finden. Das wäre ein Widerspruch in sich. Ich stelle fest, dass ich unzufrieden bin, also muss ich diese Unzufriedenheit bekämpfen und schaffe dadurch noch mehr Unzufriedenheit. Das heißt, ich muss lernen, auch mit meiner Unzufriedenheit Frieden zu schließen, um ganz in Frieden sein zu können. „Freilich“, so sagt Franz von Sales, „in fünf Jahren lernt man dies nicht, man braucht schon seine zehn Jahre dazu“ (DASal 2,110).

Die Gegenwart Gottes

Sehr hilfreich dazu ist für ihn die Gegenwart Gottes, der mich mit seinen gütigen und barmherzigen Augen ansieht. Daher ist für Franz von Sales die Meditation oder das „betrachtende Gebet“, wie er es nennt, also das bewusste Verweilen in der Gegenwart Gottes so wichtig. Im Betrachten der Güte Gottes werde ich gütig zu mir selbst und zu den anderen. Im Wissen seiner Gegenwart, in der ich geborgen bin, finde ich den Frieden mit mir selbst und mit den anderen. Die Gegenwart Gottes hilft mir, mit mir selbst Frieden zu machen, also zufrieden zu sein.

Fragen zum Nachdenken

- *Bin ich mit mir zufrieden?*
- *Welche meiner Fehler machen mich besonders zornig und wütend auf mich?*
- *Wie wohl tut mir die Gegenwart Gottes?*

Franz von Sales: Nur nicht den Mut verlieren

„Der heilige Paulus wurde in einem Augenblick und vollständig geläutert; ebenso die heilige Katharina von Genua, Magdalena, Pelagia und einige andere. Eine derart plötzliche Läuterung ist ein Wunder und in der Gnadenordnung so außergewöhnlich, wie etwa die Erweckung eines Toten in der Ordnung der Natur; wir dürfen sie also nicht anstreben. Gewöhnlich geschieht die Genesung des Leibes wie der Seele nur allmählich, Schritt für Schritt, von Stufe zu Stufe, mit großem Aufwand an Mühe und Zeit.

Die Engel auf der Jakobsleiter haben Flügel, sie fliegen aber nicht, sondern steigen die Stufen auf und ab, eine nach der anderen. Eine Seele, die von der Sünde zur Frömmigkeit emporsteigt, wird mit der Morgenröte verglichen (Spr 4,18), die nicht plötzlich, sondern nur allmählich die Finsternis vertreibt. Eine Heilung, die nur langsam vor sich geht, bezeichnet der Volksmund als die sicherste. Die Krankheiten der Seele wie des Leibes kommen wie zu Pferd im Galopp, ziehen aber zu Fuß und im Schritt ab.

Bei diesem Beginnen musst du also Mut und Geduld haben. Wie bedauernswert sind doch Menschen, die nach anfänglichem Bemühen um die Frömmigkeit merken, dass sie noch mit verschiedenen Unvollkommenheiten behaftet sind, darüber unruhig, verwirrt und mutlos werden und nahe daran sind, alles aufzugeben und sich wieder der Sünde zu überlassen!

Andererseits ist für manche Menschen eine entgegengesetzte Versuchung gefährlich; sie reden sich selbst ein, dass sie schon vom ersten Tag an von allen Unvollkommenheiten frei seien; sie glauben fertig zu sein, ehe sie richtig angefangen haben; sie setzen zum Flug an, bevor ihnen Flügel gewachsen sind. In welcher Gefahr eines Rückfalls schweben doch solche Menschen, weil sie sich zu früh den Händen des Arztes entzogen haben! „Steh nicht auf, bevor es Tag geworden“, sagt der Prophet; „steh erst auf, nachdem du ausgeruht“ (Ps 127,2). Er hielt sich selbst daran; da er schon gewaschen und gereinigt war, betete er darum, es noch mehr zu werden (Ps 51,4).

Das Bemühen um die Reinigung unserer Seele kann und soll nur mit unserem Leben ein Ende finden. Regen wir uns also nicht auf über unsere Unvollkommenheiten: unsere Vollkommenheit besteht eben darin, dass wir die Unvollkommenheiten bekämpfen. Wir können sie aber nicht bekämpfen, wenn wir sie nicht sehen; wir können sie nicht überwinden, wenn wir ihnen nicht begegnen. Unser Sieg besteht nicht darin, dass wir sie nicht wahrnehmen, sondern darin, dass wir uns ihnen nicht beugen. Der aber beugt sich ihnen nicht, der sie unangenehm empfindet. Zur Übung der Demut müssen wir wohl manchmal in diesem geistlichen Kampf verwundet werden; besiegt wären wir aber erst dann, wenn wir das Leben oder den Mut verloren hätten. Unvollkommenheiten und lässliche Sünden zerstören nicht das geistliche Leben; es geht nur durch die Todsünde verloren. Eines ist also notwendig: den Mut nicht verlieren! „Befreie mich, Herr, von Feigheit und Mutlosigkeit" (Ps 55,17), betete David. Es ist ein Glück für uns, dass wir in diesem Krieg immer Sieger sind, solange wir nur kämpfen wollen."

Franz von Sales (Philothea I,5; DASal 1,41-42)

Zeittafel zum Leben des heiligen Franz von Sales (1567-1622)

1567	21. August: Geburt auf Schloss Sales bei Thorens in Savoyen;
1573-78	Schulausbildung in La Roche und Annecy;
1578-88	Studium in Paris;
1586/87	„Krise von Paris“: Franz von Sales findet zu seinem optimistischen Gottes- und Menschenbild, das ihn ein Leben lang prägen wird;
1588-91	Studium in Padua;
1591	5. September: Promotion zum Doktor des kirchlichen und weltlichen Rechtes;
1593	18. Dezember: Priesterweihe in Annecy und Ernennung zum Dompropst der Diözese Genf/Annecy;
1594-98	Erfolgreiche Rekatholisierung im Chablais;
1595	25. Januar: Beginn der Flugblattaktion zur Glaubensverkündigung;
1598/99	Ad-limina-Besuch in Rom im Auftrag seines Bischofs Claude de Granier und Bischofsexamen, Ernennung zum bischöflichen Koadjutor mit dem Recht auf Nachfolge;
1601/02	1. diplomatische Reise nach Paris, um mit König Heinrich IV. von Frankreich die Rekatholisierung der zu Frankreich gehörenden Teile der Diözese Genf zu besprechen;
1602	8. Dezember: Bischofsweihe in Thorens;
1604	5. März: Erste Begegnung mit Johanna Franziska von Chantal in Dijon;
1609	Sein Bestseller „Philothea“ oder „Anleitung zum frommen Leben“ erscheint;

1610	6. Juni: Gründung der Heimsuchungsschwestern oder „Salesianerinnen“;
1616	31. Juli: Sein theologisches Hauptwerk „Theotimus“ oder „Abhandlung über die Gottesliebe“ erscheint;
1618/19	2. diplomatische Reise nach Paris. Anlass war die Vermählung von Prinz Victor Amadeus von Savoyen mit Prinzessin Christine von Frankreich, der Schwester König Ludwigs XIII.;
1622	28. Dezember: Tod in Lyon im Alter von 55 Jahren an den Folgen eines Schlaganfalls;
1623	Januar: Übertragung und Beisetzung des Leichnams in Annecy.

Haupttätigkeiten als Bischof: Umsetzung der Reformen des Trienter Konzils, Reform der Klöster und des Klerus, Visitationen aller 311 Pfarrkirchen seiner Diözese, Gründung von 13 Klöstern der Heimsuchung, Katechismusunterricht und Förderung der Bildung bei Alt und Jung, Berater in Streitfällen, politische Auseinandersetzungen, Rückführung der Calviner zum katholischen Glauben, mehr als 3000 Predigten, Geistliche Begleitung zahlreicher Frauen und Männer.

1661	28. Dezember: Seligsprechung durch Papst Alexander VII.;
1665	19. April: Heiligsprechung durch Papst Alexander VII.;
1869	Sel. Papst Pius IX. bestätigt, dass Franz von Sales der Patron der Gehörlosen ist;
1877	19. Juli: Erhebung zum Kirchenlehrer durch den Sel. Papst Pius IX.;
1923	26. Januar: Bestimmung zum Patron der Schriftsteller und Journalisten durch Papst Pius XI.;
Ebenso:	Patron der Städte Genf, Annecy, Chambery.

Ausführliche Information über Franz von Sales finden Sie im Internet: www.franzvonsaleslexikon.de

Abkürzungs- und Quellenverzeichnis

Camus: Jean Pierre Camus, Vom Geist der Heiligkeit. Aus den Erinnerungen an den heiligen Franz von Sales, Mainz: Matthias Grünewald Verlag, 1956

DASal: Deutsche Ausgabe der Werke des heiligen Franz von Sales, 12 Bände, Eichstätt: Franz-Sales-Verlag, 1958-1983. Die erste Zahl bezeichnet die Bandnummer, die zweite Zahl die Seite (DASal 1,193):

Band 1: Anleitung zum frommen Leben – Philothea (DASal 1)
Band 2: Geistliche Gespräche (DASal 2)
Band 3: Abhandlung über die Gottesliebe, 1. Teil – Theotimus (DASal 3)
Band 4: Abhandlung über die Gottesliebe, 2. Teil – Theotimus (DASal 4)
Band 5: Briefe an Johanna Franziska von Chantal (DASal 5)
Band 6: Briefe der Seelenführung an Laien (DASal 6)
Band 7: Seelenführungsbriefe an Ordensfrauen (DASal 7)
Band 8: Korrespondenz im Überblick (DASal 8)
Band 9: Ausgewählte Predigten (DASal 9)
Band 10: Kontroversschriften I (DASal 10)
Band 11: Kontroversschriften II (DASal 11)
Band 12: Geistliche Schriften (DASal 12)

Philothea: Franz von Sales, Philothea – Anleitung zum frommen Leben, Eichstätt: Franz-Sales-Verlag. Die römische Zahl bezeichnet den Teil, die Zahl die Seite (z.B. Philothea III,23)

Theotimus: Franz von Sales, Theotimus – Abhandlung über die Gottesliebe, 2 Bände, Eichstätt: Franz-Sales-Verlag. Die römische Zahl bezeichnet das Buch, die Zahl die Seite (z.B. Theotimus V,2)

Herbert Winklehner (Hg.)
Jeden Tag mit Franz von Sales
Jahreslesebuch
400 Seiten, gebunden,
ISBN 978-3-7721-0188-5

Texte des heiligen Franz von Sales für jeden Tag des Jahres. Das Buch ist nicht nur ein Jahresbegleiter, es ist auch ein einzigartiges Schatzkästchen salesianischer Spiritualität.

Herbert Winklehner
„Seht, Christus kommt uns suchen!“
Mit Franz von Sales durch die Advents- und Weihnachtszeit
96 Seiten, gebunden
ISBN 978-3-7721-0248-6

Meditative Impulse für jeden Tag der Advents- und Weihnachtszeit. Jede Meditation geht von einem passenden Zitat des heiligen Franz von Sales aus.

Herbert Winklehner
Wer liebt, bleibt nicht im Tod
Mit Franz von Sales durch die Fastenzeit
112 Seiten, gebunden
ISBN 978-3-7721-0274-5

Der salesianische Begleiter durch die Fastenzeit möchte mit seinen täglichen Impulsen helfen, diese Zeit gut und besinnlich zu verbringen.

Herbert Winklehner (Hg.)
Freude öffnet
366mal Franz von Sales
216 Seiten, gebunden, Lesebändchen
ISBN 978-3-7721-0225-7

366 wichtige Gedanken des heiligen Franz von Sales – voll von Optimismus, Freude, Gottvertrauen und Liebe – sind in diesem Buch ausgewählt und für jeden Tag aufbereitet.

Herbert Winklehner (Hg.)
Die Liebe vollendet alles
100 Worte des heiligen Franz von Sales
100 Seiten, gebunden
ISBN 978-3-87996-733-9

100 der schönsten Zitate des heiligen Franz von Sales, die Wort für Wort und Zeile für Zeile deutlich machen, dass er zu Recht „Lehrer der Liebe“ genannt wird.

Herbert Winklehner
Mit Herz, Humor und Gottvertrauen
Vier Wochen mit dem heiligen Franz von Sales
64 Seiten, broschur
ISBN 978-3-87996-718-6

Achtundzwanzig Anekdoten aus dem Leben des heiligen Franz von Sales als Anregungen zum besinnlichen Nachdenken über den Glauben und das Leben.

Katharina Grabner-Hayden / Herbert Winklehner
Löschen
Roman
160 Seiten, broschur
ISBN 978-3-7721-0273-8

Eine Frau und ein Priester begegnen einander am Grab der Heiligen Franz von Sales und Johanna Franziska von Chantal in Annecy.

Franz von Sales
Du bist der Gott meines Herzens
Gebete
216 Seiten, broschur
ISBN 978-3-7721-0201-1

Die erste umfassende Sammlung der Gebete des heiligen Franz von Sales, ausdrucksstark und geprägt von der persönlichen Glaubenstiefe des Heiligen.

Reinhold Schneider
Franz von Sales –
Johanna Franziska von Chantal
96 Seiten, broschur
ISBN 978-3-7721-0271-4

Zwei Erzählungen des bekannten deutschen Schriftstellers über den heiligen Franz von Sales und die heilige Johanna Franziska von Chantal.

Dirk Koster
Franz von Sales
Biografie
288 Seiten, Klappenbroschur, Fotos
ISBN 978-3-7721-0240-0

Diese Biografie über Franz von Sales ist ein Meisterwerk: gut recherchiert und in Szene gesetzt, spannend zu lesen, und durch eine Fülle von Bildern aufgelockert.

Etienne-Jean Lajeunie
Franz von Sales
Leben – Lehre – Werk
664 Seiten, Leinen,
ISBN 978-3-7721-0037-6

Die ausführlichste Biografie über Leben, Lehre, Werk und Spiritualität des heiligen Franz von Sales. Das bisher unübertroffene Standardwerk aller Lebensbeschreibungen.

Hans Berghuis
Nichts so sehr als Mensch
Leben und Wirken des hl. Franz von Sales
280 Seiten, gebunden
ISBN 978-3-7721-0124-3

Eine Biografie, die den heiligen Franz von Sales in anschaulicher Weise als adeligen Menschen seiner Zeit mit beiden Füßen in der Welt zeichnet.

www.franz-sales-verlag.de